U0942973

*New York Intellectuals*

纽约知识分子丛书

# Lionel Trilling

# 莱昂内尔·特里林

严志军 著

译林出版社

**图书在版编目(CIP)数据**

莱昂内尔·特里林 / 严志军著. —南京：译林出版社，2013.1
（纽约知识分子丛书）
ISBN 978-7-5447-3375-5

I. ①莱… II. ①严… III. ①特里林，L. (1905~1975)–思想评论 Ⅳ. ①K837.125.4

中国版本图书馆CIP数据核字（2012）第253225号

**书　　名** 莱昂内尔·特里林
**作　　者** 严志军
**责任编辑** 王　蕾
**出版发行** 凤凰出版传媒股份有限公司
译林出版社
**出版社地址** 南京市湖南路1号A楼，邮编：210009
**电子邮箱** yilin@yilin.com
**出版社网址** http://www.yilin.com
**经　　销** 凤凰出版传媒股份有限公司
**印　　刷** 江苏凤凰新华印务有限公司
**开　　本** 880×1230毫米　1/32
**印　　张** 8.25
**版　　次** 2013年1月第1版　2013年1月第1次印刷
**书　　号** ISBN 978-7-5447-3375-5
**定　　价** 29.80元
译林版图书若有印装错误可向出版社调换
（电话：025-83658316）

# 总　序

钱满素

“纽约知识分子”指的是20世纪30年代起活跃在美国文坛的几十位知识分子，他们中不少是东欧犹太移民后裔，生活在纽约地区。他们关心社会，热衷政治，钻研文学，从事认真严肃的社会文化批评。欧文·豪在1968年的文章《纽约知识分子：实录与评判》中首次使用了这个称号。

他们早年信仰马克思主义，亲近美国共产党，憧憬伟大无产阶级文学的出现，激进政治与高雅文学的结合可以说是他们最初的理想。然而随着20世纪30年代国际时势的急遽变化，他们开始表现出独立的姿态。作为一个群体，他们是在1937年底复刊的《党派评论》杂志抵制斯大林主义的旗帜下联合起来的。他们声称这是一份开放的文学月刊，不跟从任何意识形态，不规定任何创作技巧，以赞成民主争论的马克思主义作为文化分析和评价的工具，立志为被扭曲的激进主义提供一种新的方向。《党派评论》的高格调开风气之先，影响了美国其他刊物，成为当时赫赫有名的思想类杂志，吸引着世界一流的作者。

纽约知识分子大致可分为两代几个年龄层次：第一代有威尔逊、悉尼·胡克、特里林、威廉·菲利普斯、拉夫等。比他们年轻的有卡津、索尔·贝娄、理查德·霍夫斯塔特、查·赖特·米尔斯和小阿瑟·施莱辛格等。第二代有丹尼尔·贝尔、豪、欧文·克里斯托等，较年轻的还有苏珊·桑塔格等。显然，少了这群出类拔萃之辈，20世纪的美国文化将是另外一种面貌。

本丛书由于专业等原因，仅选择了在文学批评领域成就卓著的五位作为代表。其中威尔逊生于19世纪末，是资格最老的，现在仍然可能是他们中最重要的一位，五人中唯有他不是犹太人，而是有浓厚的新英格兰清教背景。在《党派评论》创刊前他已经颇有权威，是刊物首选的撰稿人之一。特里林和拉夫都生于20世纪初，年龄相仿，但两人经历和性格却很不同。特里林生于美国，家庭虽为犹太移民，但已步入中产阶级，因此能在当时一般犹太移民青年很难进入的哥伦比亚大学接受良好教育，日后还成了哥大英语系的第一位犹太教授。他不那么政治化，主要成就在文学评论方面。相比之下，拉夫经历坎坷，自学成才，思想激进。他生于俄国，14岁才移民美国，正是他和菲利普斯两人创办了《党派评论》，并且以顽强的意志和敏锐的才智顶住各方压力，将它办成一份特立独行的左派刊物。卡津和豪又比他们年轻十来岁，卡津在美国文学上贡献很大，而豪是这群人中坚持左派政治最久的一位，后来自己还办了刊物《异议》。20世纪90年代末，这些人都已陆续告别这个世界，2003年《党派评论》的停刊无疑标志着曾经左右美国文坛的纽约知识分子群体已成历史。

纽约知识分子个个博学多才，自成一家，可谓各有特点。但只要略为深入，便能发现他们信念上风格上的很多共同之处，正是这些相对持久的共性使这个群体对内具有凝聚力，对外具有吸引力。

首先是他们的世界主义。他们虽然多为犹太人，但犹太性或种族性并不是他们关注的中心，他们的立场是世界主义的，也许这正是国际主义的马克思主义吸引他们的原因。他们思想开放，反对教条，主张文化的多元，力图从人类的大视角来思考问题，而不囿于彰显本族的文化。

其次是他们公共知识分子的特点。他们关注社会问题，富于政治激情，敢于发表自己的观点，虽然不可能一贯正确，但从不媚俗或盲从权威。由于他们始终保持批判性思维，故常能发挥社会良心的作用。在近半个世纪的时间里，他们的社会文化评论总是及时地出现在各种杂志刊物上，拥有大量读者，影响社会舆论。

第三是他们对人类优秀文化的继承。他们大都文学造诣很高，谙熟西方文学文化，尊重并维护西方文明的优秀传统，特别是人文主义精神这一光辉遗产。同时，他们又善于创新，在对美国文明和美国文学的梳理总结上尤为突出。现如今有人会说他们的文学批评缺乏理论和体系，但他们本来就不追求这些形式。他们的文章清晰典雅，形成特定的品位和风度，本身就给读者一种文学的审美享受。这样的评论无公式理论可套，凭的是深厚的积淀和睿智，非平庸之辈拾人牙慧便能写就。

以纽约知识分子在当代美国文化的重要性而言，国内对他们的了解尚待深入。南京师范大学外语学院的青年才俊们有志于此，在充分掌握资料后以十年磨一剑的严谨态度，几番增删修润，终于完成了这套研究丛书，奉献给有兴趣的读者。

## 目　录

# 前　言

在20世纪美国社会文化批评家当中，莱昂内尔·特里林（1905年7月4日—1975年11月5日）具有一种特别的启发力。他的文学与文化批评生涯持续了半个多世纪之久。在此期间，他发表了数以百计的评论文章，其中大部分都被收录在十三卷本的特里林评论集中。这些著作体现了特里林独到的批评洞察力和学术风采，丰富了文学与文化批评的思想资源。刘易斯·里尔利在《瑟万尼评论》中指出："莱昂内尔·特里林的去世使文学话语不可避免地出现了停滞。二十五年以来，他的声音具有强大的说服力，邀请具有自由想象力的人与他一起去探索思维的生命。可以引用他评论埃德蒙·威尔逊的话语来评价他自己，即'他以一种特别有力的方式代表了文学生命，因为他的思维具有条理性，他的文章具有大胆的清晰性'。"[1]

在西方批评界介绍特里林的众多书籍中，特里林都被放在"纽约知识分子"（the New York Intellectuals）这个群体中加以讨论。"纽约知识分子"也被称为美国的"资产阶级先锋派"，主要指20世纪初期以来团结在《党派评论》等杂志周围的文人。他们在文学和文化评论方面的主要代表有埃德蒙·威尔逊、莱昂内尔·特里林和他的夫人黛安娜·特里林、菲利普·拉夫、戴尔摩·施华茨、诺曼·波德霍雷兹、艾尔弗雷德·卡津、欧文·豪等。根据欧文·豪的评论，这个构成了"美国历史上第一代知识阶层"的群体的出现，应该被视为美国文化"欧洲化"进程的一个重要步骤，因为这些知识分子试图为美国捕捉欧洲的思想，"最重要的是，这意味着另一种文化的思想，一种更古老的文化，一种在道德可能性上更丰富的文化，这种文化浸渍在更具血腥味的经历之中，而且比我们的文化更接近悲剧”。[2]纽约知识分子的著作保持正统的观点，认为文学必须有社会意义和合乎道德准则的思想内容，对第二次世界大战之后美国文学的发展起到了积极的影响。但20世纪60年代以后，《党派评论》逐渐失去原有的色彩和影响，而原先团结在它周围的评论家也分裂成自由主义左派和新保守主义右派，因此，曾作为美国文学与社会批评界一个激进流派的“纽约知识分子”集团，到80年代已不复存在了。特里林作为“纽约知识分子”群体的代表人物之一，在热衷欧洲文明、促进美国文化思想多元化和复杂化等方面与该团体的其他成员具有一定的相似性。然而，特里林表现出强烈的个性特征，那就是他优雅的批评风度①。

威廉·菲利普斯曾将“纽约知识分子”团体描述为“一个争吵的群体，每个人都试图单凭逻辑和修辞的力量而将自己的观点强加给其他的所有人，而这种做法经常都是毫不留情的。我们尚未学会学术模式来忽视或适应那些令我们生厌的观点”。[3]作为该群体中为数不多的学院派批评家之一，特里林与那些态度激昂的知识分子形成了强烈的对比。他既不是左派，也不像其他知识分子那样充满政治性。同时，他也怀疑《党派评论》杂志所主张的文学研究方法，即马克思主义与现代主义的结合。威廉·蔡斯曾对特里林给出这样的评价：“特里林既是一个纽约人，又是一个犹太人，但他并不完全属于他自己的时代和地域。”[4]

为了发掘特里林的文学与文化批评的价值，肯定他对美国文化发展所作出的独到贡献，一些西方学者曾以专著、文章、论文集等方式，从生平、创作、影响等角度对特里林进行过研究。这些研究主要集中在美国学术界。到目前为止，中国学者很少对特里林进行深入、全面的分析和研究，只有一些有关美国文学史或文学批评流派的书籍以较小的篇幅介

① 英文“manner”一词在本文中如被用来形容批评家，则译为“风度”；如被用来形容社会或文学作品，则译为“风俗”。

绍过特里林的部分批评内容 。①

特里林关于社会和个体之间存在冲突的观点导致许多特里林评论家将他描述为一位道德主义者（moralist）。詹姆斯·阿特拉斯曾在《纽约时报》上解释道："在他看来，过'有道德的生活'就是要对我们文化价值观中那些隐含的论断进行挑战——并不是为了什么革命目的，相反，是为了拯救其中有价值的东西，为了通过批评从而确立它们的'真实性'。"[5]大部分西方学者都同意将特里林的道德因素当作他的重要批评特征。托马斯·拉斯克在《纽约时报》上发表文章，认为"在莱昂内尔·特里林的手中，批评不仅是对文学作品的一种思考，它更是对作品所包含的思想的思考，以及对这些思想关于社会所作的评价的思考"，因此特里林的批评"是一种道德功能"。[6]斯蒂芬·马库斯在《纽约时报书评》中曾这样描述过特里林："他不可思议地结合了两种身份：他既是一位美国学者，同时在非学术意义上也是一位真正的知识分子；他又是一位英文教授，能进行真正的思考。他的著作经常是优雅而细腻的，能够随思想的运动而运动，而人们觉得这些思想是非常重要的。"[7]

正是因为这种道德的力量，特里林才能在人才济济的美国批评界独树一帜，成为影响社会价值观的重要批评家。布鲁斯·库克在《底特律新闻》上是如此评价特里林的："在大约十五年的时间里，特里林成为了一部分美国年轻男女的文化英雄。……对他们而言，莱昂内尔·特里林不仅提供了一种榜样，而且提供了一种灵感。其他任何一位批评家都不可能像特里林那样出色地把握整个西方文化的宽广领域。人们阅读特里林的文章，并不仅仅为了学到什么，而是为了发现有待学习的东西。他有一种独到的方法，能够开启思想，使之进入受英国和欧洲大陆知识影响的全部思想领域。"[8]

特里林在批评论著中将文学视为文化与社会发展的必要因素。在

① 例如拉曼·塞尔登编的《文学批评理论——从柏拉图到现在》，刘象愚、陈永国等译，北京大学出版社，2000年，第五编"道德、阶级与性别"中的第二章（E）部分。

这种文化观的实践过程中，特里林所竭力维护的自由主义哲学框架同时也是他批评的核心目标。欧文·豪在《新共和》中解释了特里林的写作目的："特里林经常出色地扮演文本阐释者的角色，但是人们之所以阅读他的作品，主要不是为了获得文学方面的导引。他的影响在于文学与社会舆论之间，以及文学与道德之间的阴影地带。"[9]丹尼斯·多诺格在《纽约时报书评》中说，特里林"一直关注的是关于文学与社会的问题。他认为文学是重要的，因为文学在形式清晰的条件下审视了自我与社会之间的张力。社会是特里林的关键词语"。[10]

特里林将每一个人都视为独立于社会的个体，这种哲学思想影响了他在文学评论中所用的方法。他不管批评的成规；相反，他在看待作品时，都试图超越具体的作品，从而进入更大的语境，考虑该作品在整个文学传统中的地位。G.F.维切尔在《纽约先驱论坛报》指出："特里林不愿将自己归为任何一种单一的批评态度，这正体现了他的批评方法。他珍惜实验的自由，使用多种方法和不同标准，使之成为任他支配的工具。"[11]特里林的同时代人普遍欣赏他在文学与社会批评中所使用的独特方法。伴随着这种方法的，是特里林经常使用的批评词语：道德（moral）、理性（reason）、思维（mind）、真诚（sincerity）、愉悦（pleasure）、社会（society）、自我（self）以及批评（criticism）。

自从20世纪80年代以来，一些西方学者开始发现特里林批评著作中的文化批评倾向和特征。他们不再局限于研究特里林在文学领域里的影响力，转而探讨特里林对更大范围的美国社会生活所作的贡献。这样的研究更加贴近特里林本人对文学的社会功能的理解。

美国学者马克·克拉普尼克的《莱昂内尔·特里林与文化批评的命运》一书成为了这方面的代表性论著。在该书中，克拉普尼克首先分析了文化批评在美国社会领域里的重要性；他进而指出，特里林那种注重道德和高尚价值观的批评模式有助于在各种批评思潮纷争的局面中恢复文化批评的原貌，重现传统人文思想的优秀组成部分。克拉普尼克的论述颇具见地，剖析了特里林的思想形成过程，指出了他性格中的种种双重身份，例如绅士与犹太人的双重身份、具有左派思想的纽约知识分子与大学教授的双重身份等等。他精当地总结了特里林文化批评的重要地位，即特里林不仅影响了一大批文学教授和学生，而且影响了没有受过专业文学训练的社会大众。[①]

斯蒂芬·坦纳在《莱昂内尔·特里林》中提供了特里林学术思想发展的全景描述，重在呈现与特里林批评生涯每个阶段相关的美国社会、历史背景信息。在该书的最后一章“现代世界里的传统人文主义者”中，坦纳也肯定了特里林在文化批评方面的重要地位，即特里林试图劝说大众重新回到理性与情感能获得平衡发展的生活中来，敢于在对立的思想面前保持宽容、灵活的态度，并发现人类社会和政治生活中的复杂性和多样性。[②]

威廉·蔡斯在《莱昂内尔·特里林——批评与政治》中，分析了特里林对现代性与反文化的批评。一方面，特里林对现代性过度的秩序与理性诉求表示反感；另一方面，他对20世纪五六十年代美国社会盛行的反文化现象也感到不安，因为这种文化现象已经失去了当初的先锋锐气，变成了制度化的庸俗复制品。[③]

文化批评（cultural criticism）和文化研究（cultural studies）这两个概念是紧密相连的，但它们之间在研究重点方面又不尽相同。中国学者王宁曾指出，文化批评主要指涉的是从文学的文化视角出发进行批评和研究，同时也指将广义的文化现象当作文本进行批评，它与早先的社会学批评和其后的形式主义批评迥然有别。而文化研究虽然始自文学，但其范围却早已大大超出了文学的领地，进入到了探讨人类一切精神文化现象的境地，它所涉及的研究领域主要包括对文化本身的价值问题的

① 参见Mark Krupnick, *Lionel Trilling and the Fate of Cultural Criticism*, Northwestern University Press, 1986。

② 参见Stephen L. Tanner, *Lionel Trilling*, Twayne Publishers, 1988。

③ 参见William M. Chace, *Lionel Trilling — Criticism and Politics*, Stanford University Press, 1980。

探讨，对文化身份或文化认同的研究，对各种文化理论的反思和辨析，对传统的文学研究者所不屑的那些“亚文化”以及消费文化和大众传播媒介的考察和研究，对当今的后现代、后殖民、女性或女权主义的研究以及区域研究、对第三世界及少数民族话语的研究等等。在文化研究的大潮之下，文学研究所专注的经典文学名著均被束之高阁，并且被限定在一个极其狭窄的圈子里得到纯“经验式”（empirical）的观照。[12]

罗钢和刘象愚曾总结过当代文化研究的主要倾向：（1）与传统文学研究注重历史经典不同，文化研究注重研究当代文化；（2）与传统文学研究注重精英文化不同，文化研究注重大众文化，尤其是以影视为媒介的大众文化；（3）与传统文学研究注重主流文化不同，文化研究重视被主流文化排斥的边缘文化和亚文化，如资本主义社会中的工人阶级亚文化、女性文化，以及被压迫民族的文化经验和文化身份；（4）与传统文学研究将自身封闭在象牙塔中不同，文化研究注意与社会保持密切的联系，关注文化中蕴涵的权力关系及其运作机制，如文化政策的制定和实施；（5）提倡一种跨学科、超学科甚至是反学科的态度与研究方法。[13]

在文化研究领域，还有一个重要的概念，那就是“文化唯物主义”。这个概念来自雷蒙德·威廉斯，其特点在于对一切现象进行文化分析，尤其是对文学作品作文化社会分析。所以这一流派汇集了文化研究中历史、社会、女权主义、西方马克思主义、结构主义和后结构主义等多种理论，尤其是阿尔都塞、马歇雷、葛兰西和福柯的理论。[14]

特里林的文化批评与上述总结的文化批评或文化研究具有一定的共同点，即它们都关注文本之外的社会语境以及复杂的人类政治生活。但是，特里林的文化批评也有自身的独到之处，其根本的区别之处在于，特里林拒绝套用文学之外的理论体系来研究文学，相反，他试图发现文学与政治交汇的中间地带。

尽管特里林的批评思想和著作引起了西方学者的关注，但20世纪90年代以来，有关特里林文化批评的研究几乎陷入停顿。同时，即使是上述在80年代研究特里林文化批评的少量专著，其作者也往往集中于对特里林批评生涯进行历时性的梳理。因此，在关于特里林文化批评的研究领域中，仍然有巨大的空间有待开发。中国社会科学院的钱满素教授长期致力于美国文明领域的研究，发现了“纽约知识分子”对当今社会文化批评状况所具有的特殊启发意义。南京师范大学外国语学院张杰教授也从整体性批评的角度为本书的课题指出了研究思路。在此基础上，本书确立了具体的研究目的，试图在中国学术界率先对美国著名社会文化批评家特里林进行较为全面、深入的研究；同时，横向归纳特里林文化批评的主要内容，弥补西方学者在这方面的不足；分析特里林文化批评的方法论特点，将现有的研究推向深入；揭示特里林批评话语的特征，尝试在形式层面上分析特里林的批评主题；揭示特里林文化批评思想对后解构时代的启发意义，将特里林研究与当代文化现象联系在一起，体现该课题的时代价值。

本书对特里林文化批评的研究主要通过以下途径来进行：资料收集、文献研究、学术会议、人物访谈等。先后查询、收集了北京、上海、多伦多等国内外图书馆有关特里林著作、评论以及相关文论流派的资料，参加了有关社会文化批评的学术研讨会，向该领域的专家学者请教、学习。在资料收集的基础上，认真阅读了特里林原著和其他学者对他的评论，充分认识了研究意义，发现了研究重点。另外，利用国外访学机会与北美文论界专家访谈，进一步了解特里林文化批评的历史背景和现代影响。

撰写本书的努力在于体现以下四个方面的研究特色：

首先，横向归纳特里林文化批评的四个主要内容：中产阶级与自由主义、新批评的批评、教授—批评家、公共知识分子。特里林作为中产阶级的一分子，同时也是自由主义理想的拥护者，却能从内部对两者进行批判。这一点体现了他类似马修·阿诺德的批评身份：保存传统中的有益事物，克服其中的狭隘性和局限性。因此，他在这方面的总体批评态度和批评目的在于克服中产阶级的弊端，发挥中产阶级的社会作用，弥补自由主义的现实缺陷，发展自由主义的初始理想。

特里林批评生涯的大部分时间都与新批评思想在美国的盛行时期重叠在一起。作为一位以大学为根据地的英文教授，特里林对新批评持有强烈的反对态度，这一点往往会令人感到奇怪。但是，如果考虑到特里林的思想溯源，考虑到他一贯的批评重点，人们也就不难理解其中的原因了。在特里林看来，新批评忽视了文学的社会意义和道德功能，从而使文学批评陷入了狭隘的美学批评。在20世纪40年代末到50年代初新批评影响最为显著的这段时期里，特里林的名望也处于鼎盛时期，他对所有版本的形式主义都表示了明显的不信任，而且使用“美学的”一词来形容那种将注意力过分指向作为目的的形式的批评方法。同样，他也反对在文学中追求“纯粹性”的做法。在特里林所强调的社会语境中，政治占据了重要的地位。

特里林一生当中有五十多年是和哥伦比亚大学紧密相连的——五年的学生经历，然后是四十多年的教师生涯。在这段漫长的学术生涯中，特里林在保持批评家身份的同时，还树立了令人尊敬的教授形象。这两种身份完美地结合在一起，使特里林成为当时为数不多的既能面对公众进行社会批判，又能面对学生进行文学启蒙和平等对话的批评家。作为教授的批评家，这一点曾被特里林研究者所忽视，实际上，特里林针对文学教学而进行的思考和撰写的文章是对他其他论著的重要补充，它们也体现了特里林的一贯批评重点。另外，更重要的是，这些论述可以为英语文学的教学提供有益的启示。

波斯纳在《公共知识分子：衰落研究》一书中为公共知识分子给出了这样的定义：以公众为对象、就政治和意识形态性质的公共问题发表意见的知识分子。公共知识分子必须以公众为对象，当然主要还是受过教育的公众，但不能局限于本专业。[15]作为公共知识分子，特里林的活动内容主要包括为“读者订阅读书俱乐部”及其刊物《格里芬》（1959年

7月后更名为《世纪中叶》）所进行的编辑工作和撰写的论文。特里林试图通过读书俱乐部及其刊物来重塑公众的文学品位，在更广泛的层面上实现他对中产阶级的改造理想。他提出了一个大胆、有先见的想法，即在关注文学本身的专业研究和读者的阅读爱好之间建立互通的关系。当解构主义之风从法国传至美国，颠覆了读者与文本之间以及文学与批评之间的历史平衡时，特里林与巴尔赞等人所作的努力显得尤为重要，因此由他们所撰写的读书俱乐部的文章被视为专业批评家所作的公共文学批评的最后范例。

第二，发掘特里林文化批评在方法论方面所具有的特征，主要体现在如下三个方面：在三个层次上实现对文化的超越，发掘批评元素在文化框架里的对话关系，确认文学作品的整体性价值。

特里林的文化批评在三个层次上实现了对文化的超越：以多元文化超越单一文化，以历史的动态眼光超越静态的文化，从潜意识/无意识的角度超越表层的集体文化。特里林在整个批评生涯中都对个体与文化的关系表示了极大的关注。在特里林眼中，个体不应该沦为文化的奴隶，相反，个体也不应该与文化永远保持对立关系。在他的文化批评思想中，一个重要的概念就是发现个体如何超越文化，并最终以新的姿态回归文化。这一点也体现在他对新批评的看法上。新批评家在某种程度上类似于对文化持绝对敌对态度的个体，他们试图通过对文本的关注来超越社会的压制，摆脱处于价值体系崩溃状态下的意识形态的虚伪约束。但是，他们的局限性在于放弃了个体相对文化的主体性，忽视了文学想象力对文化的能动作用。特里林在超越文化的基础上再次回归文化，这种方法更具有积极的意义，有助于个体与文化形成动态的和谐状态。

特里林的文化批评具有对话性特征，其独特之处在于不同空间和时间的对话。例如，作者与读者的对话，读者与作品的对话，读者与其他读者的对话。有关作者与读者之间对话的认识表明了特里林对文学研究主客体的特殊理解。传统观点认为作者和作品是文学研究的客体，而阅读者（主要指批评性阅读者）构成了文学研究的主体。这两者一般情况下是不能互换的，因此在传统的文学研究中，我们很少听到有人提出让作者去研究读者。特里林提出了一种新的视角来看待文学批评的主客体问题，即作者和读者可以互为主体、互为客体。不同时期、来自不同文化背景的读者会对作品产生不同的理解和反应，而同一部作品也会对不同时期、具有不同文化属性的读者提出阅读的挑战。在承认作者和读者间平等的对话关系后，特里林进一步解释了读者与作品的对话。在有关作者与环境的对话关系中，特里林旨在强调这两者之间互为条件的关系，从而克服了批评界两种带有缺陷的思维方式：一是认为环境决定作者创作的观点；二是认为作者可以摆脱环境的限制，并通过语言和形式实现文学自足性的观点。作者可以和环境互为条件，并通过作品而得到相互转换，那么作品中的人物形象也可以与环境展开对话，而且两者之间也有转换的可能。

特里林的批评理论试图发现文学作品的艺术魅力和道德功能。对特里林而言，文学的主要功能在于满足这样的需要，即“将思维运用到人类生活的社会和个人实际情况之中，同时要产生创造力所具有的特定喜悦和善意”。[16]尽管特里林对文学价值的理解带有一定的局限性，即他将注意力主要放在小说这种文类上，但他在这方面的理解仍是很有启发意义的。我们在理解其他文学形式时也可以加以借鉴。特里林主要从下列四个方面分析了文学作品的价值构成：表现形式与主题的有机统一，思想的重要性，风度的作用，小说的作用和命运。

第三，揭示特里林批评话语的特征，尝试在形式层面上分析批评主题。在许多研究文学、文化批评家的文章和专著中，研究者往往关注的是某个特定批评家的批评思想，即他/她说了什么。这种研究的确是值得肯定的，因为它能梳理批评家的观点，分析其中的合理性以及由此产生的影响，当然也能发现其中的问题和局限性。这种研究方法类似于文学研究中的主题研究，例如分析某部作品的内容和主题思想。文本分析和叙事学的发展为文学研究增添了新的维度，那就是研究作家对作品的表现手法。实际上，对批评家所作的研究也可以借鉴文学批评中的文本和叙事批评方法来分析批评家的批评话语，即在分析批评家“说什么”的基础上，发掘他/她是“如何说”的。

特里林文化批评的话语特征体现在批评风度、批评的情节以及批评话语的悖论性、零散性等三个方面。特里林的风度具有这样的特征：有节制，具有迂回性，不喜欢决断性、指责性和抨击性的言论。他的语调既不尖锐，又不粗暴，代表了一种理性的话语和有节制的观念。这一点来自特里林有关礼貌（courtesy）的认识，他将礼貌视为道德的组成部分和社会中重要的约束成分。同时，他的语调也出自他对客观性的信仰：“文学研究和教育中的客观性开始于对所研究的作品或作者所持有的有计划的偏好。”[17]

特里林批评思想的主题相对较少，而且在他的批评生涯中始终保持了一致性：文学是对生活的批评，个人与社会之间的关系，由于对人性和经验进行过分简化而引起的危险，自负的智性和意志所产生的危险，以及道德生活的复杂性和痛苦。尽管有些批评家认为特里林在著作中重复主题的做法有失新意，但是事实上，特里林善于运用否定、肯定、悬念等批评情节来增强文章的说服力。

特里林批评话语的悖论性表明他拒绝形成一种封闭的批评体系，也拒绝为自己的批评术语给出明确、抽象的定义，这种不确定性虽然体现了一种意义上的悖论，但是这并不妨碍读者接受他的批评方法，而且读者因此也不会受到特里林批评内容的限制。特里林几乎从来没有清楚地定义过“文化”、“风度”、“政治”、“现实”、“意志”等名词，相反，他总是尽量结合特定的语境来解释它们的含义和用途。

特里林批评话语的零散性表现了他对体系所采取的谨慎态度。他厌恶别人将自己贴上某种主义的标签或用简单的范畴总结他的思想特征，因为他感觉到，这样做会对他产生限制，并在他的读者群中形成先入为主的倾向性。他希望那种带有容忍性的客观性可以得到自由的空间。特里林批评话语的零散性还表现在批评的偶发性上。造成偶发性的原因主要有三个。(1)特里林对体系的怀疑态度使他不可能专注于建构自己的理论大厦，即仅选择那些适合体系结构的主题来探讨。(2)他以文化作为考察文学的广阔语境，因此他势必会将视野放大至文化生活的各个方面，于是他的具体批评实践也会随着文化事件和文化形势的偶发性而显出自身的偶发性。(3)特里林的批评身份也非常复杂，学术专家、公共知识分子、教授，这一切都使他无心也无暇精心建构自己的理论体系。

第四，揭示特里林文化批评思想对后解构时代的启示。从格里芬[①]等人建设性后现代哲学的观点来看，特里林的文化批评早在解构主义兴盛之前就体现了建构的要求，因为尽管特里林没有在有生之年目睹解构浪潮的全部摧毁力量，但他已经发现了后现代思潮的破坏因素。后现代在很大程度上延续了现代性对传统和权威的消解，特里林深刻认识到了这一点。他在超越文化的基础上以新的姿态回归文化，体现了他的创造性。同时，他所坚持的复杂性和可能性原则使批评元素得以在文化语境中进行对话，这一点也体现了建设性的后现代哲学的特点。另外，特里林指出，“爱的力量”是最终能够将散乱的个体以平等而非强制的方式组成文明的力量。

实际上，特里林的建构性还有许多其他的表现，例如他与其他批评流派的关系以及多元共生的文学评价体系等。在建构多元共生的文学评价体系过程中，特里林反对结构主义的二元对立，倡导一种平等对话的、多元共存的张力状态。特里林对文学创作中的片面思维进行了批判，在消解结构主义二元对立的过程中，他注重理智与情感的结合。特

---

① 参见大卫·雷·格里芬等著：《建设性后现代哲学的奠基者》，鲍世斌等译，中央编译出版社，2002。

里林之所以能以美学的方式来对待弗洛伊德，是因为他具有这样一种想法，即观念是通过任何有意义的方式所体会到的美学经验的必备部分："我确信，智性力量的美学效果是不能被疏忽的。"[18]特里林坚持多元共生的观点，使自己成为了连接多种批评思想的桥梁。他之所以能在思想迥异的新批评理论家和纽约知识分子之间形成一条纽带，其中很大一部分原因就在于他兼容并蓄的风格和强调多元共生的方法。

虽然特里林没有提供特定而完整的批评思想体系，但是他对文化问题的关注、对文学的道德作用的推崇，以及对文学作品的独特思考，都为美国文明乃至世界文明留下了宝贵的思想遗产。同时，他的批评生涯也展现了细腻的文风、沉稳的态度、睿智的判断以及优雅的风度。这种曾被他认为是阿诺德所独有的气质，在他自己身上也得到了淋漓尽致的体现。在理解特里林文化批评的核心价值时，我们应该正确评价他的缺陷甚至错误。因为特里林并没有让读者全盘接受他的批评思想和内容，而是让读者接受他的道德力度和批评风度。因此，即使他的结论可能是不完整的，而且随着时间的变化，甚至会出现与当代的理解相悖的现象，但是他的批评方法和态度却值得我们去借鉴。关于这一点，我们应该学习特里林对待弗洛伊德理论的态度。他从未将这种文学领域以外的思想当作教条的体系来接受，而且他也不认为其中的理论偏颇会成为影响他对其进行借鉴的障碍。因此，尽管特里林的批评观点在新思维层出不穷的今天，可能会在一部分人面前渐渐失去它的新颖性甚至吸引力，但由于他独特的人格魅力和批评方法，人们对他的尊敬之情仍将延续下去。

# 从犹太性到“美国的马修·阿诺德”
## ——特里林文化批评的思想溯源

## ❶ 犹太性——文化批评的出发点

莱昂内尔·特里林于1905年7月4日出生于美国的纽约市，但他的父母都是犹太裔移民——父亲来自波兰，母亲则来自英国伦敦东区一个祖籍东欧的犹太家庭。然而，特里林并没有接受犹太教的正统思想，而是在自己的成长过程中逐渐从英美文化这个更大的语境中吸取养分，成为了超越狭隘种族范畴的公共思想家。

特里林在哥伦比亚大学接受了良好的文学教育，其中一个重要的组成部分就是约翰·厄斯金教授开设的优等生课程。这门课在特里林本科阶段的大学生活中起到了非常重要的作用。厄斯金的课程体现了人文学科注重广博知识面的通才教育运动，反映了哥伦比亚大学的教育方法。这种方法不仅旨在培养专门领域的学者或文人，更旨在培养能面向公众的知识分子。特里林在大学时代发现了最为重要的人文精神，那就是"知性"（intelligence）。在追溯自己大学时代的思想发展轨迹时，特里林承认自己所关注的是20世纪20年代盛行的知识传统。这个传统包括下列人物：范·怀克·布鲁克斯、刘易斯·芒福德以及兰道夫·波恩。这些人感兴趣的是一个关注社会和文学观念的知识分子阶层的发展。

厄斯金的课程体现了"哥伦比亚大学的教育奥秘"，这种奥秘就在于"向年轻人指明如何才能摆脱中产阶级或中产阶级下层成长环境的限制"，其方法是向年轻人展示"各种思想、情感和想象的伟大典范，以及那些表明个人私隐生活与公众生活——即社会生活——之间具有紧密关联的重大问题”。[1]正是在这种思想的影响下，特里林才以犹太文化作为出发点，开始研究个体与社会之间的关系，而这一课题也成为了他终身的研究方向。“在我的记忆中，我在大学时代试图发现能让我真正产生理性信任感的一些社会实体，而且我可以和这些实体形成某种关系……因为我当时无法找到一种立场来形成关于社会的想象，所以我感到厌倦和空虚。”①这时，《犹太烛台杂志》（*Menorah Journal*）为特里林提供了探讨犹太人状况的机会，而正是这个机会才最终使社会成为他所探讨的主要对象。

《犹太烛台杂志》发表的文章主要论及犹太历史以及影响犹太人生活的当前问题，同时该杂志也发表一些犹太诗人和小说家的作品。作为“犹太烛台协会”（Menorah Society）的月刊，该杂志的主要目标是在美国促成一种非宗教的、具有人文主义的、进步的犹太意识，通过发表一些年轻犹太知识分子的观点，从而在更大的社会环境中缓解由反犹主义所造成的负面心理影响，并有助于犹太人恢复由自身种族身份以及历史所产生的自豪感。1927年，《犹太烛台杂志》提出了一个口号，即“积极的犹太性”，用以医治美国犹太人在文化和心理方面的不健全状态：“只要犹太人无法在自己的民族意识中融入这样的观念，即他们和法国人或英国人一样有权尽情表达自己的本性——而不必经常惧怕其他民族的反对，那么犹太人就必定继续要为自己招致痛苦，使别人感到烦恼，甚至讨厌。”[2]

特里林通过大学同学亨利·罗森塔尔认识了《犹太烛台杂志》当时的主编埃利奥特·科恩。科恩召集了一批志向相投的年轻犹太知识分子，共同利用杂志来向社会传递这个团体的思想和观点。这些年轻人与老一辈犹太知识分子的不同之处就在于，他们对传统的犹太教义并不表示虔诚的敬意。他们和后来的犹太知识分子也有不同之处，即他们一

① 参见特里林为苔丝·斯莱辛格的小说《无产者》所写的编后记。*The Unpossessed.* New York: Avon Books, 1966, 第322—323页。

般都来自较为富裕的中产阶级，因此他们中许多人都像特里林那样接受过正规的大学教育。

特里林从1923年开始为《犹太烛台杂志》写作，但他并非为了追随科恩的犹太主义理想——实际上他本人从童年时代起就对犹太身份的确立没有特别的需要。马克·克拉普尼克在《莱昂内尔·特里林与文化批评的命运》一书中曾分析过特里林最初发表文章的动机："一位二十岁刚出头的作家通常愿意在任何可能的杂志上发表自己的文章。另外，《犹太烛台杂志》的稿酬也不菲，同时该杂志和各大学之间也有良好的关系。"[3]到1931年秋特里林宣布脱离该杂志为止，他在《犹太烛台杂志》上共发表了十八篇书评、一篇讲述个人经历的文章、一篇讨论文学史的文章、两篇译自法语的翻译作品以及四篇短篇小说。这些文章的发表一方面使特里林在批评界崭露头角，另一方面也使特里林在对大量犹太小说进行分析的过程中逐渐形成了自己的批评方向，即对风度（manner）、风格（style）以及语调（tone）的重视。

特里林当时对犹太身份的问题采取了疏远的态度，因此他在《犹太烛台杂志》所做的工作主要属于社会和文化方面的研究。1966年，特里林在一篇回忆录中回顾了《犹太烛台杂志》对他早年思想所起的帮助作用，他认为自己在犹太小说中发现了犹太人如何分化为若干社会阶层，这一点使他进一步认识到整个社会是如何分化的。①因此，特里林的研究重心得以从犹太社会转移到更大的文化领域。

特里林于20年代为《犹太烛台杂志》工作的经历对他本人具有一种深远的影响，这并不是说该杂志在特里林的思想中灌输了有关积极的犹太身份的理想，相反，特里林因此进一步融入了美国文化。通过《犹太烛台杂志》，特里林发现了犹太人的处境，这一点为他提供了一个思维的框架，以便将自己的批评思维应用到美国社会上来。坦纳指出："任何

① 1971年春，美国普渡（Purdue）大学英文系召开了一系列以当代文学理论为主题的研究生讨论课程，其中一些知名的批评家应邀前来讲述自己的作品。特里林利用这次机会回顾了自己当初选择批评生涯的原因（参见《最后的十年》，第226页）。

熟悉特里林著作的人都会意识到这个转折点的重要性，正是这个转折点才为特里林开启了道路，让他能以独特的方式去探索风度与道德、社会中的自我、阶级与环境的决定性影响以及文学与社会之间的互动关系。”[4]

在为《犹太烛台杂志》写稿期间，特里林典型的思考方法就是将自己所研究的犹太作品与西方文学传统中的名篇进行比较，特别是运用英国文学传统的判断标准来评价犹太文学。这种方法使他能在考虑具体犹太问题的同时兼顾西方文化的整体，为他今后更大的批评视野奠定了基础。威廉·菲利普斯曾解释说，特里林与他犹太出身的关系“在较早的阶段得到了设定，当时他较少考虑自己的种族属性，相反，更多地考虑自己的世界属性，以及那些将人类视为整体的关怀内容。［他］并不认为文学和自己的文学职业是针对犹太人的，相反，认为它们属于西方传统的继承者”。[5]特里林早年那些有关人类生活的“复杂性”以及“自我与社会”的论述一直延续到他学术生涯的终点 。①

特里林这种更为宽广的文化视野使他和同时代的知识分子米尔斯之间构成了犹太知识分子和非犹太知识分子之间的对比。特里林代表了有着激进历史的、成功的、谦和的犹太教授，米尔斯却代表对折中调和持怀疑态度的美国叛逆者。特里林一生致力于英国文学。他的才能得到了回报：成为哥伦比亚大学的一名大学生，在英语系他是第一个得到终生教职的犹太人。有关特里林的一切，从他的名字到他的品行，都意味着成功地顺应了英美文化。正如他妻子后来写到的，“在形象和姓名上”特里林都让寻找其第一个犹太人成员的英语系“赢了一把”。“如果他的名字是他外祖父的名字，伊斯雷尔·科恩，那么他是否能进哥伦比亚大学的英语系就很值得怀疑了。”作为一个娴熟、明智而审慎的人文主义者和文学批评家，特里林获得了大学教授的职位、大量的奖品、各

① 特里林于1929年写了一篇题为《一种过于简单的简单化》的文章，指出小说必须将生活表现为“一种危险、复杂、令人困惑的事物，充满悖论：一种令人害怕、强有力的事物”。在同年发表的另一篇文章《神化的绝望》中，特里林对社会与自我之间的对立关系给予了特殊的关注。

种荣誉称号以及国家的承认。对于被夹在左派、通常是少数民族的历史和冷战的繁荣之间的知识分子来说，特里林重重地敲响了右派的声音；他为“使非政治化的知识分子顺应其自身及社会地位”作出了贡献。不过，另一方面，在他的一些老相识看来，特里林已经走得太远了；艾尔弗雷德·卡津对他“敏锐的顺应感”，对无力、抽象的论文中，像“几乎不”、“调适”、“我们受教育的阶层”这些词的嗜好不敢恭维。“相对于特里林，我总是‘过于犹太化了’，过于强调我的社会较低层的经历。而他总使自己免于他过去的经历的烦扰。”[6]这些比较表明，特里林成功地消解了犹太身份对自己的束缚和限制，得以关照更广泛的人类文明视野。

## 2 马修·阿诺德：文学批评的文化语境

### 2.1. 文化转向的导师

1931年，特里林决定离开《犹太烛台杂志》，因为他发现该杂志所倡导的“积极的犹太性”与自己的理想相去甚远。经过相当一段时间的探索之后，特里林觉得沿着《犹太烛台杂志》的路线走下去，自己将无法实现更大的文化理想。与其他第二代犹太知识分子的准则相比，特里林与犹太性的决裂更为彻底。他发现犹太民族主义者所追求的理想在知识领域是一条死路，而英国经典恰恰成为了特里林判断优秀文化的标准。马克·谢齐纳对特里林与犹太性之间的关系非常感兴趣，他认为当特里林与犹太性开始决裂时，“犹太性是一种衰败的、过时的、走投无路的联系，是一种自我吹嘘的本能，受到压制的无意识，受到批评的‘真实性’，它只能作为一种具有弥补性身份的阅读课程”。[7]对特里林而言，犹太性从来都不是一种有关宗教信仰、传统文本、犹太历史及语言或犹太复国主义感情的问题，相反，这是一种社会事实。

1939年，特里林在对哥伦比亚大学犹太学生联合会发言时说：“犹太性的意义在很大程度上取决于非犹太人的行为。这不是一种种族事实；在很大程度上也不是一种宗教事实，更不是一种具有积极意义的文化事实。它完全是一种社会事实。”[8]特里林在1944年重申了这个观点。当时，他应邀参加了一次有关“美国文学与年轻一代美国犹太人”的研讨会，他说：“在我看来，美国犹太人的重大事实在于，他们被人从普遍生活的某些部分排除出去了，而且犹太生活的每一种活动都似乎是对这种事实所作出的反应。”他要摆脱这种“事实”的负面影响，觉得这种被动性质使犹太宗教无法培育出积极的成果：“现代犹太宗教充其量而言也只能是具有才智并充满大学知识的事物，但是这种宗教并没有培育出具有权威语调的声音——不具备哲学、诗学或修辞的权威，更不用说宗教的权威。”[9]

特里林对犹太性的放弃是坚定而明确的。他承认自己这一辈犹太人永远也不可能“逃离”自己的犹太出身，但他坚持认为，“在我职业化的知识生活中，我找不到任何能被具体追溯到自己的犹太出身或犹太教养的东西。我不认为自己是‘犹太作家’。我在思想中也不准备用自己的写作来服务于任何犹太族裔的目的。如果某位批评家在我的作品中发现他称之为犹太性的缺陷或优点，那么我会对此感到憎恶”。[10]特里林怀疑特定文化对个体的自我所产生的决定性力量，这种怀疑恰好表现在他对犹太性的疏离行为之中。之后，他的批评视野逐渐从有关犹太身份的问题扩展到整个西方文明的广阔范围。

1971年春，普渡大学英文系召开了一系列以当代文学理论为主题的研究生讨论课程。其间，特里林回顾了自己当初选择批评生涯的原因。用特里林自己的话来说，“在我漫长的教学生涯中，这是我第一次将自己当作讲授的主题”。[11]在特里林的少年时代，他从未想到自己将来会成为批评家，因此，即便到了晚年，当别人称他为“批评家”时，他依然感到惊讶。特里林最初的兴趣无疑是和文学有关的，确切地说，是希望成为一名小说家，因此，批评对他而言是第二位的。这里，特里林解释了小说这种文类的重要意义，即他认为人们从文学作品中获取的益处主要来自小说家，而不是诗人，因为小说极少关注有关“形式”的理想概念以及有关形式考虑的意识，而且它能对内容——即现实——表现出极大的投入。因此，从小说出发，特里林对文学的关注注定要以道德问题作为考察的焦点，而美学问题则退居次要的位置，由此可见，特里林对文学的发展持有一种怀疑态度，即反对那种认为文学应该是一种自治的、自我辩白的行动的观点。[12]

特里林曾于30年代同情过西方马克思主义的政治路线，并短暂参加过一些左派的政治活动。但是，随着他对斯大林主义在美国知识分子中间产生的误导作用逐渐产生失望的态度，他便需要另一种思想来指导自己的批评实践，并逐渐形成自己的批评思想。他早年对英国文化的景仰以及他逐渐形成的辩证思维方式使他顺理成章地发现了马修·阿诺德：一位影响特里林一生的文化批评家。托马斯·拉斯克在《纽约时报》上指出：“在莱昂内尔·特里林手中，批评不仅是对文学作品的一种思考，它更是对作品所包含的思想的思考，以及对这些思想关于孕育它们的社会所作的评价的思考。”[13]特里林的这种批评强调一种道德功能，表明他继承和发扬了阿诺德式的文化关注。这一点使他的批评从一开始就不仅仅限于具体作品和作家的狭窄范围，而是将人类的道德生存状况当作首要的研究目标。

特里林十分关注马克思和弗洛伊德的思想所强化的文学所表现出的文化危机：

> 当我们论及马克思和弗洛伊德这两个人物时，我们当然会意识到他们之间在观念方面的区别，而且他们在某些方面也是相互抵触的，尽管如此，我们肯定能发现他们在一个方面是一致的——他们都对有关现实及其运作方式的既定的、制度化的概念提出了有计划的反驳，而且他们都发现了引发因果关系的原则，并因此得出结论，认为既定的、

> 制度化的现实是谬误的，或者正如我们所说的那样，是一个面具。……他们让知识分子阶层意识到，任何事物都不是表象所体现的那样简单，而知性的伟大工作就在于击穿这个面具。[14]

特里林承认，“马克思和弗洛伊德的体系对我的批评工作和我的整个智性生活都起到了决定性的影响，对此，我从未产生过怀疑”。[15]但是，特里林所承认的影响并非教条式的权威观念，而是这两个人在研究个体和社会问题时所表现出来的态度和力量。正是在这种态度和力量的影响下，特里林开始了批评生涯中的第一个重大项目：“马修·阿诺德研究”。

《马修·阿诺德》最初是特里林博士论文的题目。特里林在该书首版的序言中解释了自己的写作动机：“在本书中，我要力图在复杂的统一性中展示马修·阿诺德的思想，并将他的思想与他那个时代的历史和知识事件相联系……但是，因为我在发展中看待阿诺德的思想，所以这本研究作品可以被视为阿诺德的思想传记。”[16]实际上，特里林对阿诺德的理解也经历了不同的阶段。起初，特里林十分欣赏阿诺德的诗歌所具有的忧郁气质。这时，他所关注的是这位忧郁的诗人为何被动地忍受“文化所产生的压力”，但是最终令特里林感兴趣的却是“与文化相抗争的”阿诺德，是“以塑造文化为目的，从而试图理解文化的阿诺德”，即作为文化批评家的阿诺德。[17]特里林坚持了阿诺德所定义的文学价值，即文学是对生活的批评。由此可见，文学不仅仅反映社会现实，而且能在某种程度上对现实的缺陷提出质疑，并以一种充满人类想象力的理想图景来指导人们改造现实。

在《马修·阿诺德》一书中，特里林展现了自己独到的批评方法，即把批评对象置于时代语境中进行论述，这样既避免了环境决定论的简单性，又避免了单纯文本研究的局限性。他的目的不是向读者提供有关阿诺德生平的详细历史背景，而是在把握时代脉搏的基础上理解研究对象的思想特点。特里林所采用的史料和阿诺德的传记性内容几乎都来自当时已经发表的材料。在某种程度上,《马修·阿诺德》几乎是一本有关19世纪知识与社会历史的百科全书。在提供大量史实的同时,它还叙述了具有自由主义思想的中产阶级的上升过程、英国国教与反对派团体之间的纷争、圣经基督教派的腐朽、知识界为摆脱宗教教条主义而付出的努力以及骤然之间出现的种族理论。

特里林展示了自己对文化语境资料的偏好:在谈论马修·阿诺德之前,他提供了非常详尽的有关托马斯·阿诺德(马修·阿诺德之父)的传记资料;当他讨论马修·阿诺德的督学工作时,他提供了有关英国教育史和教育政治的详细资料;当他指出柯勒律治有关《圣经》的思想是如何影响阿诺德时,他又说明了斯宾诺莎对柯勒律治的影响。这些资料表明,阿诺德的诗歌创作和文化批评与其生活的文化环境是密不可分的。

从《马修·阿诺德》的第一章开始,特里林就着手发掘造成阿诺德诗歌所具有的悲伤气质的历史—文化原因。这方面的研究主要集中在"他的父亲与他的英格兰"这部分中。在之后的章节中,特里林描述了阿诺德各个时期的兴趣与活动,其发展序列具有一种惊人的逻辑性:从诗歌转向文学批评,再转向政治,最后转向宗教。在特里林看来,诗人的洞察力为批评家提供了批评的目标。首先,作为诗人,阿诺德发现了自己今后作为批评家所试图解决的问题。忧郁的心境促发了他最佳的诗作,而当他的心情变得开朗喜悦时,他又从诗歌转向了散文,而发生这种转变的原因则在于他需要得到一种自我肯定,即在文化批评领域里取得超越前人的成就。

### 2.2. 特里林对阿诺德核心观念的把握

特里林有关阿诺德的论述以及他对阿诺德的景仰主要体现在四个主题之上——自我与社会之间的关系、公正性的价值、过分行使智性的危险以及辩证思维的必要性。

首先，阿诺德的批评思想具有从社会角度来审视文学的倾向。在阿诺德看来，文学不是孤立的文字组合方式，也不是专门供极端的浪漫主义者表达个人情感的工具。特里林认为，要了解作为文化批评家的阿诺德，关键就在于了解阿诺德“所关注的不仅是所研究的作品的性质与素质，而且在于作品对读者所产生的影响，以及最终对政体所产生的影响”。[18]在这个意义上，文学的社会意义主要体现在它对自我和社会之间关系的考虑上。特里林发现，这个问题占据了阿诺德思想的中心位置，而且它后来也变成了特里林本人长久关注的中心问题。特里林解释说，当阿诺德从诗歌转向散文时，他进入了确定而真实的世界——进入了不停变化的社会，阿诺德从此开始“考虑社会和政治对文学的影响作用，以及社会和政治重组的需要”，因此，在阿诺德此后所有针对文学批评的判断背后，“都存在一种社会性和政治性的判断”。[19]

其次，阿诺德强调批评家的公正性（disinterestedness）。这种公正性实际上是一种客观性，它崇尚批评性的观察和思考。也许特里林于30年代退出政治运动的行为恰恰应合了阿诺德的劝诫，即如果诗人想拥有真实的生活，那么他必须放弃行动，无论这种行动具有何种社会价值。特里林同意阿诺德的观点，认为文学的任务在于使人变得更有理性、更有利于社会生活，在精神上更开明、道德上更敏感、思维上更清晰，并以此来促进文明的发展，因此文学的功能就在于使人看清事物的本来面貌。特里林认为，当阿诺德把诗歌当作对生活的批评时，他实际上是在说明诗歌的功能：“批评并不是诗歌的本原。批评是诗歌的职责。”[20]特里林捍卫了阿诺德的文学理论，认为这种理论并非象牙塔的产物，也不是一种行为上无能的表现，“这暗示着真正的艺术并不能解决任何问题，不能提供指示；真正的艺术所做的只能是在读者的内心培养出最佳的素质——即读者的道德姿态”，但真正的艺术也并非是对现代生活状况的逃避，相反，它“试图将人类在灵魂得到复苏的情况下送回到日常生活之中”。[21]

根据特里林的观点，阿诺德之所以不相信行动，并不是因为他与行动本身发生争执，而是因为他知道"行动超越了自身，变成了一种信念手段，一种逃避思想的方法，且它似乎使人们耻于进行必要的怀疑"。[22]这种观点有助于解释为什么特里林自己倾向于采取中间立场，而批评他的人则经常将这种立场解释为被动性或优柔寡断的表现。

第三，阿诺德有关文化的观点体现了他对理性和情感两种力量所采取的辩证态度。阿诺德认为文化是一种在很大程度上受理性管辖的进程，但是并不限于理性的智性。这种进程需要人类的全部智性来参与。特里林认为，如果分析阿诺德的思想起伏以及思想转变，人们就将发现，他的批评寻求一种位于理性主义与信念之间的折中立场："他有两个导航参照——指南针和星辰，即：理性，但不是那种冰冷的、形式上的、将思维变成机器的理性；信念，但不是那种离开世界现实的逃避。阿诺德认为：'现代精神生活的主要成分既不是意义与理解，也不是心灵和想象；它是富有想象力的理性。'"[23]这就是说，人们必须理解这种有关富有想象力的理性的概念，以便理解文学如何成为对生活的批评，如何成为文化的工具。特里林进一步说："文化不仅是一种手段，而且是一种用来接受真理的精神态度。它是一种道德方向，涉及到意志、想象、信念；所有这些活跃的成分都体现了一个包含真理的宇宙。人类的直觉可以把握真理，而分析理性则能对其进行详细审查。文化是涉及整个人格的理性，它是寻找真理的完整人格。"[24]

第四，阿诺德注重在批评中使用"历史的与辩证的"方法。特里林十分欣赏阿诺德将历史状况纳入思考范围的做法，因为阿诺德总是在两个极端之间进行权衡，从而避免走向绝对。特里林接受了这种辩证的思维方式，并用它来取代西方马克思主义者所理解的辩证思想。特里林认为，阿诺德排斥了以"科学"假设为基础的历史批评，因为这种假设错误地认为，对历史语境的全面了解必然能提供有关单个作者的所有信息。与此相反，阿诺德"总是坚持认为，批评的行为要求我们停止使用我们的绝对标准，而要结合相关的历史决定因素来看待事件或观念，无论它们是过去的还是现在的”。[25]特里林认为阿诺德对法国大革命的判断体现了他的批评方法：“他是大革命的忠实支持者，还是大革命的有力反对者？我们可以引用他的话来证明他既是支持者，又是反对者，但是实际上他两者都不是：首先，他对于大革命的感觉取决于他对发生大革命的历史语境所产生的想法；其次，这取决于他写作时所处的特殊历史时刻。”[26]阿诺德允许两种观点并置存在于思维之中，其中一种观点被用来缓解另一种观点在人类生活中的滥用。特里林认为，阿诺德一直在教导人们的一个“批评教训”是，历史“必须得到中立的考虑——而且得到辩证的考虑”。特里林接着说：“辩证的方法所产生的矛盾观点对某些人而言是一种无法承受的负担，但对另外一些人而言，则是一种积极的愉悦；阿诺德属于后一类人。”[27]

## 2.3. 特里林对阿诺德的继承与发展

特里林早期对阿诺德所作的研究对他自己产生了重大的影响。他最终选择了阿诺德作为主题来进行他学术生涯中第一项重大的批评研究，无论他的理由是什么，他的选择都是极其恰当的，对他日后的发展具有深远的影响。在阿诺德身上，特里林发现了许多观点来肯定和强化他自己的兴趣和偏爱。特里林本人倾向于对事物采取爱恨矛盾的态度，具有观察事物微妙性的品位，而且愿意苦求事物的复杂性，这一切都从阿诺德的品质中获得了养料。针对20年代末、30年代初的文学—知识分子浪潮，特里林意识到“人文主义的文化正处于一个危机时刻”，而且“维系这种文化的社会正处于恐怖的困境中”。[28]特里林发现，阿诺德曾对文化和社会中出现的早期相似危机进行过艰难的思考，而且阐明了这一危机的许多基本问题。阿诺德将文学视为对生活的批评（a criticism of life），视为最佳的教育工具，这种看法与特里林的观点不谋而合，因为特里林坚信文学——特别是小说——的功能。例如，他曾于

1938年向巴尔赞表达了自己的信念："我必须重新开始阅读小说。我忘记了自己所有的教育都得自小说；它们使我变成了更好的人，而有关哲学批评史（philosophy criticism history）的书却没有起到这个作用。"[29]

除了阿诺德之外，很难想象特里林能找到一个更为适合、更有生发力的论文主题。他向巴尔赞表示，这本关于阿诺德的书"已经超越了它应有的重要性：对我而言，似乎我用了五到六年的时间在这本书里记录了我所接受过的教育"。[30]因此，尽管他在《马修·阿诺德》一书完成时，下决心要把阿诺德从自己的思想中清理出去，并不希望自己被人当作一位阿诺德式的人物，但阿诺德却成为了特里林终身的导师。特里林晚年在一篇自传性的文章中说，在整个40年代，"我发现自己正面对着一个必须用阿诺德本人的话语来理解的处境"。[31]尽管阿诺德称自己是一位自由主义者，但他把主要的批评精力都投入了对自由主义思想的假设和推理所进行的质疑之中。特里林发现自己参与了同样的事业。20世纪40年代和50年代，人们重新评价了自由主义，特里林则是其中一位著名的批评者。另外，特里林的总体性文化批评实践——特别是对阿诺德的研究——使阿诺德所代表的批评传统得以长期存留于20世纪的批评界。

许多批评家曾详细论述过特里林和马修·阿诺德之间的相似点。约翰·亨利·瑞利曾列举出特里林和阿诺德在七个方面的相似性：（1）在对各自的文化所具有的褊狭缺陷作出反应时，他们都从欧洲思想家那里寻求有关社会改良的思想。阿诺德追随的是歌德和斯宾诺莎，特里林追随的是弗洛伊德、黑格尔以及卢梭。（2）阿诺德和特里林都对当代文学关注甚少，他们都更关注如何应用过去的伟大文学作品来解释当前的文化现实和现代社会的混乱状况。（3）他们都将浪漫主义（特里林还增加了维多利亚文学）当作有用的传统，并从这种传统出发，审视现代生活和文化。（4）他们都将现代状况视为法国大革命的理性意识形态和浪漫主义自我的情感复杂性之间的张力的产物。（5）他们都意识到了人类状况的悲剧性质——对阿诺德而言，这是因为一个世界已经死亡，而另一个世界尚未诞生；对特里林而言，则因为弗洛伊德在《文明及其不满》中阐述了个体和社会之间不可调和的对立关系。现代文明导致了人性的损失——在阿诺德看来，这是宗教损失；在特里林看来，这是文学性的损失。对他们两人而言，抑制无政府主义和混乱状态的力量是文化，以及处于警惕姿态的批判性自我。(6) 尽管人类状况是悲剧性的，而且现代社会处于混乱之中，但是他们都发现，价值观并不存在于抽象的理论之中，而存在于个人的内在力量之中。人们需要一种合适的社会状况来进行自我发现。(7) 他们都对批评家的功能持有相似的观点：用特里林的话来说，那就是批评家应该置身于文学和政治之间的"黑暗而血腥的交叉地带"，不断纠正思想简单者的缺点，并从对手那里得到有用的挑战性论断，坚持一种"公正性"，但并非脱离经验，而是将观念和经验结合起来。[32]

特里林在研究阿诺德的过程中受益匪浅，因此他将阿诺德树立为自己终身的导师，这一切都非常有助于解释特里林著作中的一个重要主题：社会如何变化，社会应该如何变化。马尔科姆·布拉德贝利在《新政治家》中提出，由于有了这种关注，"特里林［文学］努力的一个关键部分就在于小说在重建公众和政治意义过程中所起的作用，他在《艺术与财富》一书中认为，文学批评这种文类可以将思想联系到合适的现实（actuality）当中，从而为现实提供完美的批评"。[33]

当然，特里林对阿诺德不仅有继承，更有自己的发展。在探讨阿诺德思想的同时，特里林也在无意识状态下描绘了他自己的智性发展历程。如果考虑到特里林后来的批评生涯，我们可以发现，在《马修·阿诺德》一书中表达的许多思考、观点和价值观都构成了特里林本人的思想写照。但是，雅克·巴尔赞曾警告我们，如此众多的相似之处容易使我们把特里林的批评生涯简单地理解为阿诺德的延续。"阿诺德的目的主要是一种道德目的，"巴尔赞说，"而特里林的目的则是政治的和智性的目的——它的道德性体现在不同的意义上。"[34]特里林与阿诺德之间甚至存在着意见的分歧，例如，尽管特里林同意阿诺德对社会福利的关注，他却更关注社会中人类关系的复杂性。这就造成了与阿诺德的不同之处，即特里林发现了更适合他自己的兴趣和经历的论断和重点。阿诺德强调，伟大文学作品的效应应该产生出行动。特里林受到弗洛伊德的影响，对此作出了更为深刻的解释，认为文学的道德效应也可能通过减轻压力的有益行动来实现，或通过增加摆脱强制性行为的自由来实现。另外，特里林对阿诺德的宗教主张和有关国家政体的观点也表示了怀疑。

认识到特里林与阿诺德之间的相异之处后，我们可以清楚地发现，特里林从阿诺德那里继承来的思想主要是有关思维和性情的素质，而非具体的教义、计划或观念。特里林在《马修·阿诺德》的序言中说道："毋庸赘言，对一位作家的仰慕并不意味着同意他的观点。确切说，我相信人们会清楚地发现，我所同意的更多的是阿诺德的方法，而不是他的结论。"[35]特里林发现，虽然阿诺德在某些地方，甚至在很多地方是错误的，但是这一点并不具有重要的意义。事实上，特里林认为，一位本质上正确的批评家，"当他犯错误时，他反而更让人感兴趣，更有力，也更有用，而且他的错误有时可能是他最有生命力的一部分，因为这些错误代表了他的激情和致力的精神"。[36]如果一位批评家值得人们去阅读，那么他就会犯错误，"因为他的思想中除了对艺术本身的感知以外，还存在其他的事物——他的思想中还有他对生活提出的要求；那些允许读者发现这些要求的批评家才最容易让人信赖"，阿诺德的错误是公开的，但是"他犯错误时所坚持的充满活力的原则也是公开的"，因此，要欣赏阿诺德的批评思想并从中获益，人们不必赞同他的结论，"唯一必要的就是意识到他的事业所具有的慷慨和致力精神"。[37]

《马修·阿诺德》一书是非常成功的。在当时的主要期刊中，该书都得到了广泛而肯定的评价，而且自从首版以来，几乎一直都能在书店里买到。埃德蒙·威尔逊在《新共和派》的一篇评论中认为，特里林的书是"同时代的美国人所写的最早具有可靠性和广度的批评研究之一"。[38] 英国学者爱德华·萨克维尔—维斯特(Edward Sackville-West)认为特里林的这本书是"过去十年里用英文出版的最杰出的一本传记性批评研究"。在这本著作成书之前,巴尔赞曾阅读过其中的一些章节,他当时就认为特里林写了一部"巨著"。

## 3 E.M.福斯特:道德现实主义

### 3.1. 道德的重要性

在研究马修·阿诺德的过程中,特里林掌握了通过文化语境来分析作家与文学作品的方法。之后,他开始运用这种方法来研究西方的文学传统。英国小说家E.M.福斯特成为了特里林的第一个重要研究对象,同时特里林也从福斯特那里借鉴了一个重要的研究视角:道德现实主义。在《E.M.福斯特》第二版(1964)的序言中,特里林表明了研究福斯特的宗旨,即纠正当时自由主义的某些谬误和弥补美国文化的某些缺陷。特里林说:"我与当时形成的美国文学之间发生了一场争论,我援引了福斯特先生的活力、复杂性和反讽来反对美国文学的沉闷与虔诚的社会简单性。"[39]特里林将福斯特用作一种试金石。因此,特里林在研究阿诺德的过程中形成了自己的批评方向,之后,他又运用福斯特的"道德现实主义"来反对当时自由主义者所表现出的那种缺乏想象力的、过分简单化的态度。

很明显,特里林从福斯特小说的道德教益中,发现了批评自由主义的出发点。他高度评价了福斯特对他的启发作用:"对我而言,E.M.福斯特是唯一一位健在的、值得反复阅读的小说家,而且在每次阅读之后,他都能给我带来一种这样的感觉,即我从中学到了某些道理,而自从我们初次阅读小说以来,很少有作家能给我们带来这种感觉。"[40]他发现福斯特在某种程度上与较早时期的维多利亚小说家有相似之处——

他们都对观念（ideas）表示关注。特里林对福斯特非常仰慕，因为福斯特"有意识地对自己的小说承担起全部的责任，拒绝接受一些当代小说家的观点，即作家与自己讲述的故事毫不相干"。[41]使特里林感兴趣的正是观念，特别是道德观念；在特里林对福斯特的论述中，"道德"（moral）是一个经常出现的形容词，例如：道德核心、道德目的、道德意志、道德尺度、道德象征、道德素质、道德智性等等。《E.M.福斯特》的主要特色就在于特里林对观念进行的有力分析，这种分析的特征在于，特里林意识到在语境之外分析观念的危险性："对任何好的、发达的观念进行概述，这样做就是背叛观念；我们必须既得出有关观念的结论，又发现其辩证的发展，而且我们必须发现有关观念的修正。"[42]

福斯特认为传统的现实主义尚不足以完成对社会的认识和批判，而发展到一种极端的现实主义——自然主义——更是将社会现实当作一种冷冰冰的自然科学研究对象来对待，这一点进一步剥夺了文学的主动性。他认为，在小说创作中，逼真既不能保证愉悦，又不能保证真实，因此福斯特运用了夸张和不可能性，以便取得惊奇和闹剧的效果。为了纠正传统现实主义和自然主义的不足，福斯特对道德现实主义表示了极大的关注。特里林认为，正是因为这种关注，福斯特才得以与霍桑并驾齐驱。所有的小说家都表现道德，但是并不是所有的小说家，甚至并不是所有优秀的小说家都对道德现实主义表示关注。这里，道德现实主义并非指对道德本身的意识，而是对道德生活的矛盾、悖论以及危险所产生的意识。霍桑曾全身心地投入到对道德问题的处理中去，以便理解无法解决的善恶交织状况以及道德行为的危险性。亨利·詹姆斯继承了霍桑的传统，而在詹姆斯之后，福斯特继续进行这方面的写作。福斯特认为，自己的特征之一就在于自己"所知道的不是有关善和恶的知识，而是有关善—恶共生状况的知识"。[43]正是因为这种对人类生存意义的多种可能性的理解，福斯特才拒绝给出结论。这种认识非常接近伊·爱伦堡提出的文学功能，即帮助人们"更充实地认识人的内心世界"，因此文学就应当写“活生生的人”，写日常生活事件，“揭示隐藏在人的心灵深处的光明与黑暗的斗争”，反映世界的复杂性。[44]

福斯特对两种共生的事实表示尊重，而且强调道德现实主义对这种事实的理解。例如，在《印度之行》中，读者期待着摩尔夫人能做出崇高的举动，但是她却听任自己被排斥在审判之外，尽管她的证言将起到至关重要的作用，这一点证明了人性中的矛盾性。特里林认为，《小多利特》是狄更斯最为深刻的小说之一，也是19世纪最有意义的作品之一。与狄更斯创作的其他小说相比，这部小说与社会更有关系。这里，狄更斯之所以能赢得特里林的高度赞扬，就是因为《小多利特》恰恰体现了福斯特所主张的道德现实主义，即对人类生活的复杂性和多样性的关注。小说中的一个主要象征是“监狱”的意象。这种意象开始于马赛，然后又转移到英国的马夏尔西监狱①，以及与此相关的办事拖拉的官僚衙门②。实际上，社会中的所有人都在不同程度上处于监禁之中——“他们有关注定命运或宗教责任的观念、他们的职业、他们的生活计划、他们对自己的看法，以及他们的语言习惯”，这些都形成了一种无形的监狱。[45]

特里林发现，狄更斯在这部小说中探讨的监狱意象预示了弗洛伊德的观点，特别是有关神经症的观点。在弗洛伊德看来，随着文化对个人的控制日渐加深，个人在自己的意识和无意识中同化了社会对个人的要求和限制，因此与文化对立的个人需求始终使个人处于不同程度的负罪感之中，而个人也因此集多种身份于一身：“罪犯、受害者、警察、法官、行刑者”。[46]这部小说的复杂性主要体现为人物形象的复杂性，即那些饱尝社会痛苦的人恰恰为此而受到谴责。有些批评家指出狄更斯在《小多利特》的创作中失去了以前创作所特有的现实主义特色，即惊人的逼真性。然而，特里林认为，这部小说的特色恰恰在于它的普遍化和抽象化的力量，这种力量是“处于伟大的坚定观念控制之下的想象力，

① 伦敦萨斯瓦克关禁债务人的监狱，已于1842年废除。

② 英文为“Circumlocution Office”，这里指狄更斯小说《小多利特》中办事拖拉的官僚机关。

这种道德观念旨在从宗教体验中发现其完整的发展。这种想象力与创作出《农夫皮尔斯》以及《天路历程》的想象力具有共同的来源。实际上，它与创作出《神曲》的想象力也是极为相似的”。[47]

### 3.2. 福斯特的辩证法

在《E.M.福斯特》的第一章里，特里林曾将福斯特称为欧洲知识传统的最佳代表。然而，在第九章里，特里林又提出福斯特对这种传统表现出了厌倦的态度。特里林认为这种转变既非矛盾，又非悖论，而是一种修正。福斯特曾以《印度之行》中的太阳为例，说明“智性不仅因为其具有拯救能力的美德而能成为生活的来源，而且会以不同的程度表现出险恶性”。[48]因此，在某些时候，只有“摆脱智性的炽热阳光，抛弃秩序和法律的严酷性，才可能得到肯定智性、秩序和法律的最佳途径”。[49]这里，特里林所关注的是过分运用意志和智性可能导致的危险，因为如果不考虑人性的另一方面——情感，那么自由主义那种简单化的、理性至上的观点就将把文明的发展引向歧途。

同时，福斯特也反对自然主义那种悲观的宇宙论。在一本名为《北欧的黎明》（*Nordic Twilight*, 1940）的小册子中，他说：“悲观的宇宙论可能是高尚而庄严的，但是它为日常行为提供了一种危险的指导，而且它还可能僵化成一种愚蠢的野蛮主义，这一点将会击碎问题，而不会解决问题。”[50]特里林认为，与美国作家舍伍德·安德森相比，福斯特坚持自己与传统的联系。安德森在开始自己的文学创作时，也能做到结合过去来表达自己对理想社会的追求。但是，后来安德森就与他所表现和批评的生活越来越遥远，变得具有象征主义和幻想主义的特征，以至于显得失落和孤独。与此形成对比的是，福斯特知道事物的确是真实存在的。他从自己与传统的联系以及历史感中学到了一种伟大的思想，那就是对**现在**（present）的信仰。他学会了如何避免许多作家所坚持的有关“世界末日”的理论。

福斯特满足于人类的可能性，也满足于人类的局限性。人类行为的方式当然无法令他感到满意，但是他并不相信人类能发现任何新的品德；人类要想过上适合自己的生活，其途径并不是使人性变得更好，而是对自己天生的善良本性加以整理和调配。特里林说：

> 在我看来，这似乎可以被称为世俗性(worldliness)，它接受世上的人，不带有愤世嫉俗的情感，也不带有理性主义的情感。福斯特是一种极其稀有的人才，他是一位自然主义者，但是他的自然主义具有积极性和激情，而不是对人类的天性采取消极的、被动的和辩护性的态度。……他代表了这样一群有思想的人，他们从不会认为自己能超越人性，而且在身处逆境时，也从不会低于人性。[51]

特里林发现福斯特的世俗特性具有某种吸引力。这种对人类生活无法简化的复杂性和神秘性所持的态度产生了一种观念上的整体性，而这种整体性能防止简化论的出现。这种观念意识到人类既不是野兽也不是天使。

福斯特的辩证法并不意味着他在二律背反的两极之间作出偏向性的选择，也不意味着他在道德判断上的无标准性。相反，他有自己的超验准则，那就是艺术的秩序。许多人认为纳粹的暴行受到了极端理性主义的影响，即新秩序的概念表达了对智性、逻辑和理性的极端而不切实际的信仰。但是，对崇尚古希腊文化的福斯特而言，他始终相信一种秩序，而他将艺术的秩序对立于力量的秩序。他在《新的无秩序》①一文中说道："[艺术作品]是宇宙中唯一的实际物体，它能拥有内部的和谐。所有其他的事物都由于外界的压力而成形，一旦这种外部的模型消失了，那么这些事物也会崩溃。艺术作品可以独立存在，任何其他事物都无法做到这一点。"福斯特的思想中存在着一种悖论，即尽管他相信应

① "The P.E.N. Speech", published in *Horizon*, December, 1941.

该放松意志，应该怀疑那种严格使用智性的做法，但是他对意志和智性仍然保持最深刻的信念。这一点说明，应该有这样一种世界，这里“意志不是一切，而且如果意志不是一切，那么意志将成为更好的、更有效的意志”。[52]

从这种思想出发，特里林发现了当时的自由主义所具有的一种单一的、无可救药的弱点——这种弱点就在于它缺乏足够的想象力：自由主义总是对其他事物感到惊讶。人们总是要重新开始自由主义的事业，因为在惊讶之后总是跟随着幻灭感和疲惫感，而且人们总是会针对这种出现自由主义幻灭感和疲惫感的时刻而产生反作用力（reaction）——反作用力从不希望出现惊人的事物，也不会因此而感到绝望和痛苦。自由主义喜欢表明自己与科学、实用主义以及假设方法之间的契合度，但是在实际的操作中，自由主义要求“理想”和绝对的事物；只有当自由主义认为自己能在党派和政府中寻找到乌托邦的痕迹，并在人的身上嗅到神圣的气息，它才会愿意与相应的对象形成联盟关系；而且当这两种条件都达不到时，自由主义就会确保自己能提供这些条件。当自由主义必须通过某种程度的异常现象（anomaly）来行事时——许多必要的行为都是异常的——它就会坚持认为，它的行为所遵循的理论是完美的，而当异常现象出现时，它则感到非常惊讶。[53]

自由主义思维确信人类事务的秩序是由于这种思维的一种简单逻辑而存在的：善就是善，恶就是恶。这种思维能理解乐观主义和悲观主义的情绪，因为这些情绪正是它所创造和命名的，但是它从未命名也无法理解那种针对善—恶结合体（good-and-evil）而产生的情绪。在有关善—恶结合体的观念面前，自由主义的想象力就失去了功能；它无法接受这种不可能的悖论。这种现象是具有讽刺意味的，因为自由主义的纲领性文件之一就曾敦促过自由主义思维去培养足以接受这种不可能性的想象力。[54]

在特里林看来，文学经典对人类社会的影响意义是独特的。但丁、乔叟、莎士比亚，以及所有伟大的文学家，他们“从未引发信仰的改变或革命的发生”，但是，这种影响能“超越所有的想象，以便构想出世界本应具有的道德状况”。这些伟大作家的故事“沉入了人类思想的深处，以至于人们会将它们遗忘，以至于人们意识不到它们的作用，有时这种作用甚至会违背人们有意识的意志”。[55]特里林对这种拒绝结论、以开放的态度接受进一步假设的可能性的能力表示赞同，他后来将这种能力与他在论约翰·济慈的文章中所提到的否定能力（negative capability）相联系，并在他的写作过程中多次提及。

## 4 弗洛伊德：文明及其不满

### 4.1. 特里林所接受的弗洛伊德

在特里林所受到的影响当中，弗洛伊德仅位于阿诺德之后。特里林的世俗思维缺乏超自然权威的来源，因此它在很大程度上要依赖伟大而睿智的人物作为榜样和权威。结果，阿诺德和弗洛伊德对特里林所产生的影响超越了通常意义上的影响。对特里林而言，他们两位是示范性和代表性的人物，是知识和品德的榜样，因为他们将启蒙主义的理想与有关人类复杂性的深沉悲剧感融为一体，所以他们能论及现代生活的中心问题。对特里林而言，他们相互起到了补充作用：阿诺德讲述了高雅文化（high culture）的价值，而弗洛伊德则讲述了文明的不满。他们界定了社会可能性的范围；而且，在他们之间，特里林维系了自己的辩证法。特里林继承了阿诺德的认识，即对智性与情感进行平衡处理的重要性；但是，作为一位以世俗理论为出发点的思想家，为了解人性，特里林参照的是科学，而非宗教，因此他选择弗洛伊德主义作为主要的参照框架。他继承了阿诺德对充满智性、容忍和灵活性的社会的探求，但无法像阿诺德那样从政体或基督教中获取帮助，因此，他转向了弗洛伊德主义，并以此作为他所珍惜的价值观的支撑。R.P.布莱克默尔提出，特里林

"纠正"了这两位导师："从弗洛伊德的角度出发，特里林在动机与恐惧的偶然性方面比阿诺德的理论更加明显；从阿诺德的角度出发，特里林在艺术的智性与理性方面则比弗洛伊德的理论更加明显。"[56]

使特里林感兴趣的并非作为临床医生的弗洛伊德，也不是辨认各种神经症的弗洛伊德，而是作为文化哲学家的弗洛伊德、作为悲剧性人文主义者的弗洛伊德，以及作为人类伟大愿望和伟大局限的预言者的弗洛伊德。因此，从弗洛伊德思想的悲剧性视角出发，特里林觉察到了一种严厉而崇高的诗意，并指出弗洛伊德的最后一本著作——《精神分析纲要》——可以提供"一种伟大的、道德的，甚至是美学的体验"。[57]他发现，"在因阅读弗洛伊德而产生的喜悦和因欣赏一件令人满意的艺术品而产生的愉悦之间，自己很难作出区分"。[58]

正是因为理解了这样一位具有悲剧思想的弗洛伊德，即写出《文明及其不满》的弗洛伊德，以及对任何有关人文主义乐观精神的观念都持有怀疑态度的弗洛伊德，特里林才能用相似的态度来对待美国的自由主义者。《文明及其不满》为特里林维系了道德现实主义的需要，并在他思想中增加了保守主义成分。他抱怨说，人们还没有对这本书产生足够的重视，而且弗洛伊德的文明观念经常受到误解，几乎没有人能真正以令人满意的方式对之进行阐述，因为"我们还没有明白这些观念包含了一种十分复杂的道德体系中的多种因素"。[59]在一封写给马克·范·多伦的信中，特里林谴责了人们对弗洛伊德观念所采取的"低劣的通俗化处理"，其中大部分处理实际上都是"对弗洛伊德理论的反面修正及弱化处理"。①他认为卡伦·霍尼对弗洛伊德理论的运用体现了一种"自由主义思想重大缺陷"的症状，即乐观主义的症状。特里林坚持弗洛伊德理论中黑暗、悲剧性的、有关死亡本能的成分，赞赏弗洛伊德的勇气，因为他敢于"在呈现人类状况的同时揭示人类自身本质的可怕真相"，并敢于表明"生活的原始难题"。[60]

① Trilling to Van Doren, 30 August 1950; Trilling Papers.

## 4.2. 弗洛伊德的文明观

《文明及其不满》成书于1929年，是弗洛伊德后期最重要的著作之一。在这本书里，弗洛伊德集中阐述了他的文明观，将他在研究生涯中关于精神分析所得出的结论运用到对社会、文化的分析之中，并进一步发展了关于本能、力比多、超我、负罪感等概念的理论。另外，弗洛伊德还在本书中涉及了宗教、政治、文化和女性等多方面的问题，因此"《文明及其不满》所谈的内容显然超出了社会学的范围"。①弗洛伊德本人并不愿意区分文明与文化的区别，对他而言，这两者的意义在很大程度上是重合的。威廉斯曾经提出如下的警语，他说，文化"是英语词汇当中，数一数二的最为复杂的字眼"。[61]

弗洛伊德的文化思想经历了一个长期的发展过程。他的社会文化理论可以分为两个方面，"一是他根据其精神分析的基本原理而得出的对于人类文明所持的基本态度，一是他根据精神分析的基本原理对各种具体人类文化现象所作的解释"。[62]在1900年发表的《释梦》中，弗洛伊德就开始用文学艺术作品和人类的审美活动来为精神分析提供佐证。随着精神分析理论得到确立，弗洛伊德把研究重心转移到社会文化领域。"1912年，就在精神分析工作达到顶峰时，我已经试图在《图腾与禁忌》中利用精神分析的最新发现成果以调查宗教和道德的起源。接着，在后来的两篇文章《幻想的未来》、《文明及其不满》中，我又把这一工作向前推进了一个阶段。"[63]

在《文明及其不满》中，为了结合历史来考察人类与文明的关系，弗洛伊德首先承认了这样的假设，即个人与人类的童年经验以及后续的发展过程都能在人的思维中得到保存。"也许我们应该满足于这样一种结论，即在心理生活中，过去的事物**可能**得到了保存，而不会**必然**遭到破坏。……我们只能坚持相信这样的事实，即在心理生活中，过去能得到保存，这是规律，而不是例外。"[64]这样，弗洛伊德就可以在此书中追溯

① 弗洛伊德：《文明及其不满》，第63页。

人类原始的生存状况，揭示文明的起源、发展以及对本能的压抑，同时还能说明现代人为何能继续具备原始的本能欲望，从而形成与文明要求之间的对立。

弗洛伊德随后探讨了人类的生活目的和人类的痛苦。他认为人类的生活就是为了满足快乐原则，即满足个人对幸福的渴望。人们对幸福的追求具有两面性："积极的目的和消极的目的。一方面，它旨在消除痛苦和不愉快；另一方面，它也旨在获得强烈的快乐感。狭义的'幸福'只与后者有关。"[①] 但是现实世界注定要使幸福受到三方面痛苦的威胁。"首先，威胁来自我们的身体，它注定要衰老和消亡，而且，如果没有疼痛和焦虑这些警告信号，我们的身体甚至都无法运作；其次，威胁来自外部世界，它可能以强大而无情的破坏力量对我们施虐；最后，来自我们与他人之间的关系。与其他任何痛苦相比，来自这最后一个方面的痛苦也许是最剧烈的。我们往往把它当作一种无端的附加物，尽管它与其他痛苦一样都是注定不可避免的。"[②] 弗洛伊德总结出了防备痛苦的办法，但是这些办法都有各自的缺陷。首先，个人可以通过扼杀本能来减少对快乐的欲望，但是这样一来，享乐的可能性就减少了。其次，个人可以运用力比多移置的办法。其实这就意味着本能的升华。艺术家、科学家就是利用这种方法获得了个人的享受，但是这种方法受到了若干先决条件的限制，因此，并不是所有人都能获得这样的享受。另外，个人还可以通过幻想和妄想的方式来摆脱现实世界，但是通过这些方法获得的快乐要么是短暂而微弱的，要么就是虚幻而空洞的。因为任何一种方法都不可能让人获得绝对的幸福，所以弗洛伊德认为，人类可能获得的狭义上的幸福，是有关个人力比多的经济利用的问题。[③]

在造成人类不快乐的三种因素中，人们最感到不满和不解的就是第三种因素：人际关系。有一种观点认为，"被我们称为文明的东西在

① 弗洛伊德：《文明及其不满》，第76页。

② 同上，第77页。

③ 同上，第83页。

很大程度上造成了我们的痛苦，而且如果我们放弃文明，返回原始的状态，我们将变得更加幸福”。[①]弗洛伊德对这种观点表示怀疑，但是他从中得到启发，开始考虑为什么人们会对文明采取充满敌意的态度。为了回答这个问题，弗洛伊德首先从人与自然、人与人两个方面为文明下了定义。“文明”一词指“使我们的生活区别于动物祖先生活的所有成就和规范的总和，这些成就和规范有两个目的，即保护人类免受自然的侵害和调节人类相互的关系”。[②]这样，文明就包含了至少四方面的内容：人类改造、抵御自然的活动和成就，美、清洁、秩序，较高级别的精神活动（例如宗教），调节人际关系以及人的社会关系的方式。文明发展是人类所经历的一个独特的过程，实际上它意味着人类生命的经济利用，因此一部分本能必须被消耗、被取代，这样较高层次的满足才能实现。于是，弗洛伊德提出了一个重要的问题：“文明在多大程度上要通过消除本能才得到确立，而且在多大程度上（通过抑制、压抑或其他手段）必须以强烈本能的不满足为前提？”[③]

弗洛伊德随后分析了文明的产生与发展，并从两个方面为这个问题提供了答案：文明对性本能的压制以及文明对进攻性本能的压制。弗洛伊德认为，类人猿的家庭制度尚不能被称为文明现象，因为这个原始的家庭仍然缺少文明的一个基本特征。父亲作为家庭的首领，他的意志是不受约束的。强健的男子仍然在随心所欲地满足本能的欲望。在弗洛伊德看来，真正的文明时代开始于以“兄弟关系”为基础的图腾文化阶段。这里，弗洛伊德把俄狄浦斯情结所表现的杀父经历当作了人类的真实行为，认为儿子在杀父的基础上形成了以契约为约束的文明社会。文明的出现有双重根基：外部必然性和爱的力量。最初，爱只是指向单一对象的性爱，后来它变成了“目标被限制的爱”（aim-inhibited love）或是“感情”（affection）。“实际上，目标被限制的爱最初是完全属于肉体

① 弗洛伊德：《文明及其不满》，第86页。

② 同上，第89页。

③ 同上，第97页。

的爱，而且它依然存在于人类的无意识当中。这两种爱——完全属于肉体的爱和目标受限制的爱——都从家庭扩展出去，在从前相互陌生的人之间建立了新的纽带。生殖器爱导致了新的家庭的建立，而'目标受限制'的爱则产生了'友谊'"[①]，从而形成了文明的基础。随着文明的发展，爱从文明的基础变成了文明的对立面。首先，爱具有排他性。其次，家庭与个人从属其中的集体发生了冲突。第三，妇女与文明也形成了对立。

因此，文明要限制性本能。这种限制表现在以下方面：对乱伦行为的禁止，对儿童性生活的压制，在成人中实行一夫一妻制。另外，文明只将异性之间的恋爱关系认可为合理的关系。弗洛伊德认为文明对人类性本能的限制有不合理的地方，因为文明没有顾及人类在性能力方面先天与后天的个体差异。除了对性本能的压制以外，文明还对进攻性本能（死亡本能）实行了压制。"人类并不是温和的动物。温和的动物希望得到别人的爱，而且在受到攻击时最多只会尽力保卫自己。相反，在人这种生物的本能禀赋里，我们能发现强大的攻击性成分。结果，对他们而言，邻居不仅是潜在的帮手或性对象，而且容易激发他们在他身上满足进攻性欲望，即没有报酬地剥削他的工作能力，未经同意就在性方面利用他，夺取他的财产，羞辱他，给他造成痛苦，折磨并杀害他。'人对人是狼。'"[②]所以，弗洛伊德得出结论，"为了限制人类的进攻性本能并用心理上的反作用结构（reaction-formation）来控制它们的表现，文明就必须运用一切可能的力量。因此，出现了种种方法以便促使人们采取认同作用和接受目的受制约的爱的关系；因此也出现了对性生活的限制，以及爱邻犹爱己的理想训诫"。[③]而弗洛伊德认为人类不幸的根源就在于文明对人类性行为和进攻性行为的限制。

在《文明及其不满》中，弗洛伊德发展了关于本能的理论。这主要

① 弗洛伊德：《文明及其不满》，第102—103页。

② 同上，第111页。

③ 同上，第112页。

体现在他对死亡本能的论述中。弗洛伊德认为，“除了保存活体并把它与更大的单位结合起来的本能之外，一定还存在着另一个对立的本能，这个本能试图分解这些单位，并把它们恢复为原始的无机状态。就是说，除了爱欲之外，还有一个死亡本能（instinct of death）。生命现象可以从这两种本能交汇或相互对抗的活动中得到解释”。[①] 这样，人主要有两种本能：自我保存的本能与死亡本能。前者包括食欲和爱欲（即力比多），后者包括指向外部的进攻性本能和指向内部的自我破坏。弗洛伊德为文明的定义给出了补充内容：“文明是服务于爱欲的过程，爱欲的目的是陆续把人类个体、家庭、种族、民族和国家都结合成一个大的统一体，一个人类的统一体。……这些人群要通过力比多的方式结合在一起。单靠必要性，即共同工作的好处，尚无法把他们结合在一起。但是人类天生的进攻性本能，即个体反对全体以及全体反对个体的敌意，都反对这个文明的计划。这种进攻性本能是死亡本能的派生物和主要代表，而我们发现死亡本能是和爱欲共存的，它们一起享有对世界的统治权。”[②]因此，文明就进一步被理解为一种斗争，即爱神与死神之间的斗争、生存本能与破坏本能之间的斗争。马修·阿诺德对此也有过相似的论述，即对“普通自我”和“完美自我”作了区分。前者使人受到他恰好从属的那个阶级的思想观念的束缚，让人“彼此孤立、自私、好斗”，而后者则使人“团结、无私、和谐”。[65]

进攻性本能与文明要求形成了冲突，文明就必须对它进行压制。弗洛伊德告诉我们，这种压制的工具就是负罪感。负罪感主要有两个起源：对外部权威的惧怕以及对内部权威的惧怕。这里，内部权威以父亲为代表，其职责主要是对错误的行为作出惩罚。内部权威是内化的外部权威，即超我。因为一切坏的意图都逃不过自我的检查，所以，无论坏的行为出现与否，只要个人具备这样做的动机，他就会产生受惩罚的需

① 弗洛伊德：《文明及其不满》，第118页。

② 同上，第122页。

要，因此，负罪感就成为了永久的惩罚。这里还需要考虑的问题是：善恶的概念最初是如何产生的？以俄狄浦斯情结为例，弗洛伊德认为爱恨交织的人类心理是负罪感和良心形成的前提。因此，负罪感是矛盾心理的斗争表现，是爱神与死亡本能的永恒斗争的表现。

作为现代心理学的创始人，弗洛伊德在其后期论著中讨论了个体与文明之间的关系，即"本能的要求与文明的限制之间不可弥合的对抗"。[①] 特里林则在吸收弗洛伊德文明观合理内容的基础上，既承认了文明对个体的限制作用，又提出了个体可以超越文明的束缚，进而通过个体的想象力和实际行动来塑造适合自己的文明环境的观点。正如他在自传性演讲中所承认的那样，弗洛伊德对他的"决定性"影响并非以"教条式的权威"的形式出现的。相反，这种影响的作用形式是一种对"历史、社会和文化的现实性以及亲密性"所形成的有力的意识，以及一种"发现这些实体动因原则"的迫切必要性。[66]他认为《超越快乐原则》和《文明及其不满》是弗洛伊德最重要、最具有针对性的著作，并将后者视为西方文化历史上不可或缺的里程碑，因为弗洛伊德在该书中得出了这样的结论，即不满是置身于文化中的人类所固有的现象。这本简短著作在特里林整个学术生涯中起到了主导性的作用，并且在他自己开设的现代文学课程中，这本书被列入了必读书目。马克·谢齐纳认为："特里林的著述中出现了许多被视为弗洛伊德思想的内容，这些当中许多实际上就是特里林对《文明及其不满》的具体应用。"[67]

① 参见詹姆斯·斯特雷奇（James Strachey）为《标准版西格蒙德·弗洛伊德心理学著作全集》中的《文明及其不满》所写的英文版编者导言，《标准版》第21卷，伦敦：The Hogarth Press and The Institute of Psycho-Analysis, 1961，第60页。

# 纽约知识分子的良知
## ——特里林文化批评的内容

从20世纪二三十年代开始，纽约出现了一个主要由犹太裔作家和批评家组成的知识群体，即“纽约知识分子”。欧文·豪认为，这种“美国历史上第一代知识阶层”群体的出现应被视为美国文化所经历的欧洲化进程中的一个重要步骤，因为这些知识分子试图为美国捕捉欧洲的思想：“最重要的是，这意味着**另一种**文化的思想，一种更古老的文化，一种在道德可能性上更丰富的文化——这种文化浸渍在更具血腥味的历史经历中，且比我们的文化更接近悲剧。”[1]纽约知识分子在美国文化中确立了一个高大的形象，常常使非纽约知识分子黯然失色，这是事实；这部分是如下原因造成的，贝尔——和他以前的许多人，包括凡勃伦——曾概括了这些原因。犹太人成为知识分子的原因和他们成为零售商店的店主的原因是一样的：他们不是自动被排斥的，而且他们掌握着先决条件，即才智和进取精神。[2]

特里林作为“纽约知识分子”群体的代表人物之一，在热衷欧洲文明、促进美国文化思想多元化和复杂化等方面与该团体的其他成员具有一定的相似性。然而，特里林表现出了强烈的个性特征，那就是他的优雅风度。威廉·菲利普斯曾将“纽约知识分子”团体描述为“一个争吵的群体，每个人都试图单凭逻辑和修辞的力量而将自己的观点强加给其他的所有人，而这种做法经常都是毫不留情的。我们尚未学会用学术模式来忽视或适应那些令我们生厌的观点”。[3]作为该群体中为数不多的、具有大学职位的批评家之一，特里林与那些态度激昂的知识分子形成了强烈的对比。他既不是左派，也不像其他的知识分子那样充满极端政治性。同时，他也怀疑《党派评论》杂志所主张的文学研究方法，即马克思主义与现代主义的结合。威廉·蔡斯曾对特里林给出这样的评价："特里林，作为一个纽约人和一个犹太人，并不完全属于他自己的时代和地域。"[4]

## ❶ 纵向的梳理

特里林是一位备受尊敬的教育家（他的学生包括阿伦·金斯伯格、约翰·霍兰德以及诺曼·波德霍雷兹等人），他还写过一部长篇小说和几篇短篇小说。然而，更为重要的是，人们普遍认为特里林是20世纪美国文化批评界的一位重要人物。斯蒂芬·马库斯在《纽约时报书评》中曾这样描述过特里林："他不可思议地结合了两种身份：他既是一位美国学者，同时在非学术意义上也是一位真正的知识分子；他又是一位英文教授，能进行真正的思考。他的著作经常是优雅而细腻的，能够随思想的运动而运动，而人们觉得这些思想是非常重要的。"① 特里林的文学与社会批评生涯持续了半个多世纪。在此期间，他发表了数以百计的评论文章，其中大部分被收录在十三本评论集中。这些著作体现了特里林独到的批评洞察力和学术风采，而且丰富了文学批评以及文化批评的思想宝库。

布鲁斯·库克在《底特律新闻》上对特里林作出了如下评价："在大约十五年的时间里，特里林成为一部分美国年轻男女的文化英雄。……对他们而言，莱昂内尔·特里林不仅提供了一种榜样，而且提供了一种灵感。其他任何一位批评家都不可能像特里林那样出色地把握整个西方文化的宽广领域。人们阅读特里林的文章，并不是仅仅为了学到什么，而是为了发现有待学习的东西。他有一种独到的方法，能够开启思想，使之进入受英国和欧洲大陆知识影响的全部思想领域。"[5]特里林于1923

① 引自*Contemporary Authorsc*（以下简称CA），New Revision Series, Volume 10, p.467。

年开始为《犹太烛台杂志》撰写有关犹太文学的批评文章，这标志着他批评生涯的开端。经过近十年的探索，特里林的批评兴趣逐渐从发掘犹太身份的问题转移到更加广阔的社会批评领域，尤其关注文学与社会之间的互动作用、个人与文化之间的矛盾关系以及道德对西方自由主义的重要性等方面的问题。

从1930年开始，特里林为《新共和》(*New Republic*)，《新自由人》(*New Freeman*)和《民族》(*Nation*)等杂志投稿，并于1931年停止为《犹太烛台杂志》投稿，这标志着他学术方向的转变。30年代大萧条早期，随着美国经济和社会危机的深化，特里林与许多年轻知识分子一样，开始思考解决社会问题的出路，并对马克思主义产生了兴趣。在《旅程中途》[①]的引言中，特里林指出："在1932年，甚至到1933年的短短时间里，我们这一群人通过一些美国共产党所谓的边缘活动而与共产党产生了若即若离的联系。"[6]实际上，特里林以公开身份参加美国共产党的活动的时间只有从1932年到1933年之间的十个月左右。因为他随即对美共的局限性以及斯大林主义的独裁主义产生了不满，特里林于1933年退出了"保护政治犯全国委员会"，并宣布正式退出与美国共产党有关的左派政治活动。

但是特里林并没有转入右派的保守主义阵营，他说："我认为最令我感到舒适的知识立场就是试图阻止右派和左派的墙壁合到一起来将我夹碎。"[②]特里林发现当时的托洛茨基主义对他具有某种吸引力，因为这种主义具有非政治性的特点，这一点符合特里林对体系一贯的谨慎态度。在特里林的学术生涯中，他一贯反对体系，不管是美学体系还是政治体系。对特里林而言，体系是没有受过充分教育的思想的表现，而斯大林主义永远都为这些体系的性质和结果充当了最令人警惕的例证。他对斯大林主义抱有的抵制态度本身并不是一种政治立场，而他也没有提

---

① 特里林1947年发表的小说，英文题为*The Middle of the Journey*，反映了特里林对马克思主义，尤其是斯大林主义在美国知识分子当中产生的影响的思考。

② 参见Trilling to Barzun, 26 March 1927; Barzun Papers, Butler Library, Columbia University。

出任何可以替代的政治组织。他的立场从根本上看属于文学和文化的观点，其目的是让人们看清斯大林主义在美国产生的危险和缺陷。

30年代，特里林开始了执教生涯。随着他对政治活动的热情日渐冷却，他转变了对待文学批评的态度，即放弃以前按照意识形态（无论是以犹太身份为焦点的种族思想还是以阶级斗争为焦点的左派思想）为出发点来研究文学的方法，转而根据文学的自身特点来研究文学，从而揭示文学对社会的反作用，以及文学所反映的生活的复杂性。特里林在方法论上的转变得益于他的博士论文写作，即他第一部具有深远影响的学术专著——《马修·阿诺德》。特里林试图从历史、文化的角度来解释阿诺德，这种态度成为了他研究的出发点，即采用马克思主义和弗洛伊德主义的方法来进行研究。特里林从这两位思想家那里获得了"有关历史、社会和文化的真实性（actuality）和亲切性（intimacy）的感觉"。[7]《马修·阿诺德》一书分析了阿诺德从诗歌向文学批评，再转向政治，最后向宗教发展的学术生涯，揭示了阿诺德对文学以及社会文化批评作出的重要贡献，同时也表达了特里林对阿诺德思想的继承和发展，初步显示了特里林批评路线的方向。

《马修·阿诺德》一书于1939年正式出版，它几乎使特里林的批评思想立刻就得到了批评界的承认，因为特里林为读者提供了新的视角来看待阿诺德这样一位19世纪的英国诗人兼批评家。他不仅研究了阿诺德的创作，而且考察了他的思想，因为这些思想与他的社会作用是相关联的。特里林在他的序言中解释道："在这本书中，我力图在复杂的统一性中展示马修·阿诺德的思想，并将他的思想与他那个时代的历史和知识事件相联系……但是，因为我在发展中看待阿诺德的思想，所以这本研究著述可以被视为阿诺德的思想传记。"[8]詹姆斯·欧里克在《星期六文学评论》中指出："此书［《马修·阿诺德》］的重要性在于，它是对一个完整的人的综合研究。因为马修·阿诺德主要并不是一位文学批评家；破解谜团的线索在于，他其实是一位社会批评家……特里林先生用学识、洞察力和判断力分析了阿诺德的创作生涯：从抒情诗到文学和政治评论，再到令他的同时代人甚为不解的宗教著述。"[①] H.F. 罗利在《纽约时报》中评论道："因为他关注的是阿诺德的有机统一体，而不仅仅关注他的技巧范畴，所以特里林为我们提供了一本有价值的书。他的智慧、技艺和真诚使每一章都光彩熠熠，因此他成功地完成了既定的任务……本书最精彩的部分在于它的精神批评，在于它对隐藏于阿诺德多方面的活动之后的有机统一体的论述。"[②] 爱德华·萨克维尔—维斯特在《观察家》中论及了《马修·阿诺德》一书："[这是]一本好书，我认为怎么评价它的价值都不为过分。我个人毫不犹豫地认为，它是过去十年间用英文发表的最杰出的传记性批评作品。"[③]

经过了20年代在《犹太烛台杂志》所完成的批评"学徒期"以及30年代的批评思想转型阶段，随着《马修·阿诺德》一书的出版，特里林已经获得了相当大的声誉。这时，特里林感觉到了一种尽快形成自己批评风格以及进一步取得事业突破的压力。1939年6月，特里林在给巴尔赞的一封信中写道："我认识到自己已经结束了过于漫长的创作学徒期，现在我能够，而且必须发出自己的声音了；另一方面，当我有这种认识时，我一定不能被它吓得沉默不语。"[④]在这种压力的推动下，特里林迎来了多产的40年代，并积极参加各种学术活动，扩大了自己的批评影响。1940年3月，约翰·克罗·兰瑟姆邀请特里林加入《肯庸评论》(*Kenyon Review*)杂志："我们希望非常频繁地发表莱昂内尔·特里林的文章，这是出自一些非常自私的原因……请把我们当作一个直接的市场。"两年以后，当《肯庸评论》的顾问委员会需要重组时，兰瑟姆给特里林写了一

① 参见CA, vol. 10, p.468。

② 同上, p.468。

③ 同上, p.468。

④ 参见Trilling to Barzun, 15 June 1939; Barzun Papers。

封信："当然，我们将您定为我们顾问委员会的一号人物或主席。"[1]这个委员会当时包括柯兰斯·布鲁克斯和罗伯特·沃伦等人。1942年，《时代》杂志曾考虑刊登专属评论家的评论文章来推行新的评论策略。该杂志决定聘任特里林为专属评论家，但是特里林出于对教学事业的热爱，拒绝了这份许多人求之不得的邀请。到了40年代末，特里林和兰瑟姆以及F.O.马蒂森一起在俄亥俄州的肯庸学院创办了肯庸文学院（Kenyon School of Letters）——该校后来成为了印第安纳大学文学院。

继《马修·阿诺德》之后，特里林于1943年出版了《E.M.福斯特》一书。通过细致的解读，读者可以发现上述两本书之间在主题和方法等方面有着非常明显的一致性。在很大程度上，《E.M.福斯特》是《马修·阿诺德》的延续或延伸。在《E.M.福斯特》中，特里林表明，福斯特小说所传达的主旨是一些观念和态度，其中突出的是四个主题，那就是特里林认为阿诺德所具备的四个根本性主题：自我与社会之间的关系，公正性或自由意志的价值，过分行使智性的危险，以及用辩证的方式运用思维的必要性。维契尔在《纽约先驱论坛报每周书评》上发表了对《E.M.福斯特》的评论文章，他在其中说明："这部成熟而有震撼力的著作……绝对不是一部草率的作品；它是一部宣言……那些不情愿将T.S.艾略特悲伤的精神法西斯主义当作我们时代的独特声音来接受的人，他们应该好好思考一下特里林先生的文章。他们将在这里发现对处于分裂状态的文化所进行的一次杰出的研究，他们也会发现有关新信念的令人兴奋的前兆，这种信念即将从旧信念的灰烬中升起。"[2]克利夫顿·法迪曼在《纽约客》中解释道，《E.M.福斯特》一书"是一种批评的楷模，这种批评在今天的批评家当中不太容易能发现——它具有限度和平衡感，对自己在悠久知识传统中的根基不感到耻辱，而且具有极佳的学术性。这［特里林的研究］是对小说家所进行的出色介绍和总结，尽管这位小

① 参见Ransom to Trilling, 26 March 1940, 21 July 1940, and 16 June 1942; Trilling Papers。

② 参见CA, vol.10,p.469。

说家的作品在美国仍处于反应平平的状态"。[①] 40年代，特里林还发表了一些重要的小说，例如短篇小说《此时，彼地》（1943）、《另一位玛格丽特》（1945），以及他的第一部也是唯一一部长篇小说《旅程中途》（1947）。《旅程中途》以美国的康涅狄格州为背景，刻画了约翰·拉斯克尔以及克鲁姆夫妇等人物形象，反映了美国自由主义知识分子对共产主义采取的不同态度。尽管这部小说在艺术技巧方面并没有在美国文坛引起特别明显的反响，但它还是在很大程度上体现了特里林的文学思想。正如劳伊德·莫里斯在《纽约先驱论坛报每周书评》上所评论的那样，"《旅程中途》一书既能打动人心，又能在思维上具有启发力，但是读者和评论者都会发现，本书最强烈的影响在于它所暗示和隐含的东西，而不在于它直接再现的东西。这本书的创作如此理性，在实际表述的内容之外，它如此慎重地蕴涵了具有更大意义的暗示内容，以至于它的一部分优美之处仅能通过读者对它的深刻理解来得到揭示"。[②]

1950年，特里林在批评生涯中达到了一次巅峰，因为这一年他发表了《自由的想象》。这本书主要汇集了特里林在40年代创作旺盛期所写的重要批评文章。相当一部分批评家都赞同E.J.绍本在《莱昂内尔·特里林》一书中提出的观点：《自由的想象：关于文学与社会的论文》为特里林带来了"迅速而广泛的声誉。特里林跻身于一流的文学批评家之列，因为他所从事的研究主题和所具有的探察人类状况的洞察力，他也属于一个特殊的批评范围。特里林拥有了确定的批评地位，在接下来的二十五年中，他带着优雅的风度和不张扬的信心，走完了自己选择的批评道路，成为了知识界一位深受敬重和屡获殊荣的人物"。[③] 斯蒂芬·马库斯认为，正是在这本书出版以后，"特里林才开始获得他日后所享有的广泛声誉……《自由的想象》远不止是一本阶段性的、具有公开政治利益的论文集；对我们当中那些当时就读过此书的人而言，可以确信的

① 参见CA, vol.10, p.469。

② 同上，p.469。

③ 同上，p. 469。

是，现代文学批评界一位主要人物登场了。特里林立刻与F.R.利维斯和埃德蒙·威尔逊等人平起平坐，成为20世纪批评话语中三四位占主导地位的决定性人物之一。在这种话语中，文学、文化、历史、思想和价值观得到了自由而充分的融合”。①

50年代，特里林还发表了另外两部文集，《对立的自我》（1955）和《一次流亡者的聚会》（1956）：前者集中体现了现代社会中个人与文化之间的对立关系，表明了特里林在自己的思想中不断融入了弗洛伊德的文化观点；后者主要包括特里林为《格里芬》杂志②撰写的文章。1951年，特里林被选入美国国家艺术与文学院，并于次年被选为美国艺术与科学院研究员。1955年，他成为第一位在纽约精神分析协会发表弗洛伊德周年纪念演讲的非专业人士。同年，这篇演讲以《弗洛伊德与我们文化的危机》为题得到发表，后被收入《超越文化》一书，题为《弗洛伊德: 从属文化与超越文化》。在50年代的大部分时间里，特里林的声誉几乎到达了顶点，他的名字所见之处无不伴随一片赞誉，但是到了50年代后期，他成为了攻击的对象。在他于1959年写给一名学生的信中，特里林说，有关他个人声誉的情形已经发展到了这样一种地步，即“在我的论述中挑错已经成为了知识分子的标志。几年前，有一个时刻，我是神圣不可侵犯的，但是这一切已经成为过去了”。③

美国文学批评界在过去几十年里出现了理论转向的潮流——现象学、结构主义、后结构主义、激进的反模仿论美学。坦纳在《莱昂内尔·特里林》一书中指出，“那些跟随这种潮流的人会觉得特里林是一位老式的批评家，因为他坚持认为文学是一种对生活的批评；觉得他的思想不切正题，因为他对理论漠不关心；觉得他很古怪，因为他对道德备加关注；也会觉得他令人生厌，因为他对新的理论表示怀疑”。[9]坦纳

---

① 参见CA, vol. 10, p .469。

② 该杂志是特里林与雅克·巴尔赞和W. H. 奥登等人创办的“读者订阅读书俱乐部”（Reader's Subscription Book Club）的专门杂志，1959年7月后更名为《世纪中叶》（*Mid Century*）。

③ 参见Trilling to Herbert L. Jacobson, 12 January 1959; Trilling Papers。

的评论清楚地描摹出了特里林在60年代以后所处的境地。当然，同时也有相当数量的读者和教师仍然觉得特峰里林对文学和生活、艺术与行为之间的相互关联所投入的关注是恰当的、不可避免的，也是具有启发意义的。在特里林人生最后的十五年（1960—1975）里，他继续在批评领域勤奋写作，同时对西方后现代社会的种种问题表示了深切的关注。1965年，特里林发表了论文集《超越文化》，其中包含了八篇论述文学与文化之间关系的文章，表明了他在考虑文学的社会功能以及吸收和运用弗洛伊德的文化观点方面已经达到了相当成熟的地步。另外，《诚与真》（1972）以及《现代世界里的思维》（1972）等著作也进一步体现了特里林对现代人的禀性所产生的不安心情。出于对弗洛伊德的仰慕，他和斯蒂芬·马库斯合作编写了欧内斯特·琼斯的三卷本《弗洛伊德生平与著作》（*The Life and Work of Sigmund Freud*）的删节本（1970）。

60年代末、70年代初，特里林从哈佛大学和牛津大学获得了访问教授的资格，在伯兰德斯大学（Brandeis University）被授予创作艺术奖，从美国的哈佛大学、西北大学、耶鲁大学以及英国的达累姆大学和莱斯特大学等高校获得了荣誉学位。1972年，特里林在哈佛大学所作的六次演讲被收集发表，书名为《诚与真》。在《新政治家》杂志上，劳伦斯·勒纳如此评价这本书："像许多优秀批评家一样，特里林既是可以预测的，又是不可预测的。他的所有批评思想都带有当代关怀的烙印和具有天赋的个人思维的烙印。"[①] 阿纳托尔·布罗亚德在《纽约时报》上评论道："很难想象其他人能写出特里林的《诚与真》，该书对我们'处于修正过程中的道德生活进行了杰出的研究'。"[②] 特里林于1975年因患癌症去世，当时他的古根海姆奖金研究项目尚未完成。

自从特里林去世以来，他的几部著作选集（包括一些以前没有出版

① 参见CA, vol. 10, p.470。

② 同上, p.470。

过的著作）得到了编辑和出版。特里林的妻子，备受尊崇的文学与社会批评家戴安娜·特里林负责了几部选集的编辑工作，包括《文学经验序言》、《最后的十年》、《此时，彼地，及其他小说》以及《论文学与社会》。

## 2 中产阶级与自由主义

特里林作为中产阶级的一分子，同时也是自由主义理想的拥护者，却能从内部对两者进行批判。这一点体现了他类似马修·阿诺德的批评身份：保存传统中的有益事物，克服其中的狭隘性和局限性。因此，他在这方面的总体批评态度和批评目的在于克服中产阶级的弊端，发挥中产阶级的社会作用，弥补自由主义的现实缺陷，发展自由主义的初始理想。特里林认为自己是中产阶级利益的护卫者和中产阶级观念的批评者，欧文·豪是这样描述特里林的："他有意识地考虑试图对'受过教育'的阶层施加影响，以便塑造观点和品位。特里林在文学与社会道德之间的灰色地带里行动，他不停地在他的文章中呼吁人们注意'我们的'文化问题和'我们的'行为准则。他已经开始了一场间接的运动，来改变占据主导地位的自由主义，使之比以往具有更多的求知欲、具有更少的好战性。"[10]二战之后的美国社会经历了物质的富足和中产阶级的扩大过程，《一九〇〇年以来的美国史》是这样描述郊区化所代表的中产阶级生活的：

> 人们很容易用"缺乏变化"这样的词语来形容美国战后日益扩展的富人郊区。有的人把郊区描绘为白种新教徒企业人员居住的奢华、富裕、均一的社区，这些人过着浅薄、罪孽的生活，经常往来于城郊之间，穿着灰色法兰绒衣服办公。另有一些人把郊区说成是完全一样的住宅单位的密集行列。每幢住宅周围是邮票式的草坪和铁丝篱笆，以

及一群群幼小的儿童。对于许多城市知识分子来说……郊区生活似乎是一种沉闷的、枯燥乏味的单调生活，永无休止地围着主要由小型客车、商店区和电视组成的实利主义圈圈打转。[11]

这种单调、均一的中产阶级生活方式表明了精神家园的贫乏。人们乐于接受繁荣的商品社会所推销的标准化意识形态，用商业文明的标准来衡量人的生活质量。这样的生活无法鼓励人们进行自由的思考，无法发现事物所必然具有的差异性和多样性。而这两点正是自由主义原本予以肯定的思想准则。特里林在《自由的想象》序言中有力地表达了他中年时期的批评目标。特里林从40年代初就打算发表一部文集，这种意图无疑为他收集在《自由的想象》中的主要文章形成了某种统一性。他在序言中提到，这种统一性来自"一种对我们宽松地称之为自由主义的观念的持久兴趣，特别是有关这些观念与文学之间关系的兴趣"。[12]特里林曾为这部文集提出两个尝试性的标题，它们可以表明特里林为这些文章所准备的中心思想。他曾请理查德·蔡斯对"自由主义与文化"这个标题发表意见。在一封他于1949年写给巴尔赞的信中，他曾提出使用"艺术与后果"这个标题。对此，巴尔赞写下了这样的评语："L.T.=不可能！把它称为'自由的想象'吧。"①

无论该书的标题最终是如何确定的，这个标题都表明，特里林所使用的主要词语具有典型的含混性。"自由的想象"到底是褒义的用法还是贬义的用法？人们对这一点意见分歧很大。自由主义者往往认为这个词语是褒义的，但事实是，这本书对自由主义提出了严厉的批评。在特里林看来，自由主义的主要过错在于缺乏想象力。只有在形成理想的意义上，这个标题才可以被认为是褒义的，而与这个理想进行比照，特里林发现，现实社会中的自由主义想象力正处于令人可悲的缺乏状态。

① 参见Barzun Papers, 1946。

## 2.1. 特里林眼中的自由主义

在《自由的想象》的序言中，特里林发出了这样的不满，即自由主义是当时美国的主导（如果不是唯一的）知识传统。他的观点在于，这种主导地位并不能传导自由主义真正的力量。人们需要的，而且也是特里林希望提供的，是对当前的自由主义观念和假设进行一种有益的检验和质疑。特里林将自由主义视为“一种重大的倾向，而非一种精确的理论体系”。他提出，这种倾向的某些表现将比其他的表现更显得软弱，而且“让自由主义意识到其自身的软弱和错误表现，这一点似乎对整个倾向都是有益的”。特里林总结了“自由主义最初的想象力和当前的特定表现”之间的某些差异，之后他宣布了自己的任务：提醒自由主义回到其最初充满变化与可能性的想象力，这一点暗示了他对复杂性和困难性的一贯意识。[13]

特里林所指的自由主义是否具有确切含义，这是一个值得怀疑的问题。这一点体现了特里林文化批评的一个特点，那就是批评用语的含混性：它们都令人难以理解，充满变化的意义，以至于它们在任何特定语境中的意义都需要进行不同的定义。即便是特里林的夫人戴安娜·特里林，都对特里林的“自由主义”一词感到困惑，并且希望自己的丈夫能为该词提供更彻底、更一致的定义。①

威廉·蔡斯提出了这样的论点，即对于特里林的雄辩目的而言，有两种形式的自由主义，一种“好”自由主义和一种“坏”自由主义。前者受到了蒙田、法国大革命的伟大希望、密尔、阿诺德以及19世纪小说的启发。这种“自由主义‘具有起伏性和多样性（ondoyant et divers）’，对有抱负的、革命的个体主义是友好的”；另一方面，“坏”自由主义来自“陷入固执性、进步性的陈词滥调，由政治阴谋组成的禁锢性体制的思想，来自沉湎于有关社会环境或‘状态’的好战性关注的压力之下的窒息思想”。[14]简而言之，对特里林而言，自由主义的意义取决于特里林的

① 参见Interview with Dianna Trilling, 13 June 1985。转引自坦纳的《莱昂内尔·特里林》，第87页。

批评策略对它所作的具有灵活性和目的性的解释。

一些自由主义的仰慕者坚持认为，特里林在《自由的想象》以及相关文章中确立的批判目标是斯大林主义，而非自由主义，而且他的“隐藏计划”是与斯大林主义展开论辩，因此自由主义只是一个“代号”，用来表示斯大林主义以及一切试图以一种大规模的粗俗方式对文学进行政治化改造的努力。确切地说，特里林于1973年解释《自由的想象》的写作目的时，曾特别提到了斯大林主义。[15]但是，尽管他承认斯大林主义是受到误导的自由主义的最为典型的例证，他对自由主义的批判也远远超越了其极端的政治化表现。在特里林为T.S.艾略特的政治观点所作的辩护中，他的解释是，造成自由主义缺陷的不仅仅是斯大林主义；其核心问题是“我们这个时代的整个想象力”，这种想象力导致人的素质在政治手段的急切要求面前逐渐减少。[16]

在自由主义方面，正如在许多其他方面一样，阿诺德是特里林的导师。阿诺德曾称自己是“未来的自由主义者”。特里林说，阿诺德希望通过这个词语来表明“他符合所有具有扩展和解放意义的自由主义理想，而且他从未受到自由主义思想的派别习俗的束缚”。[17]他符合“积极的、具有创造力”的自由主义，这种自由主义将生活视为“肯定的、有趣的、完整的、人性的”生活。[18]从这些方面来看，特里林同样也可以被认为是一位未来的自由主义者。

特里林在40和50年代针对自由主义所提出的指责体现了这样一种主要的关注，即试图揭示理性主义的狭隘性，由此说明自由主义在其简单化的抽象性倾向中忽视了人类现实的复杂性。在这个时期特里林对自由主义想象力所提出的批判中，他经常能发现自由主义具有否定人类经验的偶然性（circumstantiality）的倾向。他发现，自由主义致力于以理性的方式恢复社会秩序，致力于进步和完善。自由主义对未来充满激情的关注，对特里林所谓的“彻底反乌托邦思维”表示强烈的反感，这些则经常导致对过去和现在的鄙视，以及对脱离历史的渴望。自由主义希望能在有组织的生活的外部领域中最终从人类的痛苦和不幸中解脱出来，特里林认为这种希望是一种理性主义的幻想、一种抽象的表现形式。幸福是无法规划的，生活的悲剧性矛盾也无法得到理性和技术的控制。同时，生活的本质秘密也无法通过理性来解释。特里林认为，自由主义知识分子的问题在于"在应该具体和实际的地方却采取了普遍和抽象的立场"。这种倾向"总是使自由主义者远离现象的变化性和复杂性，进入了一种导致绝望或厌恶感的、抽象的感知整体，而他为这种整体性赋予了非常高的精神地位"。[19]在特里林看来，这种烦扰自由主义的幻想破灭感和厌恶感本身就是绝对主义倾向的一部分。特里林指责自由主义知识分子丧失了中立路线中有关人的设想，即人既非野兽，又非天使。他还指责他们没有能认识到属于人类本质现实的全部张力、多极性和调节作用。

特里林指出，因为自由主义醉心于抽象和绝对的思想，所以它既无法处理人类直接的政治问题，也无法处理有关邪恶的最终问题。它没有能力在直接的社会政治层面上阻止邪恶和不公，因为它希望通过完美的道德纯洁性来对付不公。而且它无法发现有关邪恶的最终问题，因为它总是期待着能完善人类的完美教育或完美的社会秩序。简而言之，特里林针对自由主义的许多批判最后都形成了为智慧所作的辩护，而要获得这种智慧，人们就必须面对生活悲剧性的复杂性，排除具有抽象倾向的理性主义思维的干扰。

## 2.2. 对福斯特思想的运用

福斯特对中产阶级的自由主义思想立场采取了一种矛盾的态度。特里林将自由主义传统定义为中产阶级观点的松散集合体，包括进步、集体主义以及人道主义等观念。福斯特也长期忠实于这种传统——他的所有小说都具有政治和道德的倾向，而且总是采取自由主义的方向。但是，福斯特对自由主义思想采取了一种深刻的对立态度。和特里林一样，福斯特意识到了自由主义最主要的弱点：缺乏足够的想象力。

特里林总结了福斯特对自由主义采取的爱恨矛盾的态度，这种态度也体现了福斯特对自由主义者产生的悖论性认识。首先，自由主义者一般在开始时对事物的发展持有某种主观臆想的乐观情绪，并简单地将自己的设想付诸实践。他们缺乏对人类生存状态复杂性的考虑和预期，因此总是对事物发展的方向和结果感到惊讶。例如，理性主义认为科学技术的发展将使人类顺理成章地向更高的文明阶段发展，但是20世纪的两次世界大战使自由主义者感到惊讶，并产生幻灭感和疲惫感。随着幻灭感和疲惫感的产生，自由主义者会进入另一个极端——保守思想占据上风，不希望出现令人惊讶的事物，并希望借此消除绝望和痛苦。自由主义者的另一个悖论在于，他们喜欢表明自己与科学、实用主义以及假设方法之间的契合度，但在实际操作中，自由主义者要求得到“理想”和绝对的事物。只有当自由主义者认为自己能在“党派和政府中寻找到乌托邦的痕迹，并在人的身上嗅到神圣的气息时，他们才会愿意与相应的对象形成联盟关系。如果这两种条件都达不到，自由主义就会确保自己能提供这些条件”。[20]因此，自由主义者往往会对现实感到失望和沮丧，这时他们就会认为，自由主义的行为所遵循的理论是完美的，之所以会出现意料之外的局面，原因在于现实社会无法给自己提供合适的环境。这一点说明自由主义者很少能从自己的方面寻找造成问题的原因，相反，他们过多地注重环境的决定性影响作用。

从这种喜欢走极端的角度出发，自由主义思维确信人类事物的秩序是由于这种思维的简单逻辑控制而存在的：善就是善，恶就是恶。在这种自由主义思想的现实表现当中，很多自诩为自由主义者的人忘记了自由主义最本原的要求：对复杂性的认识。他们往往将世界看成黑白分明的两个部分，因此他们的思维能理解乐观主义和悲观主义的情绪——因为这些情绪正是它所创造和命名的——但是它无法理解那种针对善—恶结合体（good-and-evil）而产生的情绪。在有关善—恶结合体的观念面前，自由主义的想象力就失去了理解功能；它无法接受这种不可能的悖论。这种现象是具有讽刺意味的，因为自由主义的纲领性文件之一就曾敦促过自由主义思维去培养足以接受这种不可能性的想象力。① “有关善与恶的知识就像两个黏合在一起的孪生子一样从人类品尝的同一个苹果里迸出来，进入这个世界。而且也许这就是亚当注定要陷入的、了解善与恶的命运，即通过恶来了解善的命运。”[21]

这些悖论说明了自由主义者在实践中一贯采取了黑格尔式的二元对立思维方式。他们总是钟情于以对立原理（antagonistic principles）为基础的处世方式。特里林指出，这是一种很有吸引力的智力游戏，因为“它能给我们带来一种思考的感觉，而且这种游戏的第一规则就规定：如果两个对立原理中有一方是错误的，那么另一方就一定是正确的”。[22]这种过于简单化的思维方式在理论层面上具有一定的意义，可以帮助认识有待提高的人清楚地发现事物之间的界限和差异性。但是，成熟的思维应该不满足于这种初级的方法，因为现实世界的复杂性需要人们认识到很多事物的正误并不是绝对的，而是随着具体语境的变化而发生转换的。特里林欣赏福斯特的原因之一就在于，尽管福斯特的确是自由主义者，但是他“不愿意玩这种游戏；或者，毋宁说，他玩这种游戏仅仅为了嘲笑它”。[23]

随着实证科学的发展，人类开始增加了对智性的信任程度。自由主义者往往会对世界如何发展提出许多看似合理的计划。这种计划实际上是具有危险性的，因为一旦失去道德的指引和制约，纯粹的智性会导致迷失，甚至是毁灭。纳粹德国就是建立在极度的机械理性基础上的，希特勒提出的人种优越论在纯粹科学的意义上具有一定的合理性，这一点和20世纪末坚持可以克隆人类的观点异曲同工。但是，理性的滥用最终导致了所谓的“最终解决方案”，即犹太人惨遭屠杀。正如阿诺德一样，福斯特也不相信智性及其游戏。不加克制的理性恰恰会使道德

① 这个纲领性文件指弥尔顿的《论出版自由》（*Areopagitica*）。

现实主义迷失方向。"福斯特经常论及智性的拯救效力，但对他而言，智性是生活的来源，但是如果其强度达到一定程度，它又会变得非常阴险。"[24]在追溯智性的演变进程时，特里林解释说，作为一种高尚的力量，智性的强度和严厉程度通常都伴随着一种自以为是的性质：

> 结果，自由主义知识分子总是在自我肯定的光环中行动。他们通过刻意的自我逢迎来维系自我，并把任何质疑他们的人都当成"反动分子"加以排斥。当自由主义知识分子考虑到自己的时候，他主要考虑的是他自己的善良意愿，并宁愿不去知道善良的意愿也会产生它自身的问题，而且对人类的热爱也有着自身缺陷，对真理的热爱也会有自身的无知觉状态。选择道德的路线并不能决定道德的素质。[25]

## 2.3. 自由主义在文化观方面的认识缺陷和行为误区

自由主义者在认识论方面的局限性导致他们在处理文化问题时不可避免地会陷入简单化的困境。特里林向来认为社会的进步主要依靠中产阶级的力量，但是他对这个阶级的实际能力表示担忧。在特里林的批评实践中，他多次运用阿诺德和福斯特的观点批评了美国中产阶级在对待具体文化问题时所采取的单一标准和轻易走向极端的倾向。在《美国的现实》（"Reality in America"）一文中，特里林以V.L.帕灵顿（Parrington）为例阐释了他心目中正确的文化观点。帕灵顿的《美国思想史》（*Main Currents in American Thought*）一书极大地影响了人们对美国文化的看法，特里林认为这种影响在过去的二十年里是任何一位其他作家都望尘莫及的。[26]但是这样一位著名的文化研究者也犯有自由主义者典型的错误：无法认识理性和情感之间平衡状态的重要性。

帕灵顿并不是一位伟大的思想家，也不能给人留下深刻的印象，但是他知道许多文学历史学家所不知道的东西。他意识到，当人的思维遭遇困难时，人经常会产生激烈的情感和思想。但是，他对构成困难的事物认识有限。每当他面对一部“复杂的、带有个人色彩的、无法从字面意义上去理解的艺术作品，而且当这种作品并非是公众的文献时，帕灵顿就感到迷惘了。……他的错误在于理解的错误，这种错误来自他对现实的性质所采取的错误假设”。[27]帕灵顿承认客观世界的真实性，认为世界上存在一种所谓“现实”的事物；但是他将这种世界视为唯一而无法改变的，完全从属于外部的；因此，尽管人无法对世界加以控制，但是人可以很容易地对其进行感知——因为它是一成不变的。从这种观点出发，人的思想可能会摇摆不定，但现实永远都是可靠的，永远是同样的，永远是容易认识的。在帕灵顿的构想中，艺术家和现实之间的关联是一种简单的关系。特里林借用了光学基本理论来指出这种认识的肤浅性：如果某图 1代表现实；某图 2代表艺术家；那么某图 1’则代表了现实穿透艺术家以后而产生的艺术作品。[28]这里某图 1所代表的现实和某图 1’所代表的作品通常是十分对应的。有时，艺术家破坏了这种理想的关系，在帕灵顿看来，这就“背离了现实”。这就导致了一些异想天开的作品，它们不真实，最终成为了无用的作品。帕灵顿认为，“除了现实穿透透明的艺术家这种形式以外，艺术家和现实之间不存在任何其他可能的关系；他对想象力与创造力的表现有一种不变的敌意，这种敌意的表现说明，他将这些能力视为民主制度的天敌”。[29]

霍桑可以被当作打破现实和作品之间简单对应关系的作家的例证。从表面上看，霍桑对超验主义改良者天真而古怪的信念所进行的质疑是一种公开的对峙。帕灵顿在他的书中暗示，霍桑的质疑对民主制度没有任何贡献，甚至认为它阻碍了民主制度的实现。从这种角度出发，相信原罪论的霍桑似乎“永远描写阴影，而且他知道他正在描写阴影”，但是特里林提醒我们，阴影同样也是现实的一部分，而且人们也不可能希望得到一个没有阴影的世界，这样的世界甚至都称不上是一个“真实”的世界。[30]因此，读者必须超越帕灵顿的出发点。事实上，霍桑处理现实的手法是十分高超的，作品中充满了实在的事物。他能就道德完善的信念提出精彩而严肃的疑问，能使自己远离充斥着清教主义理想的美国现实，能反对正统的反对意见。这种能力就是特里林一贯尊崇的“否定的能力”，具有这种能力的人通常能识别事物的复杂性和多样性，从而在处理现实生活时更加有深度。

特里林一针见血地指出，作为一位历史学家，帕灵顿的一个典型弱点在于他那本书的题目——《美国思想史》，因为一个国家的文化不是以急流的形式出现的。“文化不是流动的，甚至也不是交汇点；文化的存在方式是一种斗争，或者至少是一种辩论——如果文化不是辩证的，那么它就什么也不是。”[31]特里林的观点表明了他的多元思维方式。直到今天，在谈论一个国家的文化时，很多人依然习惯将文化分为主流文化和非主流文化，他们没有意识到，早在40年代，特里林就已经发现了文化的多样性，发现了所谓的文化边界实际上并非如人们想象的那么清晰可辨。

## 2.4. 批评的道德尺度

特里林从E.M.福斯特那里借鉴了一个重要的研究视角：道德现实主义，用来反对当时自由主义者所表现出的那种缺乏想象力的、过分简单化的态度。“道德”一词在特里林的理论中占据了重要的地位。那么他所指的道德具有什么含义呢？约瑟夫·弗兰克将特里林归类为“由批评家转变而成的道德家或由道德家转变而成的批评家”。[32]这种**两者择一**（either/or）的说法具有一定的误导性，因为它排除了特里林一贯赞成的立场：批评必然要包含道德关注。特里林的道德概念是完全世俗的概念，但并非没有超验的色彩。在他有关阿诺德的著作中，他引用了这位导师的话，认为每个人的内心都有一种“中心的道德倾向”，一种“位于我们道德存在中的中心线索，这使我们和宇宙秩序得以统一”，而且他将这一表述与F.H.布拉德利① 的表述相联系，即道德判断是直接起源于

① 布拉德利，弗朗西斯·赫伯特（1846—1924），英国哲学家，像黑格尔一样，他坚持认为精神比物质更基本。

直觉的，并非通过推理而得来。[33]

在特里林于1949年写给理查德·蔡斯的一封信中，他提到菲利普·拉夫曾问过他道德的意义。特里林说："这真是个可诅咒的词，也许我们应该重新创造一个词。但是，我深信，那些暗示自己不知道它的意思的人实在是孤陋寡闻，无论他们是多么固执，而且我也相信你我都知道我们在谈论什么。"① 特里林从未试图以明确的方式来定义"道德"一词，其中部分原因在于他愿意保留该词的灵活性和暗示性，以便产生自由思考的余地，另一部分原因则在于他认为人们无法对该词给出任何确切的定义。例如，他将一本书的"道德反响"描述为"我们似乎能在空气中听到的那种奇怪而美妙的声音，它来自一则表现痛苦的故事，这种声音并非总是音乐，它也并非总是具有'意义'，但是它仍能使我们着迷，就像伊奥利亚竖琴所奏出的随意音符一样，或仅仅类似风穿过烟囱时发出的声音"。[34]当然，在特里林有关道德的定义中，也有理性的一方面，例如他在1930年的一篇题为"艺术所必需的道德"的文章中所说的那样：

> 道德似乎完全包含这样一种事实，即生活对人而言是直接的，生活是人的——是他的天赋，因此也是他的职责——而且生活有益于人的最佳思想，并对其进行命令。这不仅是对生活的肯定，不仅是一种软弱的、浪漫主义的肯定。这是某种更加困难、更加朴素的观点。一个人将自己经验的原始素材积累起来，以它为基础来引导他的思维所具备的全部力量，以便努力从经验中提取意义；根据他努力的程度和成功与否，人们可以判断这个人肯定的现实性。②

---

① Trilling to Richar Chase, 7 September 1949; Trilling papers.

② 参见 "The Necessary Morals of Art," *Menorah Journal* 18 (January 1930): 183—184。

《诚与真》一书收录了特里林作为查尔斯·艾略特诺顿诗歌教授于1970年春在哈佛大学所作的六次讲座。在其中的第一篇文章中，晚年的特里林总结了自己对道德的理解。他审视了过去四百年中道德在欧洲人的生活中所经历的变化，进而探讨这种变化对有关文学的现代性思考的影响。四百年前，针对马基雅弗利主义①的欺诈性，欧洲道德生活中出现了一种新的元素，即“自我的状态或素质，我们称之为真诚（sincerity）”，这个词主要指“公开声明个人与自我的真实感受之间所保持的一致性”。[35]

特里林以《哈姆雷特》为例，说明了真诚的真实含义。剧中波洛尼厄斯（Polonius）曾有这样一句台词：“对你自己做到真实。”② 这里，真实（true）意味着“忠诚，永远不要动摇自己的坚贞。真实意味着诚实：在对待自我时不要使用任何狡诈的伎俩。用木匠和瓦匠的话来说，真实意味着与自我保持准确的平齐”。[36]但是，特里林清楚地意识到，真正做到真诚是十分困难的。阿诺德、弗洛伊德都曾为发现自我而进行探讨和研究，但是他们也未能清楚地指明自我的全部属性。席勒认为每个人的身上都隐藏着一种理想的人，即人类的原型。特里林承认这种有关人类共性的说法，但是他在讨论真诚的问题上更注重人的个性，即“我自己的自我”。[37]

特里林认为，如果真诚是通过对一个人自己的自我做到真实从而避免对任何人造成欺骗，那么不付出最为艰辛的努力，人们就无法获得这种个人的存在状态。因此，崇尚真诚的人肯定会认为，实践真诚的努力在道德生活中具有至高无上的重要性。特里林惋惜地发现，真诚一词在20世纪失去了应有的可贵内涵，这一点在文学方面的体现就是由于现代主义作家改变了作家与读者之间的传统关系而产生的，因为他们“不是

① Machiavellianism，马基雅弗利（16世纪意大利新兴资产阶级思想政治家，历史学家，善于玩弄权术，以狡诈著称）代表的处世和政治哲学。

② 英文为“To thine own self be true”。

个人或自我，他们是艺术家”，因此他们不再以人与人之间的关系来与读者进行交流。[38]特里林用了另外一个词来形容这种出现于20世纪的道德状况：真实性（authenticity）。“真实性”的产生是由于随着资本主义的发展，人们逐渐怀疑外部权威的合法性和效力，从而厌倦于在自我和社会之间保持一致，并致力于满足纯粹个体的要求。从这个意义上讲，“真实性”具有反社会的属性。

造成“真诚”失去原有价值的另一个原因在于人们将对自我的真实作为一种手段，以便实现避免欺骗他人的目的，实际上这样做并不能保证真正对自己做到真实，相反它起到了自欺欺人的负面效果。从18世纪开始，人逐渐增强了个体意识。这种说法看似荒谬，但是人和个体之间的确存在重要的区别。这种区别并不是生物意义上的——在生理上，个体就是人。特里林深刻地指出，个体与人的区别在于对个人价值的认识，因为“有些事物只有当人成为个体时才能拥有”，这些事物包括“对内部空间的认识”、对多重个人“角色”的想象。另外，只有当人成为了个体，他才会认为自己之所以会成为别人注意的对象，并不仅仅是因为自己“取得了某种高尚的成就，或见证了重大的事件”，而是因为“作为一个个体，他本身就具有重要性”。[39]特里林在对待道德的问题上能根据时代的变化指出欧洲道德生活的变动性，这一点体现在他对“真诚”与“真实性”之间关系的看法上。他所关注的并不是两者之间孰重孰轻，而是什么样的文化语境造成了“真实性”对“真诚”构成的挑战。在特里林的历史思维中，“真诚”代表了古老的传统，充满了人文主义注重和谐的自我理想；相反，“真实性”代表了法国大革命以来的现代传统，充满了个体相对于社会的自我实现的欲望。在特里林看来，这两者在历史上的出现并非一种线性逻辑的产物，而是应对不同文化背景而出现的、相互联系、可以转换的现象。这一点体现了特里林独特的道德判断标准，即发现事物之间的区别和对立，同时承认它们之间的相互依存和对立统一。

## ③ 对新批评的批评

在《关于历史的感知》（“The Sense of the Past”）一文中，特里林认为，约翰·杰伊·查普曼（John Jay Chapman）最早对研究文学的历史学方法提出了强烈的异议。早在1927年，查普曼就谴责了文学研究中的学究派，反对他们“对艺术所进行的考古学式的、准科学性的、文献式研究”，因为这种方法试图“用自然科学中得出的方法来表达由众多情感组成的流动的宇宙”。[40]发生学研究试图解释一部作品产生的背景和作家的创作状况，在一定程度上，这是一种必要的手段。但是特里林认为发生学研究经常被人庸俗化，他指出，科学—历史主义研究所犯的一个重大失误就在于，“它所寻求的确定性程度和种类并非文学需要或可以允许的程度和种类”。[41]

主张新批评的学者也反对这种机械性的历史研究方式，他们试图恢复文学的自足性。这里，特里林同样也发现了新批评的错误之处。他们和科学—历史主义学者犯了一个共同的错误：在自己的理论上走入了极端，他们作出了过度的努力。在特里林看来，这是一个可以理解的错误。而另外一个更值得注意的错误则在于“他们在反对历史主义方法的过程中忘记了文学作品不可避免地是一种历史事实，而且，更为重要的是，文学作品的历史性也是我们审美体验的一种事实”。[42]特里林在三个意义上分析了文学的历史性。首先，诗人，特别是古代的诗人，本身就兼任历史学家，他们用特殊的方式记录了个人、社会甚至宇宙的事件。其次，文学也有自身的历史，正如T.S.艾略特在《传统与个人才能》中指出的那样，任何一部作品都与过去的作品有着某种联系，而新的作品又使传统发生变化，因此文学史从来都不会长期保持静止状态，而且从来也不是一种单纯的累积性增长。第三，在每一部过去的文学作品的存在中，其历史性、过去性（pastness）都是具有重要意义的因素。

特里林指出，新批评忽视历史因素的做法的动机在于使过去的作品更能贴近当代读者，否定现在和过去之间的区别，但是这种方法会使许多作品失去意义，例如当代读者之所以能欣赏莎士比亚，是因为他们知道莎士比亚所处的时代背景。在如何理解诗歌的真实意义时，特里林提出了四个问题："什么是真正的诗歌？它是我们现在所感知的诗歌吗？它是作者有意识地构思出来的诗歌吗？它是作者所构思的，并被他的最初读者所阅读的诗歌吗？"特里林接着对这些问题的解答采取了多元化的立场："这些都是诗歌，并取决于我们的知识水平"；当然，他还指出，诗歌的意义在于其历史意义，在于不同时代的读者对同一部作品不同的理解以及一部作品在不同时代产生的不同影响。[43]特里林以柯兰斯·布鲁克斯和罗伯特·宾·沃伦为例，揭示了新批评忽视作品的历史意义的错误之处，因为"阅读一部一百年前创作的诗歌作品需要翻译出它的隐喻，同时也要翻译出它的历史环境"。[44]

在坚持文学作品的历史性的同时，特里林也告诫批评家不要将历史性简单化，而使历史性更为精练的方法就是使它保持适当的复杂性。这样做就需要批评家了解人性的变迁、文学相对于意识形态和哲学思想的独立性、作家相对于创作环境的能动性、传统影响作用的相对性以及观念的继承性和发展性并存的特点。

### 3.1. 文学批评的社会语境式微现象

特里林批评生涯的大部分时间都与新批评思想在美国的盛行时期重叠在一起。作为一位以大学为根据地的英文教授，特里林对新批评持有强烈的反对态度，这一点往往会令人感到奇怪。但是，如果考虑到特里林的思想溯源，考虑到他一贯的批评重点，人们也就不难理解其中的原因了。在特里林看来，新批评忽视了文学的社会意义和道德功能，从而使文学批评陷入了狭隘的美学批评。在40年代末到50年代初新批评影响最为显著的这段时期里，特里林的名望也处于鼎盛时期，他对所有版本的形式主义都表示了明显的不信任，而且使用"美学的"一词来形容那种将注意力过分指向作为目的的形式的批评方法，同样，他也反对在文学中追求"纯粹性"的做法。在特里林于1961年写给雅克·巴尔赞的一张卡片中，他感慨地写道："再没有任何事物，**任何事物**，比美学更令人厌恶——历史万岁、传记万岁、心理学万岁！只有从这些事物里才能创造出（我们所谓的）艺术。"①

特里林对新批评忽视社会科学、过分注重自然科学的研究方法提出了尖锐的批评，因为这种做法违背了他所坚持的"文学是对生活的批判"的原则。在《论大卫·里斯曼》的两篇文章中，特里林阐述了社会研究和社会语境在文学批评中的重要性。里斯曼的社会学著作《孤独的人群》（*The Lonely Crowd*, 1950）是当时描写美国社会的最重要的著作之一。这本书为特里林提供了一个机会来分析人们对社会科学，特别是社会学产生的怀疑态度。特里林认为，造成这种态度的原因之一在于，社会学所使用的语言必然会使对语言具有敏感反应的人产生对立的情绪。这一点并非因为社会学的语言是科学的语言，而是因为这种语言经常是伪科学的、充满行话术语的语言，而且它产生的效果会给原本简单而平凡的观念赋予虚假的价值。然而"这种指责却不适用于《孤独的人群》一书"。[45]造成人们对社会学持怀疑态度的另一个原因在于，人们普遍认为社会学可能会带有观点上的偏向性，而且它可能根据未经检验的假设来进行研究，同时却声称自己是完全客观的科学。社会学经常以否定个人自治、强调文明利益的面目出现。此外，许多社会学调查声称自己既定的目标在于发现如何以秘密的方式来操纵人类的行为，例如如何了解并引导公众的消费行为。这些原因都导致了普通大众甚至文学研究者对社会学采取了怀疑甚至敌对的态度。

随着这种怀疑态度的加深，一些文学研究人士不再相信社会学能给他们带来任何有必然说服力的佐证。特里林对此表示惋惜，他说："我相信，具有文学倾向的人对社会学有一种自然的嫉妒心理，因为社

① Trilling to Barzun, 19 September 1961; Barzun papers.

会学似乎正在从文学手中夺走文学所具有的一项最典型的功能：对道德和风度的探查和批评。然而，我们应该公正地作出评价，因为社会学所夺取的正是文学所自愿放弃的东西。”[46]特里林认为二十年前的社会学几乎就是文学作品的注解，而自从辛克莱尔·刘易斯的《巴比特》问世以来，很少有小说家能给读者带来更多有关美国生活的新知识。新批评的兴起将文学趣味引向了文本，于是特里林所重视的文学与社会相交的中间地带就失去了存在的条件。社会学家的写作取代了现实主义文学的地位，开始呈现出越来越多的社会真实性。这些社会学家为文学做了“一件有益的事情，那就是向小说家指出还有许多新鲜的、可耕种性极强的社会土壤等待他们去开垦”。[47]

新批评注重对文学进行语言学方面的“细读法”考察，因此诗歌无疑成为了新批评的主要研究对象。反讽、意象、悖论、含混、肌质等新批评钟情的批评术语在诗歌中得到了充分的运用。随着二战以后波西米亚群落的逐渐消失，美国大部分知识分子逐渐开始在大学中谋求职位，因此，学院派批评的观点对文学创作起到了非常重要的影响作用。在四五十年代的美国，新批评几乎占据了整个学院派批评舞台，因此他们对诗歌的重视在某种程度上也刺激了诗人的发展，同时也抑制了小说的创作，甚至有人提出小说文类即将消亡。针对这种观点，特里林提出了自己的反驳意见，认为小说这种文学形式具有诗歌所无法取代的作用，因为它更能反映人的道德生活，而不是仅仅提供简单的、纯粹的美学享受。

与此相反，早在特里林批评生涯的早期，他就开始对文学的社会语境表示了高度的关注。在某种程度上，他的第一本批评专著《马修·阿诺德》就是一本有关19世纪知识与社会历史的百科全书。在提供大量史实的同时，它还叙述了具有自由主义政策的中产阶级的上升过程、英国国教与反对团体之间的纷争、圣经基督教派的腐朽、将基督教思想从教条主义中脱离开来的努力，以及种族理论的突然出现。特里林展示了对背景资料的偏好。在谈论马修·阿诺德之前，他提供了非常详尽的有关其父托马斯·阿诺德的传记资料。当他讨论马修·阿诺德作为学校督学的工作时，他感到必须提供有关英国教育历史和教育政治的详细资料。当他指出科勒律治有关《圣经》的思想是如何影响阿诺德时，他觉得有必要说明斯宾诺莎对科勒律治的影响。确切地说，这本书充满了对下列欧洲大陆作家的叙述：歌德、巴尔扎克、司汤达、夏多布里昂。

威尔逊等评论家认为，特里林在《马修·阿诺德》一书中包括了太多的内容。W.S.尼科尔博科认为《马修·阿诺德》一书甚至可以分为三本书：（1）有关阿诺德思想的传记；（2）各种各样的插入部分——有关那些对阿诺德产生过影响的伟大思想家：维柯、斯宾诺莎、歌德、柏拉图以及康德等人；（3）"莱昂内尔·特里林先生本人对我们目前的困境所提出的解决方案，以及他对马修·阿诺德的缺陷所进行的修正"。[48]尽管该书面临种种责难，但是就其本身的构想而言，它仍是一项杰出而全面的成就——用C.F.哈罗德的话来说，"这是一次非常有帮助的尝试，它不仅将阿诺德置于19世纪的模式中，而且将他置于整个现代传统之中，即从文艺复兴到T. S. 艾略特、I. A. 瑞恰慈、马克思和弗洛伊德的现代传统"。[49]

特里林总结了当时部分新批评家所给出的一些理由，说明为什么有人会认为小说已经消亡、应该消亡或即将消亡。其中一种理由认为，世界的现实性如此强烈和奇怪，以至于虚构和想象无法与之抗衡。另一种理由认为小说的两大主题［外部世界和内部世界］已被科学夺走了——小说家必须以一种未经许可的业余身份同社会学家和心理学家展开竞争，因为后两者接受过强化的训练，可以告诉我们社会系统和自身思维里所发生的一切；结果，小说家失去了一度十分重要的探索者和发现者的地位。针对小说的衰落而给出的第三个理由认为，戏剧的机械性技巧正在将散文体叙事驱逐出场：小说无法与电影和电视生动的直接性相竞争。[50]然而，特里林认为，尽管上述理由各具一定的说服力，但是小说不会面临消亡的命运，因为造成小说困境的真正理由在于作家的思想危机。“我们似乎处于一种文化的静止时期。我们的意志受到了迷惑，而且十分容易投入一种中立主义之中。非常自然的现象是，这种萧条状况在小说中得到了十分显著的体现，而小说正是经过演变、可以处理意志的复杂性的艺术形式。萧条不会永远持续：主义的东风将再次吹起。”[51]特里林对小说的前途所采取的乐观态度反映了他对文学的社会作用的重视，也反映了他对作者和批评家的期待，即这些人应该重新认识到思想和意志的作用，从而可以继续从社会语境中发掘可以利用的创作和批评元素，并通过文学的想象力来改造社会环境。

## 3.2. 对政治的关注

在特里林所强调的社会语境中，政治占据了重要的地位。像特里林批评思想中的许多词语一样，“政治”一词的定义也具有很强的不确定性。他喜欢使用“政治”一词来表示批评家用来与文学发生联系的社会事物。他认为自己的文章是文学性的，而非政治性的，“但是它们呈现出了文学与政治之间的那种不可避免的亲密（尽管并非总是显而易见的）关联”，因此，他所指的政治是“有关文化的政治，有关为实现某种目的、实现情感改变（即人类生活的质量）而产生的人类生活组织的政治”。[52]因为特里林相信，无论好坏，我们的命运都不可避免地具有政治属性，所以他希望“在我们有关政治的定义中加入所有人类活动及其所有的微妙性。这样做具有一些明显的危险性，但是不这样做则意味着更大的危险。除非我们坚持认为政治是幻想和思维，否则我们就会发现幻想和思维是政治，而且是一种我们不喜欢的政治”。① 由于思想中存在这种有关政治的广泛概念，特里林便着手改变那些狭隘的政治思维和意识形态思维，使之扩大所认识的人类意识范围；同时他也试图说服

---

① 参见Introduction to *The Partisan Reader: Ten Years of Partisan Review 1934—1944*, ed. William Phillips and Philip Rahv (New York: Dial Press, 1946), xiv。

文学思维去扩大其社会和历史意识，也即纠正新批评过度依赖文本的局限性。因此，从这一点来看，特里林比西方马克思主义文论家更胜一筹，因为后者的长处“是对文学艺术的独立作用和主体性给与了充分的尊重和研究，不足之处在于它消解了社会历史的主体性，忽视了社会历史应有的地位以及对于文学艺术的影响和作用”。[53]

小内森·斯格特为特里林独特的政治观提供了一种解释：“他真正的意思是，在一个类似我们［美国］文化的、具有相当复杂程度的世俗文化里，精神的深度空间的确被‘政治化了’。其意义在于，在这个空间里，一大批分歧的观念相互竞争，以便获得我们的赞同和忠诚。”[54]特里林的批评文章所具有的政治性正好是许多文学作品所具有的政治性：作为对一大批有关作者的、相互竞争的观念、态度和价值观的回应。他曾经说过：“所有具备才能或天赋的人都是政治性的人，这种人把自己的心灵当作文化中各种冲突倾向的战场。”[55]诺曼·波德霍雷兹承认特里林的确很少就传统意义上的具体政治问题而写作，但他认为特里林的著作充满了政治。他为此作出了解释，即特里林“对语境有一种高度发达的感觉”：“他所写的所有内容几乎都来自并被重新指向周围的环境——需要修正、修改或限制的一种主导性观念、一种当前态度或一种时髦品位。”而且他的语境感指向了当代美国的自由主义。[56]

人们一般很难确切理解特里林的一些关键词的含义，例如“道德”、“风度”、“文化”、“政治”等，但是，如果人们努力理解其中的含义，就能更清楚地了解特里林对批评功能的理解。在特里林的思想中，最中心的、最一致的内容就是，他相信伟大的文学是文明的手段（agency），是教育个人认识多样性、复杂性和可能性的最佳方法，而且是实现道德现实主义的最佳帮助或形成对生活的睿智批评的能力。因此，他对文学是什么并不十分感兴趣，真正令他感兴趣的是文学能做什么，因为对他而言，“文学的功能最终是能够发现和判断价值观的社会和道德功能”。[57]因此，文学批评家所关注的对象必须超出形式，他必须探讨在形式内部或后面所发现的意志、想象力和道德设想。对特里林而言，批评与人类的生活质量有关，因此他的重点放在了文化本身上，放在了社会语境内那些明显处于文学之外的问题上，例如政治、心理学、教育以及自我的确定。

在特里林的批评生涯中，他对具体的文学文本兴趣颇少，相反，对那些占主导地位的观念、价值观以及意识形态对普遍文化所产生的影响非常感兴趣。正如他自己承认的那样，他往往“将文学情境视为文化情境，将文化情境视为有关道德问题的伟大而细致的斗争，将道德问题视为与个人存在的形象有关的事物，最后将这种个人存在的形象视为与文学风格有关的事物”。[58]只要文学思维能抵制抽象的思想，并根据文化“多样性的、带有倾向性和竞争性的细节”来看待文化，那么这种思维——尤其是“历史—文学思维”——在特里林看来就是“我们所拥有的最佳的批评思维，优于神学、哲学、科学和社会科学的思维”。[59]

在特里林所称赞的文化研究案例中，大卫·里斯曼的另一部社会学著作：《个体主义新论》(*Individualism Reconsidered*)具有鲜明的特色，因为这本书因其涉猎广泛的文化主题而较《孤独的人群》“更具生命力，和读者也更具个人的直接关联”。[60]《个体主义新论》给读者带来了有关社会的现实感，因此，尽管它不是文学作品，却产生了与经典小说类似的效果。特里林总结了里斯曼与伟大的小说家之间的相似之处。首先，小说家有关内部生活的感受伴随着他对外部生活的感受，所以他们的社会阅历和个人感受使他们可以描写那些并不存在的人，或是那些曾经存在却已经停止存在的人。这一点体现在里斯曼对人生的肯定意义之中，在他的著作中没有人物，只有情境，但是他让读者相信，人们肯定以真实的方式存在着，因为这种情境的真实性是不容怀疑的。其次，里斯曼具有一种强烈的好奇心，这一点也是经典小说家的特征。具有理想性格的小说家是一位艺术家，全神贯注地满足想要了解事物真实面貌的渴望。而里斯曼的好奇心则在于发现个体的存在价值，以及个体与社会的互动关系，这些也是人的一种客观真实。里斯曼运用弗洛伊德的文明观促成自己的发现。暴政有可能无处不在，统治方式变得狡猾而温和，里斯曼为个体主义提供的帮助不同于暴力而绝对的手段。如果要揭示里斯曼著作的影响，最好的方式就是参照蒙田思想中的“个体主义思想——参照蒙田有关自我的坚决感受、私密性、意识和反应广泛性的论断，以及他所需要的起伏而多样的思想美德”。[61]

这里，特里林对里斯曼的赞赏体现了他对政治的理解。在他的眼中，政治并非激进主义者坚持的暴力手段，而是任何人的生活中都必需的经验内容，因为每个人都面临着个体和社会之间的对立。新批评所向往的自给自足的文学性实际上试图回避这种必然性，这充其量只是一种幻想而已。如果坚持认为政治就是极端的利益冲突，那么文学的确无法在政治中找到自己的盟友，但是特里林提出了不同的理解，这样一来，政治和文学之间的密切关系就变得显而易见，而文化语境对文学研究的重要性也就不言而喻了。

### 3.3. 特里林与新批评的契合关系

特里林独特的辩证思维和崇尚多样性的批评策略决定了他不会对任何一种批评思想坚持决然否定的态度。这一点也体现在他与新批评思想的契合关系上。特里林对新批评的反对意见主要集中在这种批评方法对文学社会意义和道德功能的忽视，以及由于这种忽视而导致的单纯技术性批评。实际上，特里林充分意识到了新批评的积极因素，因为40年代以后在美国兴起的新批评也是一部分知识分子用来摆脱30年代斯大林主义影响的途径之一。特里林选择了阿诺德和弗洛伊德作为自己关注道德和个体的思想来源，而新批评人士则通过对文本的关注来表示对激进政治运动的厌倦。

尽管特里林强调文学的社会功能，但他也提醒人们不要忽视文学的有限作用。他通过文学途径来研究文化，但尽管他对文学的教化影响充满自信，他还是经常警告人们不要对文学产生过分的期待，不要高估文学的责任。特里林认为，如果你对文学要求过高，那么“你所得到的要比文学所能给予的要少很多”。[62]他特别不赞同30年代左派自由主义批评家的倾向，这些人主张让文学担负起“弥赛亚似的责任”，而这却是文学无法履行的职责，而且会阻止文学完成本来能做的事情；要求文学以一种非常直接的实际方式来发挥效力，要求它“执行意志的工作，通过建设性行动来维生”，这种做法是一种错误。[63]文学无法拯救社会，也无法对社会进行直接的改革。文学所能做的是提供一种“沉思性的体验”，这种体验能带来两种具有相当社会价值的事物：一种自身具有合理性的、有关“受限制的生活的体验”，以及一种“有关事物真实属性的意识”。这两种贡献，是除了生存之外“最重大的社会关怀”。[64]

因此，特里林也从一个不同的方面强调了文学的自身属性和价值，他没有将文学与政治混为一谈，更没有否认文学性的特殊地位。从这一点来看，特里林和新批评之间的确有着深层的一致性和互补性。特里林与新批评人士之间的相互补充体现在他们对待社会和文本的态度上，新批评反对极端自由主义对政治、经济等外部因素的强调，主张返回文本，而特里林则认为单纯的回归不是最终的目的，文学必须以新的姿态重新进入社会。特里林承认新批评在揭示文本意义的“复杂性、多样性和可能性”方面的贡献，但是他指出，新批评的发展过程中呈现了制度化（institutionalized）的危险，这种危险是新批评和自由主义都面临的，因此特里林的观点有助于新批评更好地发挥自身的优势，克服对社会语境重视不够的弱点。另一方面，特里林本人并不擅长文本分析，因此他也需要新批评的某些有益技巧。尽管特里林厌恶唯美主义的极端形式，但他并不缺乏自己成熟的美学标准。他偶尔使用形式主义的细读法来研究文学，体现了特别的洞察力，这一点表明他并非是一位以道德—文化观念为唯一出发点的批评家。

罗伯特·兰鲍姆是这样来描述特里林与新批评之间的关系的：“特

里林的著作不同于新批评家的著作，但是两者并不是毫不相容的；他们起到了相互补充的作用。”他又说，两者之间的主要联系是“他们的批评思想所具有的保守趋势”：新批评家从外部批评自由主义，而特里林则从内部进行批评。[65]特里林对形式主义者规劝人们返回文本的做法表示同情，但是他认为，如果批评真正认为文学是对生活的批评，那么这种回归必须导致人们从一个全新的起点进入社会、政治、历史以及道德观念。他承认，对语言的谨慎分析十分有用，“但是文学中有一些力量是无法用语言研究来解密的，因为这种力量并不依靠语言，而是依靠道德想象力”。[66]有些批评家认为，关注传记或文化语境会干预批评对诗歌的直接感受。针对这种观点，特里林同意了这种意图的优点，但是他坚持自己的看法，即“真理在于，无论我们的意愿如何，也不管严格的批评家是否喜欢，外在信息经常会对我们有关一首特定诗歌的理解产生冲击，并成为我们与诗歌之间的关系的一部分，这一点我们是无法忽视的”。[67]他赞赏新批评所体现出来的对复杂性、多样性和可能性的认识。他认为，新批评的这方面能促进他对文学作品进行更加仔细的研究。但是特里林对新批评的方法如何变得制度化的过程表示了警惕，因为这种现象影响了“阅读的宽度和普遍性，而这一点曾经被认为是英语文学研究的目标”。[68]

特里林与新批评之间的关系也反映在他与约翰·克罗·兰瑟姆之间的热忱交往过程中。作为《肯庸评论》杂志的编辑，兰瑟姆曾邀请特里林担任该杂志编委会成员，其中部分原因在于特里林可以为该杂志增添一些来自纽约的声音，部分也是为了用“意识形态”批评来平衡杂志的不同观点。几个月以后，他对自己有关“意识形态”方法的评论表示道歉，他说：“我高度赞赏你对社会责任的研究。”①经过了三年的交往，他在写给特里林的信中说：“你的兴趣和我的兴趣并不是总能用一种语言

① 参见Ransom to Trilling, 4 September 1942; Trilling Papers。

说话，但是它们的确是几乎相同的兴趣，想到这一点真令人欣慰。”[①] 在另一封信中，他说：“的确，我越来越觉得我与你自己的品位和判断变得一致了。”[②] 特里林曾经为《肯庸评论》和《党派评论》从事过编辑工作，这一点说明了他所取得的成就的广度和性质。当形式主义批评在学院派批评领域取得主导地位时，特里林依然认为文学作品不仅是一个符号结构，而且是观念和价值观的核心。特里林研究了那些通常留待社会学、心理学或思想史学来研究的文学问题，因此，他为更为封闭的新批评提供了一种选择性的或补充性的研究思路。

## 4 教授—批评家

### 4.1. 哥伦比亚大学的犹太教授

特里林一生当中有五十多年是和哥伦比亚大学紧密相连的——五年的学生经历，然后是四十多年的教师生涯。在这段漫长的学术生涯中，特里林在保持批评家身份的同时，还树立了令人尊敬的教授形象。这两种身份完美地结合在一起，使特里林成为当时为数不多的既能面对公众进行社会批判，又能面对学生进行文学启蒙和平等对话的批评家。作为教授的批评家，这一点曾被特里林研究者所忽视，实际上，特里林为文学教学而进行的思考和撰写的文章是对他的其他论著的重要补充，它们也体现了特里林的一贯批评重点，另外，更重要的是，可以为英语文学的教学提供有益的启示。

特里林与纽约知识分子群体其他成员的一个不同之处在于，他从批评生涯之初就开始兼具教授和自由撰稿人两种身份。20世纪50年代的作家明显地感觉到下一代人感觉不到的东西，即他们生活的重新构建。当艾尔弗雷德·卡津回忆起他在纽约公共图书馆的阅览室里的那几

① 参见Ransom to Trilling, 10 May 1945; Trilling Papers。

② 参见Ransom to Trilling, 16 November 1945; Trilling Papers。

年时，他这样说："过去我就是我自己的研究员，一个完全不依附于任何组织的自由作家和一个在大萧条中期自学成才的、偶尔去夜校讲课的教师……" 对于在60年代以及60年代以后成年的知识分子来说，大学以外的生活甚至都没留下什么记忆。然而，像菲利普·拉尔夫、艾尔弗雷德·卡津以及欧文·豪这样的知识分子是在做了几年的自由作家和编辑以后才成为教授的。[69]

特里林正式的执教生涯开始于1926年。从哥伦比亚大学获得硕士学位后，他前往地处美国中北部的威斯康星大学亚历山大·梅克勒·约翰（Alexander Meikle John's）实验学院担任了一年的讲师。这次经历对特里林而言是一次重大的生活环境改变。从童年开始，他所接受的家庭影响、教育以及社会文化熏陶都带有典型的纽约大都市色彩。而威斯康星麦迪逊大学城则位于较为闭塞的中部地区，那里的民风还保留着拓荒时代清教主义的纯朴和简单，同时当地的文化构成和思想体系也较为单一。这种显著的地缘文化差异使特里林在这个中西部大学城里感到不舒服，尤其加剧了他对犹太身份问题的担忧。因此，到1927年春，他失去了耐心，回到了纽约。特里林的这次经历为他的两部短篇小说提供了素材：《启程》和《俱乐部里的葬礼，以及其后的午餐》。

1932年，特里林的人生历程中发生了一项重要的事件，尽管这一事件的持续性益处还需要他本人在四年以后以背水一战的态度去重新确定。这一年，特里林获得了哥伦比亚大学的讲师职位，这为他今后的事业提供了希望和方向。当时美国高等教育机构对犹太人获得职位的限制非常严格，因此，特里林能获得讲师的职位是令人感到惊讶且无法解释的事情。纽约是美国资本主义经济的象征，但同时这个城市也是美国接受大批移民的口岸，因此为了维护这个中心城市在文化方面的纯粹性和盎格鲁—撒克逊种族的主导地位，哥伦比亚大学担负了一项重要的使命，那就是对来自异质文化的移民进行同化，同时增强原有美国文化的控制力。这种使命的直接后果之一就是大学对犹太裔学生数量的限制。

而让犹太裔学者担任教师更是不能接受的想法。

特里林在一篇论及30年代年轻生活的文章里回忆道："当我决定步入学术生活时，我的朋友们认为我的幼稚达到了荒谬的程度，他们的想法并不是完全错误的——哥伦比亚大学聘任我为讲师，这被公开认为是一次实验，而且在一段时期里，我在哥伦比亚大学的工作是由我的犹太身份所决定的。"[70]

如果说1932年哥伦比亚对特里林的聘任是外部给特里林带来的一次机遇，那么1936年英语系决定解聘特里林则是他人生中面临的一次重大挑战。而这一次他必须自己来创造机遇了。得到解聘消息的几天之后，特里林就作出了他一生中最具决定性意义的举动：他与英语系中自己最熟悉的教师见面：范·多伦、韦佛、内夫。他并没有与他们争论，相反只是告诉他们，他们将要解聘的人本可以有朝一日为英语系增添特殊的荣耀；他们不可能轻易地发现另一位如此优秀的人才。特里林的这一举动与他往常的性格截然不同。他习惯讲话轻声慢语，但这一次他语调高昂，充满自信。这种风格的转变竟然创造了奇迹：英语系同意让他再留任一年；实际上，他从此就留在了哥伦比亚，而且的确像他为自己辩护的那样，成为了为英语系增添特殊荣耀的教授。这次成功标志了特里林个性的成熟，同时也为他今后的学术和教学成就奠定了基础。

其实，特里林遭到解聘的真正原因并非英语系给出的官方理由，他当时的致命弱点是他的为人过于谦逊，甚至显得有些软弱，因此英语系对他并没有太多的信心。这种弱点是由多方面造成的。在家庭背景方面，特里林出身普通的中产阶级家庭，而且随着父亲经营企业的失败，家境已经每况愈下。在种族待遇方面，尽管他本人并不强调自己的犹太身份，也不因此感到自卑，但在其他人的眼中，他还是一个犹太人，在非犹太裔教师占据统治地位的哥伦比亚大学，特里林无论如何都会感到强大的压力。"当两种或两种以上的文化在同一社会背景下相遇时，它们可因各自的经济、政治实力和影响的差异而形成强势和弱势的区别"，在这个意义上，特里林正是这种区别的受害者。[71]

在个人生活方面，经济拮据促使他不得不利用业余时间设法挣钱，这在一定程度上也影响了他的博士论文写作。在解聘和续聘这样一个人生的关键时刻，特里林找到了自信，明确了个人的发展方向，而且也向他人展示了全新的自我。这次成功引起了一系列的可喜变化：他重新开始写书，他以前对研究工作的方向所产生的混乱思想也烟消云散了。

1939年，特里林的博士论文《马修·阿诺德》正式出版，全系的同事都感到很满意。巴特勒校长也开始注意到这位年轻的犹太教师，同意提升特里林为英语助理教授，这样，特里林就成为了该系历史上第一位犹太裔正式教学人员。随后各种提升和殊荣便接踵而来：1945年成为副教授，1948年成为教授，1965年成为乔治·爱德华·伍德贝利文学与批评专业教授，1970年成为哥伦比亚大学教授（这是哥伦比亚大学为教学人员授予的最高级别的头衔）。哥伦比亚大学对20世纪50年代的知识分子的生活提供了一种清晰的认识，特里林正是在这里与当时的社会环境以及其他知识分子展开了长期而活跃的思想互动。哥伦比亚大学的三个同事，文学批评家莱昂内尔·特里林、历史学家理查德·霍夫斯塔特和社会学家C.怀特·米尔斯，囊括了从犹太人到非犹太人、从右派到左派的整个知识分子谱系。正是米尔斯对特里林有关知识分子的系统表述提出强烈的反对，也正是霍夫斯塔特指出了一条中间道路。然而，他们之间的分歧并不能遮蔽他们的共同之处：他们都更多地把自己视为面对公众并论说公众问题的知识分子而不只是教授，而且他们都寻找并发现了一个更大的受众群。[72]

在人才济济的哥伦比亚大学英语系，特里林具有一种特殊的影响力。欧文·豪认为特里林与下列学者齐名：T. S. 艾略特、伊沃尔·温特斯、F. R. 利维斯、约翰·克罗·兰瑟姆，以及理查德·布莱克默尔。这些人“不是‘想象力’君王手下甘愿伺候的诸侯”，相反，他们是“统治自己领地的强悍公爵和男爵……每年都会从研究生院中涌现出大量热心的追随者，对这些大师和他们的方法忠心耿耿”。[73]特里林对教学工作表现出了极度的热爱，以至于他在40年代初拒绝了《时代》杂志的工作邀请。特里林认为教学不仅仅是一种谋生手段，它更是不断生成新思想的源泉：

> 一方面，和大学新生打交道具有无法估量的价值，他们相对而言十分聪明，但是要么对文学很无知，要么对文学抱有幼稚的态度，或者对文学怀有敌意，而与他们打交道则可以强迫批评家意识到文学在我们的世界里所扮演的角色是多么的微不足道，而且这样做也会使批评家把自己的想法从他们的职业窠臼中分离出来；另一方面，与才华横溢的高年级学生相处也是非常有益的经历，这些学生对老师丝毫不留情面；而上课讨论的主题，那些历史上最精彩的作品，则永远令人感到振奋。[74]

特里林具有一种极具个性的幽默感，他的课堂虽然缺乏其他一些教授所擅长的光彩熠熠的演讲，但他的话语和思想都透露出一种因博学和修养而形成的机趣和智慧。同时，他对他人的观点也能表示包容的态度，他与学生之间的关系也是友善而礼貌的。根据特里林的学生菲利普·罗帕特的回忆，特里林“为人和蔼，让人觉得没有紧张和拘束的感觉。而且他急切地希望我们之间也能相互友善”。[75]特里林的另一位学生约翰·霍兰德认为，特里林与传统英文教授的刻板形象截然相反：“特里林并非一位传教士式的老学究，相反，他通过自己的思考以及他特殊的严肃性，以隐忍而坚定的方式来表达自己的观点，认为文学教授是当前为数不多的值得追求的目标之一。”[76]特里林认为，文学并非唯一重要的事物，但是文学是理解重要事物的最佳途径。不过，这种随和的态度并不说明特里林在对待教学时采取一种放任自由的方法，相反，他的言行无形之中让学生感到一种可敬的约束力。斯蒂芬·多纳迪亚在接受

《当代作家》的访谈时回忆说："当我们（学生）发表意见时，特里林让我们觉得他在认真听取我们的观点。这种感觉使学生意识到自己担负的责任，知道自己的发言应该是真正与主题相关的；学生的目的不应该是为了取悦教授，也不应该把发言仅仅当作一种练习而已。"①

特里林一直都喜欢与学生保持经常的接触，但是到了晚年，许多学生因为他的名声而不自觉地对他产生了一种敬畏的感觉。为了弥补这方面的缺憾，特里林坚持给本科生上课，因为他们不会像研究生那样过于尊重教授的地位而不敢直接提出自己的问题。特里林还有一种受人欢迎的教育家品质，那就是对自己的弱点和错误保持诚实和谦虚的态度。在罗帕特的记忆中，在特里林开设的课程中有一件令他最感动的事情。那是有关加缪著作《反叛者》的作业。当时特里林还没有仔细读过这本书，但他提前布置学生将这本书作为现代主义课程的期末考试内容来准备一份摘要。他自己读完这本书以后，对全班同学坦言，他本人"对这本书也找不出头绪"。书中的内容要么过于显露，要么根本无法理解，因此特里林仅仅把它列入了阅读书单，而不再作出考试要求。[77]

特里林的许多学生在回忆这样一位治学严谨而又平易近人的教授时，都承认特里林对自己的学习和研究起到了极大的影响作用。其中最令学生难忘的经历是特里林与巴尔赞共同开设的"讨论课"。从 1934年秋开始，特里林和巴尔赞开始共同讲授一门有关经典书籍的讨论课程。这门课程延续了特里林学生时代的约翰·厄斯金教授为优等生开设课程的基本模式——小班教学，来自不同学科的两位教授每星期利用一个晚间与学生见面两个小时，强调文学与思想之间的社会和文化关系。巴尔赞偏好历史的精确性，而特里林则更注重智性的自由发挥。尽管两位教授知识品位迥异，但是他们具有相同的人生观，这一点使他们尽管在风格和目的上有所不同，但却能为学生提供一种统一的"文化批评"模式。巴尔赞解释说，之所以他们有这种相同的人生观，是因为他们意

① 参见CA, vol. 110, p.471。

识到“意识形态和强制体制”不仅使生活的大部分内容得不到解释，而且破坏了值得珍惜的事物。“换言之，多样性和复杂性只是可能性的不同称呼而已；没有了可能性——即拥有非计划性和不确定性的自由——生活就变成了一系列可以预见的、索然无味的事件。”[78]这两位教授在这门课上的合作时间长达四十年，他们之间的友谊也成为了美国学术界的佳话。

杰弗里·哈特曾写过一篇回忆大学时代的文章，题目就是“课堂上的莱昂内尔·特里林”。哈特对特里林的教授风度和散文风格大为赞赏。他写道：

> 如果仅仅从莱昂内尔·特里林在课堂上的举止来判断，他并不是一位了不起的教师。但是，如果我们考虑到他在课堂上所展示出来的个人风貌，那么他的教益就十分深厚了。他在讲台上的话语模式显得很放松，然而又恰到好处地带有正式的意味，强调自己作为资深教授的身份。师生之间从不用客套的头衔、姓氏来称呼。他非常儒雅，有时还颇能博得学生的好感，甚至显得很讨人喜爱。他的气质中缺乏自信，这一点往往会令人产生怀疑和复杂感。同时，我认为，他对某些问题所显示出的犹豫不决的态度实际上可能是一种“贵人应有的品德”，仿佛王子必须显得谦逊一般。[79]

## 4.2. 论教授现代文学

特里林对现代主义始终保有一种矛盾的态度。他赞同现代科学所取得的成就，也同意现代性对个体自治的要求。但是，他无法接受现代主义文学对传统的抛弃和对社会道德风尚的忽视。对他而言，19世纪的英国维多利亚文学是最佳的文学典范，因为这种文学最能体现对生活进行批评的职能。相反，对特里林而言，现代文学是一种难以理解的文学，其难度不仅是字面上的，而且是理论上的。

在讨论现代文学的难度时，特里林赞同一种特殊的阅读关系，即W.H.奥登说过的，真正的书可以阅读读者。特里林承认，自从青年早期时代以来，艾略特的诗歌、《尤利西斯》、《追忆似水年华》以及《城堡》等书都曾经“阅读过我，起初，有些书不接受我；因为我令它们感到讨厌。但是当我逐渐长大以后，它们对我有了更多的了解，它们逐渐对我有了更多的同情，开始理解我隐含的意义。它们有这样的天性，因此我们之间的关系一直非常亲密”。[80]特里林肯定了现代文学在探索人的精神领域过程中的优势，特别是它能关注人的无意识活动和零散的心理状态。这种确立自我的努力与特里林提出的“对立的自我”的概念是相符的：“从来都没有任何文学能像当今的文学那样表现出惊人的个人化——它向人们提出所有在文明社会里遭禁止的问题。它问我们是否满意我们的婚姻，是否满意我们的家庭生活，是否满意我们的职业生活，以及是否满意我们的朋友。”[81]

特里林的辩证思维帮助他在研究对象的优点中发现其缺点。现代文学的确在要求和维护个人的自我身份方面超越了以前的文学，但是特里林却在其中分析出了致命的弱点。当然，特里林并不是说现代文学的主张是错误的，而是说实践这种主张的方法和态度是不正确的。这一点体现了特里林一贯的批评作风，即他从不会否认任何事物的积极因素，他所批评的是态度或风度。他认为现代文学强大的个人化力量造成了阅读和理解上的难度。从20世纪开始，文学教学倾向于关注大量的技巧性内容，但当教师把所有与形式有关的问题（例如诗歌的格律、音步、散文传统、反讽和张力等）都讲清楚以后，他必须面对进行个人评述的必要性：“他必须运用他所掌握的所有权威知识去判断一部作品是否真实；如果作品不真实，原因是什么；如果它是真实的，原因又是什么。教师只有以牺牲大量的个人感受为代价来完成这个任务。只有从自身感情的隐秘世界出发，从自身的生活感受出发，并且从自身对生存方式的希冀出发”，教师才能帮助学生理解现代文学对现代情感、现代生活感受以及生存方式的表现。[82]

一部作品之所以能成为经典，是因为其自身具有的文学价值。这里的文学价值不仅是形式和纯美学上的价值，更有启迪心智、引发人们对社会进行思考的价值。如果只考虑文学的形式美学，那么经典的形成对作品是有一定的负面意义的，因为一旦经典形成，也就说明人们对其形式的美就形成了一种思维定势，作品从此也就无法得到新的阐释。特里林指出，时间的作用似乎可以使艺术作品变得沉默、变得驯服，使之成为经典，这也就是说，艺术作品变成了习惯性思考的对象。相反，特里林在教授现代文学时，试图扭转这种过程，防止学生将课程中涉及的现代名篇当作形式意义上的经典来阅读。这里就体现了特里林文学教学的重点，即“正确的大学学习可以逆转这个过程，可以恢复艺术作品的新鲜与活力——确切地说，可以发现人们不曾猜想过的力量”。[83]

特里林于1947年9月在肯庸学院参加“英语民族的遗产以及他们的责任”会议，所作的发言后来以《风度、道德和小说》（“Manners, Morals, and the Novel”）为题得到发表。他在该文中论述了文学作品——尤其是小说——的价值。他指出，人们一般倾向于从文学作品中找出一个民族的文化特征，在这一点上，特里林认为极富天赋的外民族批评家和本民族的傻瓜会犯同样的错误，那就是他们“在语境之外”阅读作品，因此他们无法体会特里林所强调的风度（manners）。根据特里林的理解，“风度”指“一种文化的嘈杂而匆忙的各种隐含意义”。[84]“这些意义体现在人们的日常生活中：街谈巷议、风俗习惯、衣食住行等人们习以为常的方面，但是对于外民族的成员而言，这些隐含意义是他们掌握该文化的必由之路。“这些意义构成了文化的一个独特组成部分，它们不是艺术、宗教或道德、政治，但是这个部分与这些高度程式化（formulated）的文化分支有着相互联系。它由这些分支所改变，它又改变这些分支；它是这些分支产生出来的，它又产生了这些分支。在文化的这个部分中，假设占据统治地位，通常假设比理性更为有力。”[85]

在文化理解方面，往往出现错误的原因在于人们没有意识到“在任何一种复杂的文化里都不只有一种单一的风度系统，相反，其中存在着相互冲突的多种风度，而文化的职责之一就是对这种冲突进行调节”。[86]在谈论美国的文化风度时，特里林集中探讨了一个特定人群对文学风度所采取的态度。特里林将这个人群定义为“有文化的、具有阅读能力的、有责任感的中产阶级”，而这些人对文学风度所采取的态度则反映了一种有关现实的特殊概念。[87]

特里林认为，从塞万提斯的《堂吉诃德》开始，西方小说中开始真正探讨表象与现实之间的问题：进一步说，是有关社会阶层分化与冲突的问题，而造成这种问题的根源就在于金钱在人们的文化思想中的作用。由此特里林得出了结论：小说诞生于对势利风气所作的反应之中。[88]到了20世纪中叶的美国，这种金钱决定地位的势利风气依然保持了旺盛的势头，而这种“正在转向的社会必然要在哲学意义上产生对表象的兴趣”。[89]在谈到小说的作用时，特里林指出，“小说的独特任务就在于记录势利风气所产生的幻觉以及试图穿透到隐藏在所有虚假表象之下的真理内部”。[90]特里林列举了《包法利夫人》、《远大前程》、《帕美拉》等小说，说明小说的意图就在于对社会现实的探寻。

在美国19世纪的文学经典中，特里林认为只有亨利·詹姆斯才算得上真正触及社会阶层问题的作家。在分析其中的原因时，特里林引用了詹姆斯对霍桑的分析，认为美国缺乏英国文化的厚重肌质（texture），因此小说家“没有充足的方式来展示风度的多样性，没有机会来履行探寻现实的职责；也没有足够的表象复杂性来增加他们的职责的趣味”。[91]然而，到了20世纪中叶，美国社会已经与内战时期的情况判若两样，但是美国文学中依然鲜有真正反映社会和风度的作品。特里林分别指出了德莱塞、刘易斯、帕索斯、福克纳等人的弱点，指出这些作家都心存顾虑，即“准确地探及阶级问题，全面地描写势利风气，这样做可能会在某种程度上贬低他们自己的地位”。[92]

特里林十分欣赏亨利·詹姆斯和E.M.福斯特在小说中对现实的处理。在詹姆斯的小说《卡萨玛西玛公主》中，詹姆斯成功地刻画了公主这个人物形象，并且为她赋予了复杂而真实的社会意义，"每当她将所谓的真实而坚固的事物向前推进一步时，她实际上都进一步远离了赋予生命的现实"。[93]在福斯特的《最长的旅程》中，出身绅士家庭的斯蒂芬·沃恩汉姆敢于背弃传统的社会准则与下层的牧羊人产生友谊，这也说明了文化风度的多样性。在分析了这两位作家之后，特里林又一次提到了"道德现实主义"的必要性，因为"现在也许是我们对自己的社会体制进行重大变革的时候了……如果世界不能向更大的社会公平发展，不能进一步向前发展，那么它必然会向后倒退，向可怕的社会贫乏倒退"。[94]

特里林文学教学思想的转变过程也从一个侧面体现了他对新批评所采取的态度。文学教师往往侧重于文本的分析，出发点是帮助学生理解文本的表层含义。特里林一开始也想回避表达自己个人看法的必要性，也想让学生尽量接受批评界对伟大作品作出的公认评价，即让课程变得尽可能地"文学化"。形式主义认为文学作品是文字的建构，这种极端的倾向要求人们把对诗人的社会和个人意愿的关注，以及对诗人希望通过诗歌而引起的外部变化的关注，降低到最低限度；它要求读者把注意力集中在诗歌内部的事物上。特里林承认这种极端倾向曾经极为有用，因为它纠正了他自己以前的倾向，即主要关注诗人**希望**发生的事物。因此，特里林一度努力将文学课当作文字的建构来对待，也就是用形式主义的方法来对待，主要关注许多作品共有的字面难度。但是这种做法造成了三方面的矛盾。首先，它与特里林的想法格格不入，违反了他的意愿，即文学应该与社会发生联系。其次，它也与教室状况发生矛盾，因为形式主义分析最好以问答的形式进行，需要小组活动，而任何一所大学选修现代文学的学生数量都不允许这样做。第三，这种形式主义的做法也违背了作者的意愿——作家的确可能创作了文字的建构，但是这些建构"并不是金字塔或凯旋门，它们显然不是静态的或用于纪念目的，相反，它们是动态的、有进取心的”。最终特里林决定，只有用一种方法才能教授现代文学，那就是“不使用什么策略，也不采取有意识的谨慎态度”。[95]这种教学方法的转变得到了许多文学教学实践的验证，即“这种分析方法［新批评的实用分析］正在日渐僵化。因此这种练习本身正在失去其在文学教学中的实际价值”。[96]

在教学过程中，特里林倡导的师生关系也是值得借鉴的。他并不将自己凌驾于学生之上，认为自己是学生的知识来源。相反，他将学生视为平等的参与者，同时不隐瞒自己的个人判断和认识局限。他说：“如果我们隐瞒或掩饰自己与文学的关系、自己对文学的执著、对文学的惧怕以及对文学既爱又恨的矛盾心理，那么这样做既对不起学生，又对不起作者。”特里林提出了一种新的教学思维，即“教课程，而不是教学生”——因为他一直认为课程是客观的存在，而学生则可以有自己的主观见解。[97]

文学课程的教师可以从特里林的教学方法中得到有益的启示。他将文学课堂与丰富的文化背景相联系，从而可以在更广阔的层面上激发学生的思维，鼓励他们对文学产生复杂的、具有个人和社会意义的反应。在开始教授课程时，特里林希望鼓励学生获得“一种历史感，一些关于过去的直觉，因为在我看来，学生们似乎尚未从学校教育中学到这些知识”。[98]除了现代文学书目之外，特里林还大量选用了人类学、心理学以及社会学方面的书籍来帮助学生形成这种历史感，这些书目都是对特里林本人起过影响作用的书籍。他在课程中使用的第一本书是弗雷泽的《金枝》，不过不是整本书，而是其中的一些章节，即那些关于阿西里斯、阿提斯和阿多尼斯的部分。特里林为课程选用的第二本书的作者也是一位经典作家——尼采，他二十七岁时就成为了巴塞尔大学经典语文学教授，这时他就发表了《悲剧的诞生》。尼采的论文本身非常重要，它使特里林具备了更多的教学优势，因为他能由此联想到该书的历史联系——威廉·布莱克。现代文学发现了主要的、非道德的力量，并使之成为经典，而且如果学生能注意到这两位来自不同国度、年龄相差几十年之久的人物之间存在着一致的地方，这种历史观点就更加有益，因为"尼采的酒神狂欢和布莱克的地狱意象实际上是一回事"。[99]特里林的意图实际上是在追溯构成现代非理性思维的历史传统。这个传统发展到现代，集中体现在一些反映个人内心世界的作家身上。

特里林以英国作家康拉德为例，解释了他的《黑暗的心脏》一书继承了这种非理性思维的传统。在《黑暗的心脏》之后，特里林所关注的下一本书是托马斯·曼的《死于威尼斯》，这本书的力度不如《黑暗的心脏》，但同样也是一本能打动心灵的书，也延续了康拉德关于地狱的观点。接着，特里林使用尼采的另一本书《道德谱系学》。它提出一种有关社会的观点，这种观点相信构成人类根本的形而上活动的是艺术，而不是伦理道德；这种观点同时也确定并认可了原始的力量。尼采关于社会秩序的理论"排除了社会所有的伦理冲动——在对残酷的合理化过程中，我们可以发现社会的基础：事实就这么简单。尼采这样说的时候，他没有终极的乌托邦意向，也没有改变社会秩序本质的希望，尽管他的确认为社会的痛苦可以得到减轻"。[100]从尼采的《道德谱系学》到弗洛伊德的《文明及其不满》只有一步之遥。弗洛伊德有关个体与文明之间关系的考虑在人们对现代性的认识中起到了根本性的作用。特里林针对文化语境列出的书单还包括狄德罗的《拉摩的侄儿》、陀思妥耶夫斯基的《地下室手记》、托尔斯泰的《伊凡·伊里奇之死》以及皮兰德娄的戏剧。这些作品体现了特里林对文学的深层道德含义的关注，而不是对表层的文本意义的关注。

20世纪50年代，特里林的批评思想进入了成熟的阶段，这一点为他的文学教学增添了更多的资源和养分。当时，他的《自由的想象》刚刚出版，获得了评论界的好评。这部文集收录了主要写于20世纪40年代的评论文章，体现了一种共同的主题：文学与政治、社会之间的关系。这种对社会语境的关注融入了特里林的课堂教学活动之中。他认为，文学应该被用来纠正政治和民主文化的错误倾向，避免它们沦为简单化的意识形态以及其他的抽象思想名词。他当时的批评对象是斯大林主义，尤其是斯大林主义对自由主义的影响；另外，他还警告大众，不要轻信诸如《金赛性学报告》之类忽视人类道德维度的纯粹科学思辨作品，以及德莱塞、安德森等人作品中流露出来的具有武断性质的社会评价。与此相反，特里林充满激情地向学生推崇他自己的文化英雄：弗洛伊德、亨利·詹姆斯、华兹华斯、济慈、歌德、莎士比亚、蒙田等人。这些人物代表了特里林心目中的西方传统，因为他们让特里林相信，政治和文化应该以宽容的态度对待这种高度发展的传统的复杂性和微妙差异。特里林的学生杰弗里·哈特发现，特里林本人的文风也受到了这种崇尚复杂性的思想的影响，尤其是亨利·詹姆斯、纽曼、阿诺德和T. S. 艾略特。[101]

## 5 公共知识分子

### 5.1. 公共知识分子的定义

从20世纪40年代以来，美国文学批评分成了两个流派，其中一派包括关注文学理论、新批评和形式主义、意识形态、结构语言学和后结构主义的学院派批评家，另一派则包括面对公众进行道德和良知批评的批评家，例如特里林、欧文·豪和利维斯等人。造成这种现象的原因是非常复杂的，但是其中的主要原因在于社会的专业化程度日益加深。20世纪中期以来，专业社会的职业分工越加细密，学院体制越来越制度化，知识与常识的距离越来越远，技术的工具理性已深入到日常生活和思想的各个层面。这就造成了上述两个流派间的分歧不断变大。学院派的理论家展示了“专家的”知识，逐渐占据了知识分子阶层中的主要位置。相反，通才的公众评论家由于他们的评论方法更加折中、评论风格更加随意，因此，尽管他们的文章更容易接近大众，但是他们在技术权威占统治地位的时代日益失去了自己在读者心目中的地位，最终不是被大学同化，转而成为理论派批评家，就是在通才的道路上艰难前行，直至碰壁。拉塞尔·雅各比在《最后的知识分子》一书中曾哀叹过公共知识分子的消亡，“在大学普及的时代来临之前，昔日混迹于城市的大街和咖啡屋里的‘最后’一代知识分子是为有教养的读者写作的。现在他们已经被高科技知识分子、顾问和教授——这些常人所取代了”。[102]特里林作为最后一代知识分子的杰出代表，成功地坚持了学院批评家和公共批评家的双重身份，可以为知识分子在新时代的重新崛起提供一个有力的榜样。

波斯纳在《公共知识分子：衰落研究》一书中为公共知识分子给出了这样的定义：以公众为对象、就政治和意识形态性质的公共问题发表意见的知识分子。[103]公共知识分子必须以公众为对象，当然主要还是受过教育的公众，但不能局限于本专业。20世纪其他著名的公共知识分子有杜威、罗素、韦伯、奥威尔、加缪、哈贝马斯、哈耶克、阿伦特等，这些人的共同特点就是在评论时代问题时考虑到一般读者，他们的作品是常人能看懂的，因而拥有大批受众，影响远远超出某个领域。钱满素教授较早在国内对二战前美国文坛上出现的颇有影响的公共知识分子群体表示关注。这个群体统称“纽约知识分子”，包括埃·威尔逊、莱·特里林、菲·拉尔夫等，他们可以被称为最后一批传统的公共知识分子。“他们大多是犹太人，活跃在纽约，不属于任何大学或智囊机构，他们办杂志发言论完全是兴之所至。他们关注社会问题，以大众能接受的语言写作。他们评论时事、政治、历史、文学，创办了美国最有影响的公共刊物之一《党派评论》。就意识形态而言，他们开始受左倾思想影响很深，在苏德条约签订后大多成为独立的自由派人士，有的坚持民主社会主义的立场。这样的独立群体乃至独立个人现在似乎成了稀有物种。”[104]

在1987年出版的著作《最后的知识分子》中，拉塞尔·雅各比表达了对美国知识界的更深的忧虑，即真正的危机是知识分子这一群体正在消失，它被专业化程度过高、狭隘的学院专家们取代。雅各比心目中最后一代知识分子是50年代以丹尼尔·贝尔、加尔布雷思、特里林为代表的纽约文人圈。他们用优雅、清晰的笔调关注广阔的问题，致力于为有教养的人群写作，而如今的专家们的意见只有少数的同行可以理解。判断知识分子的标准何在？在这个问题上，没有人比法国人班达的定义更具感染力："他们的本质不是追求实用的目的，而是在艺术、科学或形而上的思索中寻求乐趣，简言之，就是寻求拥有非物质方面的利益，因此也在用某种方式说：'我的国度不属于这个世界。'"在这个定义之中，所谓公众知识分子或是学院分子、记者还是大学教授这样的角色定义失去了意义。爱德华·萨义德在BBC电台的里斯讲座上讲，纯属个人或纯属公众的知识分子都不存在，只要你用文字表达，就意味着进入公众视野。兴趣广泛而优雅的萨义德得出了自由的知识分子定义："知识分子是以代表艺术为业的个人，不管那是演说、写作、教学或上电视。"约瑟夫·康拉德将文学创造比作黑暗中的救援工作，作家将人们从无意识的黑暗状态中拯救出来。而在班达、雅各比与萨义德心目中，知识分子则一直在打破日常生活的平庸与乏味，他们的武器是强烈的好奇心，而敌人则是一切循规蹈矩与面目可憎的重复，他们力图赋予暗淡的现实生活以意义。[105]

众多关于公共知识分子的定义和解释具有一个共同的倾向，即将知识分子当作社会的参与者来考虑，认为他们并不是通过专门知识和专业术语将自己禁闭于象牙塔内的精英。这种倾向有助于我们用超越党派的立场来认识知识分子在"民主"社会中的作用。知识分子应该是公众人物，他们知道自己正在考虑的问题是与社会生活密切相关的。他们之所以思想，是因为他们试图影响那些不是专家的人。但是，这些知识分子又并不具有一种样式的行为模式和思想特点。J. C. 戈德法布认为："我们期望我们的知识分子对世俗成规提出质疑，按照苏格拉底所忠告的那样过着被审视的生活。或许他们是保守派，就像大众社会的现代主义文学批评家那样，或许他们是革新派，就像雅戈比派的重要人物那样，但是他们的信仰和活动绝非平庸凡俗。”[106]

与许多公共知识分子一样，特里林充分认识到了利用杂志传递思想的作用。在《小杂志的功能》（“The Function of the Little Magazine”）一文中，特里林高度评价了《党派评论》等杂志的社会地位。威廉·菲利普斯和菲利普·拉尔夫于1946年编辑出版了《党派评论读本：〈党派评论〉十周年回顾，1933—1944》，特里林的这篇文章最初就是这本书的导言。特里林认为，在当时的美国社会中，受过教育的自由主义者阶层与同时代最优秀的文学思想之间存在着严重的脱节现象。而且，他进一步指出：“这就是说，我们受过教育的阶层所拥有的政治观念和想象力所占据的深层空间之间毫无联系。”[107]在分析造成这种状况的原因时，特里林告诫人们不要轻易地认为当时的作家丧失了影响大众的能力，因为政治、教育等众多复杂因素都值得考虑。[108]

## 5.2. 读者订阅读书俱乐部的工作

作为公共知识分子，特里林活动的一项主要内容包括为“读者订阅读书俱乐部”及其刊物《格里芬》（1959年7月后更名为《世纪中叶》）所进行的编辑工作和撰写的评论文章。特里林通过文学期刊这种形式实现了公共知识分子的社会职责，这种多年的致力精神是难能可贵的。J. C. 戈德法布曾说过：“虽然知识分子把注意力转向公众是很自然的事，但是在现代文明社会中这样做并不容易。知识分子同其读者或听众有着密切交往，正如苏格拉底的实例所显示的那样，取代这种交往的是远程工业技术和后工业技术：大众交通、公共关系事业、大众媒体和文化［产］业。”[109]这些技术的应用虽然扩大了知识分子的活动范围，但是他们与大众之间的交流却缺少了特里林所具备的真实性和真诚性，因为：

> 无线电广播和电视访谈节目的政治评论员与传统的知识分子作家……相比，他们的批判拥有更广泛得多的听众。但是，在这一“民

> 主”进步中，却丢失了某种东西。之所以说新的公众交流方式更“民主”，是因为它们的交流对象更为广泛；而之所以说它们更不“民主”，是因为它们让公众参与得更少，审议得更少，且更容易被人操纵。结果，“民主”国家的人民自治是自治不足，被治过分。[110]

与技术时代里诉诸媒体特性的知识分子不同的是，特里林所选择的公众交流方式是阅读，即本原意义上的、以启发思想为目的的阅读。读者并不需要接受作者的意图和判断，而是受到作者认真、负责、有良知的态度的影响，从而以同样的态度对待事物。这样，即使公众得出的结论与作者的结论相去甚远，这也是一种有益的交流，因为差异性正是民主的重要内容。1951年，特里林、雅克·巴尔赞和W.H.奥登应特里林的学生吉尔曼·克拉夫特（Gilman Kraft）的邀请开始为“读者订阅读书俱乐部”担任编委会工作。他们的职责在于选择书籍和为俱乐部的期刊《格里芬》撰写月刊专栏。各种新兴传媒的出现以及当时社会风气的转变使文学在公众心目中的地位每况愈下。在这种情况下，特里林试图通过读书俱乐部及其刊物来重塑公众的文学品位，在更广泛的层面上实现他对中产阶级的改造理想。他提出了一个大胆、有先见的想法，即在关注文学本身的专业研究和读者的阅读爱好之间建立互通的关系。当解构主义之风从法国传至美国，颠覆了读者与文本之间以及文学与批评之间的历史平衡时，特里林等人所作的努力显得尤为重要，因此由他们三人所撰写的读书俱乐部的文章被视为专业批评家所作的公共文学批评的最后范例。

直到20世纪60年代初，文学批评文章可以粗略地分为两种风格，即正式的和通俗的。前一种主要出自学院派的专家之手，句式复杂，晦涩难懂；而后一种主要出自面向公众的批评家之手，依赖于人们熟悉的日常言语模式和新闻体的轻快节奏。尽管这两种风格在批评重点和句法方面完全不同，但它们依然相信语言的交际能力。随着欧洲大陆的哲学家和符号学家对语言表征能力提出怀疑和否定，学院派的批评话语遇到了前所未有的危机，即文学批评无法获得有效的话语，因此这些批评家转向了理论话语，并且在新批评的理论和实践资源枯竭之后纷纷转向了其他的理论领域，例如结构主义、解构主义、读者反映论、新历史主义、后殖民主义、文化研究、性别研究、同性恋研究等等。公共批评家在媒体和专家的挑战面前逐渐失去了自己的领地，他们赖以生存的期刊杂志也因为经济原因而陆续停刊。当然，一些公共批评家自己也对此负有责任，因为他们无法提出新颖的见解，无法在读者中引起共鸣和反响。

特里林等人在读书俱乐部中的工作是一个例外，他们不仅能为读者选择适当的书籍，而且能用自己的写作来引导受过教育的阶层的道德趋向。当时，巴尔赞、奥登和特里林都已经是享誉文坛的大家，他们的名誉就是质量的保证。从这一点来看，特里林善于运用学院所赋予的权威来行使自己的影响，只不过他没有滥用这种权威。特里林凭借《马修·阿诺德》和《自由的想象》一跃成为美国批评界的重要人物；巴尔赞已写成六本书，包括《柏辽兹与浪漫主义的世纪》；奥登也有相当多的作品，包括《焦虑的时代》等。他们给读者留下的印象是，俱乐部不仅提供其他人也能供应的书籍，也不仅提供学术性极强的标准化批评观点，而且能提供人性化的、可以理解的导读，这一点让读者有一种受到关怀的感觉。

在他们为读书俱乐部写作的十一年里，奥登、巴尔赞和特里林共写有173篇评论和文章，涵盖了诗歌、书信、诗选、历史作品、传记以及关于自然历史、音乐、戏剧、艺术、社会和文明的书籍。

马克·克拉普尼克《莱昂内尔·特里林与文化批评的命运》对特里林的不同批评身份进行了划分，把特里林既列为先锋知识分子——“一位在性情上显得疏离、苦恼、不妥协的对手”，同时也把他列为读书俱乐部的编辑——“一位在生活中显得放松、舒适、安逸的读者”。[111]这一点体现了特里林文化关注的广泛性，以及他在批评风格上的多样性，因为他既是一位文学教授，也是一位作家，更是一位批评家。特里林在读书俱乐部的工作体现了这些角色的有机融合。在为受过教育的大众写作时，特里林写出了自己的感受，而不是作为一个单纯的委员会成员，更不是为了任何一种意识形态的要求而写作。

史蒂文·福克纳在题为《世纪中叶的两位批评家》一文中，比较了特里林与另一位资深批评家艾伦·退特之间的异同，同时提出了一个发人深省的问题："我们为什么要阅读老一辈批评家的文章？"史蒂文·福克纳在答案中提到了两个重要的原因。首先，特里林等批评家具有超前的眼光，早在近半个世纪前就预示了20世纪末批评界所出现的因简单化而导致谬误的现象。特里林和退特所代表的老一辈批评家之所以热爱文学，是因为他们发现了对待文学时应该采取的正确目的性，认为好的文学作品应该是促成细致思考的催化剂，而诗歌和小说则是理解人性的渠道，从而引发人们进行自我检讨，探寻事物的真相。其次，这些老一辈批评家不仅文章有力度，他们的执著态度更加具有启发意义。自从人类全面进入现代社会以来，语言的合法性和效力在20世纪遇到了前所未有的挑战。非理性和直觉颠覆了人类交往的目的和意义，疏远、渺小、凌乱成为先锋派的口号，而特里林等批评家仍坚持人文主义的传统，捍卫语言的尊严、普遍真理的价值以及道德的崇高。20世纪末，在反思后现代思潮的基础上，批评界开始清理泛滥的理论河床，试图重新呈现文学的本来面貌，这一点恰好体现了特里林和退特等人对创作意义和文学的认识功能的重视。在史蒂文·福克纳看来，这两位文论界的老将曾打赢过几场捍卫传统的保卫战，而更多的情形则是，由他们所开始的"遭遇战"变成了后人所进行的文坛"大战"。[112]

### 5.3. 一次流亡者的聚会

特里林为读书俱乐部撰写的主要文章被收录在《一次流亡者的聚会》（1956）中。在以公众为主要参与者的文学对话中，特里林试图向公众揭示文学家和作品背后更大的文化语境，而不是某个作者在某部作品中究竟说了什么，也不是批评界对作家和作品得出的公认看法。例如，在介绍E.M.福斯特为他的姨婆玛丽安妮写过的一部传记时，特里林就力图展示福斯特的真实生活及其对他创作的影响，而不是高高在上的文学巨匠的形象。

福斯特为姨婆给他留下的八千英镑遗产深表感激，因为正是这八千英镑才使福斯特得以专心致力于小说创作，而不需要为生计浪费时间。不过，福斯特专门为这位终身未婚的姨婆书写传记，目的不仅仅是为了表达自己的感激之情。特里林认为福斯特更大的目的在于肯定姨婆的家族——桑顿（Thornton）家族——所代表的英国中产阶级文化。桑顿家族在玛丽安妮出生前已经在金融界立足了近一个世纪。从17世纪开始，这个家族从教会家庭转变为世俗家庭，而且后来的几代人一直都能在生意上赢得利润。玛丽安妮的父亲亨利·桑顿也是一位银行家，在他五十岁去世时，他已经使家族达到了鼎盛时期，他在世时建造的庄园成为了家族事务的中心，而且围绕这座庄园形成了具有代表性的中产阶级文化氛围。特里林分析认为，这里的人具有一种原则，那就是“对人间天堂的希望和期待”。[113]他们不仅笃信宗教，为人善良，而且对其他人的生活处境也能给予同情。福斯特称自己为姨婆撰写的回忆录是一种“家庭传记”，但是特里林提醒我们不要因为这种谦虚的自述而误解作者更深的意图。在特里林看来，“玛丽安妮所代表的延续性的确是‘不随亲属死亡而消亡的家庭生活’，但是在这个方面，家庭生活所代表的已经远远超过了其本身的意义。它代表一种巨大的文化传统——现代英国文化的延续性是一种家庭的连续性”。[114]桑顿这种家族在英国还有许多例证，它们为英国的知识界提供了许多杰出的人物，以致“每一种需要渊博知识的职业——以及某些艺术职业……都拥有许多来自下列家族的后代：麦考利（Macaulay）家族、达尔文家族、赫胥黎家族、阿诺德家族、康尼贝尔（Conybeare）家族，以及其他相似的家族”。[115]

这种现象在美国是人们所无法理解的，因为当时很少有美国家族能在知识领域建立自己的延续性。在这种为社会输送知识人才的家庭里，福音教派的教义起到了重大的影响作用。特里林引用了诺艾尔·安南（Noel Annan）的话总结了这种带有浓厚宗教色彩的文化：

> 这里有一种奉献的精神，一种带着目的去生活的精神，人们在自己良知的注视下工作——如果不是在监工的注视下工作的话。福音教派非常注重个人的良知。这里还有一种使命感，即改善闪光的人生以及上帝号召人类去从事的职业。这种文化还对上帝赋予人类的才能表示负责的态度。而且这些人还有义务使自己远离具有高尚品质的人所排斥的虚荣世界，因为高尚的人满足于在自己的“葡萄园”里劳作，这里生长着具有永恒意义的事物——那就是知识的领域，这里的结果是实质性的，而不是转瞬即逝的。[116]

同时，这个阶层还具有自己的自豪感，因此它既能与奢华的贵族保持距离，又能保持崇高的个人价值。特里林认为这种“文化—家族的连续性”才是福斯特在玛丽安妮·桑顿的传记中要表达的主要内容。

在《格雷夫斯漫谈》一文中，特里林纠正了普通读者对所谓名家的迷信。当时，美国有许多人认为，文学价值仅仅存在于那些被学院派批评家认定为经典的作品中。因此，读者的阅读面非常狭窄，无法形成多元的欣赏品位，往往人云亦云，趋向于同一性的文学观点。特里林发现了这种现象的不足之处，指出文学的价值不是绝对的，每个人都可以根据自己的情况发现最适合自己的文学家和文学作品，这才是一种动态的、有生命力的文学价值。

罗伯特·格雷夫斯是20世纪20年代早期的“战争诗人”。格雷夫斯虽然写下了大量的散文作品，但这些作品都无法超越他在诗歌方面取得的成就，也无法使他在散文方面成为杰出的作家。在分析格雷夫斯的散文体创作时，特里林指出，格雷夫斯的严肃性“总是被一种有意识的疏忽所减弱和缓和”，因此尽管格雷夫斯的主题非常有深度，可以与叶芝、D.H.劳伦斯等人相提并论，但他觉得自己的创作方法是有关“才能”（talent）的方法，而不是有关“天赋”（genius）的方法。[117]作为一位“次要人物当中的一流散文作家”，格雷夫斯在文坛上的地位体现了一种典型的英国式文化现象。在英国，人们可以对那些并不能在读书杂志上荣登榜首的作家情有独钟，甚至是游记作家、自传作家；而在美国的知识分子当中，他们只接受所谓的“最佳”作家，因此作家必须成为文化媒体所公认的“伟大”作家，否则他就一无是处。显然，特里林又一次以英国文化作为榜样来在美国发展文化的多样性，这一点与他一贯的亲英作风是一致的。

在有关作者与读者的关系方面，特里林对格雷夫斯的独到见解十分感兴趣。格雷夫斯承认：“……我为诗人创作诗歌，为智者创作讽刺和怪异作品。对普通大众，我创作散文，而且尽管他们对我在其他方面的作为一无所知，我也感到很满意。为诗人以外的人创作诗歌是浪费的行为。”[118]在创作主题方面，格雷夫斯“对属于温和地带的古老情感充满激情——他的冲动都是根本无法抑制的。他对愉悦、爱情、性、男性气概、女性气质、行动、休息等都充满激情；他对自我的完整充满激情——而且对文明充满激情”。[119]在这一点上，特里林指出格雷夫斯与e.e.卡明斯具有相似之处，即他们都继承了贺拉斯和蒙田的传统：“他们通过接受寻常人性的特殊方式而使人性变得不寻常了。”[120]这种思想体现了福斯特对特里林的影响，即文学应该反映人的真实属性，作家应该意识到人既非野兽，也非天使，而是善—恶的结合体，正如一枚钱币的两面，既是相对的两方面，又构成了不可分割的整体。

特里林非常欣赏埃德蒙·威尔逊对社会和文学之间关系的处理方法。这种方法也正是他试图向受过教育的公众传达的方法。在特里林看来，“文学生活除了可能提供良好的愉悦性而外，它还是文明所不可或缺的事物。……在美国，人们总是很难相信真正存在这种［文学］生活，……但是，威尔逊使这种生活变成了现实，而且变成了一种非常有吸引力的现实”。[121]

作为关注文学和社会互动关系的老一辈知识分子，威尔逊曾对特里林有关阿诺德的研究给予充分的支持和鼓励，对此特里林感激不已。特里林说：“［这种鼓励］对我所产生的解放性效果是怎么估计都不为过的。我突然产生了一种感觉，即我不必再设想自己正在从事一项可耻的学术苦役，而且我也不需要在工作时带有那种令人丧气的想法，即我正在‘逃避’真实而悲惨的现在，躲进不真实的、舒适的过去。”[122]威尔逊注重文学研究的社会语境的态度集中体现在他的《灯的海岸》（*The Shores of Light*）一书中。该书的副标题是“二三十年代文学编年史”。这本书全面而深刻地描摹了美国20世纪初期的文学思想发展过程，对此特里林给出了极高的评价：“没有一部学术性历史著作能像威尔逊的著作那样使我们对下列问题产生更简单而直接的理解：人文主义的论辩、对待通俗艺术的态度、范·怀克·布鲁克斯早期教条主义式的民族主义，以及1929年以后有关文学与政治关系的观念。”[123]

在评价威尔逊批评价值的同时，特里林还高度评价了《新共和》杂志在二三十年代所起的作用。《灯的海岸》一书的九十篇文章中有七十三篇曾在《新共和》杂志上发表过。威尔逊曾担任过该杂志的文学编辑。《新共和》的可贵之处在于能用可以被知识阶层普遍接受的方式来将政治和文学联系在一起，即政治和文学以自然的方式共存在一种充满活力的相互关联状态中。和威尔逊一样，特里林善于用知识阶层能普遍接受的话语来介绍复杂的思想。从40年代开始，弗洛伊德的文明观就成为了特里林重要的理论支柱。《精神分析纲要》是弗洛伊德晚年对自己所创建的精神分析学所进行的总结，澄清了他人对他的错误接受，也纠正了自己早期有关意识和无意识的一些论断。特里林认为这本书突破了弗洛伊德的思想发展历程，因为“在这个时刻［1938年］，弗洛伊德似乎正着手进行有关道德的思考和文化概论的著述”。[124]这本貌似艰深的著作往往会令非专业读者望而生畏，但是特里林却从思考的美学角度出发，揭示了这部作品的独特魅力。他指出，如果将该书当作作者的知识遗嘱来阅读，那么这种阅读过程则会成为一种“伟大的知识、道德甚至美学经历”。[125]弗洛伊德将人类视为受到自身属性决定和限制的存在——这种属性包括他的生物性遗传（存在于本我中）和他的漫长文化历史（存在于超我中）。他相信社会中的人永远都将受到或多或少的痛苦压力的制约，而且所谓的神经症只是这种压力在量化方面的变体而已。在特里林看来，弗洛伊德发现了人类生活的两种原则：现实原则和愉悦原则。弗洛伊德承认“现实原则”和“愉悦原则”的对立，但是他发现现实原则也有它自己的愉悦要求，也许“这种要求存在于道德生活中，而且存在于知识与艺术之中。这就是为什么阅读《精神分析纲要》是一种美学经历”。[126]

## 6 矛盾性与局限性

特里林的核心批评思想是尊重并发现文学和人类生活的复杂性和多样性。但是，在他的批评实践中也存在一些矛盾的问题，例如他试图保存并发挥各种批评方法（包括新批评）的合理性内容，但他极少运用新批评方法来写重要的批评文章。造成这种理论主张与理论实践之间的差异的原因在于特里林的知识传统和他的批评风度。阿诺德、福斯特、（后期著作中的）弗洛伊德等人对文化语境的注重影响了特里林的批评重心。特里林一方面试图维持各种不同思想之间的中间地带，但他又显得对某些因素尤为在意，例如道德、个体、风度、政治。

在特里林批评生涯的早期，他就在《马修·阿诺德》一书中呈现出了文化批评的倾向性。他为了展现阿诺德所处的文化语境，在自己的研究中包含了大量的背景知识。埃德蒙·威尔逊曾认为特里林在《马修·阿诺德》一书中容纳了太多的内容。W.S. 尼科尔博科认为《阿诺德》一书甚至可以被分为三本书：(1)有关阿诺德思想的传记；(2)各种各样的插入部分——有关那些对阿诺德产生过影响的伟大思想家：维柯、斯宾诺莎、圣保罗、歌德、柏拉图以及康德;(3)特里林本人对目前困境所提出的解决方案，以及他对马修·阿诺德的缺陷所进行的修正。①

在《马修·阿诺德》第二版的序言中，特里林赞同一些批评家对他初版的批评意见。这些人认为特里林对阿诺德诗歌的美学并没有给予足够的重视。显而易见，在论诗歌的一章，即"神话的诞生"（"The Making of Myths"）中，特里林所关注的是观念，而非美学。特里林很少提到节奏、意象、音步、形式、隐喻等方面。相反，他经常提及卡利尔、密尔、科勒律治、康德、斯宾诺莎、费希特、柏克、戈德温以及其他人的哲学观念。下面这句话具有深刻的意义："阿诺德以恩培多克勒②的方式所代表的孤独在他时代所承受的重负中占据了不小的比例。"[127] 这样的一个主题句显然表明作者的讨论将集中在文化内容和政治方面，而非形式和诗体学方面。当特里林说，"与阿诺德那些描写情爱的诗歌相比，并非所有那些更具明显哲学意义的诗歌都能为我们提供同样清晰的洞察力，以便我们能看清他对宇宙和社会所产生的感情"[128]，这说明即便是在情诗方面，特里林的分析也更注重对它们的社会观点进行讨论，而非针对它们的美学价值。特里林承认自己弱化了美学方面，但是这一点并不说明他对此表示后悔，因为在他后来的学术生涯中，他从未进行过大范围的美学分析。与诗歌相比，散文更让他感到舒适，而且尽管他有能力进行敏感的细读法研究，他仍然把对艺术技巧的研究主要当作一种手段，以便表达观念或表达那些可以被转换为观念的情感和态度。

和《马修·阿诺德》相似的情形是，《E.M.福斯特》的读者也抱怨本

① 参见Knickerbocker, *Review of Matthew Arnold*, p.443。 转引自Tanner，p.34。

② 希腊哲学家，他认为所有物质都是由元素微粒组成，即火、水、土和空气，所有的变化都是运动所引起的。

书的美学判断太少。唐纳德·戴奇斯在赞扬这本书的优点之后，提出特里林“经常过于满足于提取、解释和批评小说所传达的‘信息’，并让这些批评行为的结果作为文学判断而存在”。[129]E.B.格林伍德批评特里林从未从文学批评的角度出发去讨论福斯特：“他［特里林］从头至尾都是一位观念批评家。”[130]特里林曾分析过福斯特的不足之处，实际上这种不足也体现在特里林本人的批评思想中。福斯特批评方法中的不足在于，尽管他能提出“非常简单、充分而正确的观点，但是这种观点没有得到合适的阐述，甚至没有得到全面的陈述”。[131]特里林指出，在《小说面面观》（*Aspects of the Novel*）中，福斯特给出了许多错误的判断，这并不是因为这些判断采取了错误的路线，而是因为它们没有在正确的道路上坚持足够远的距离：它们没有足够地接近它们的研究对象。[132]这种缺陷同样也出现在特里林的一些批评文章中，例如他提出了道德和政治作为解决文学现状的出路，但是他不能令所有人满意，因为他本应该就所讨论的主题进行更多的论述，以便让人们产生更直观的认识。不过，从另一个角度理解，这也许正是特里林的批评特色：要保持某种概念的多种可能性，就必须保持它的含混性。

在小说发展走向的问题上，特里林也体现了多样性与偏好性之间的矛盾。特里林十分关注小说，尤其是使人们的思维能与社会发生联系的小说。在这种关注中，他的保守主义表现得十分明显。他的文章充满了具有怀旧色彩的、对19世纪的回顾性思考，因为那时的小说家敢于对待观念，而且受过教育的阶层对文学中的经典作品给予了认真的注意。“在19世纪，无论是在美国还是在欧洲，文学是所有思维活动的基础。”[133]特里林渴望这种情形的出现，而且在他的批评思想中有一种主要的动机，那就是试图通过显示文学观念对现代文化所产生的影响来在某种程度上恢复这种情形。他相信，小说中严肃观念的消失是我们文化中普遍的智性衰败的征状。但是，正如许多人所认为的那样，特里林的信念是一种19世纪的小说观念，缺乏能适应当今小说潮流复杂而多样的特征的广度和灵活性。特里林给出了这样的预言："未来几十年的小说将以一种十分明确的方式来对待观念"[134]，这种说法表明了他的保守主义愿望，但是事实上，这种预言并不符合50年代以后小说的发展轨迹，例如黑色幽默、新小说以及后来更多的实验性创作手法。

特里林在对待新批评的态度上显得有些矫枉过正。他指出了新批评的局限性，即过分注重对文本的细读法研究，但是他在自己的批评实践中并没有全面采纳新批评的合理性成分。特里林关注思维，将社会现实当作文学成就最丰富的来源，而且他强调小说的作用，这一切需要他付出代价。他从未出色地讨论过诗歌，他能做的只是在一定程度上将诗歌的表现引入观念的领域。特里林能就济慈、华兹华斯和阿诺德等诗人的道德意义写出具有洞察力的文章，但是他对这些诗人的美学成就则没有多大兴趣。济慈的例子具有典型性：吸引特里林的是济慈的书信和性格，而不是他的诗歌；是作为思想家的济慈，而不是作为歌者的济慈："如果济慈不是一个充满观念的人，那么他就什么也不是。"[135]特里林向阿伦·金斯伯格坦承过自己对散文体的偏爱，承认他与现代诗歌之间的关系"在很大程度上是学术性的，而且是义务性的"。在另一封写给阿伦·金斯伯格的信中，特里林承认自己在不得不讨论诗歌时，感到"不确定和退却心理"。①

特里林在追求超越文化的同时，又受到文化环境的限制。他试图保存传统文化环境和当代批评理论中的有益因素，但是又难以在实践中做到两者的真正交融。这一点的确是特里林思想中的矛盾之处，但是任何批评家都不可能是完美无缺的。特里林的主要局限性并不体现在他的批评思想上，而是体现在他的批评风度上。因此，他的风度既是他的强项，又构成了他的一大弱点。当然，我们不能绝对地理解特里林的矛盾和缺陷。因为，任何一位批评家的思想都要经历发展、成熟甚至倒退的过程。特里林批评思想的一个特点就在于对体系的怀疑。如果从总体上

① 参见Trilling to Ginsberg, 20 October 1950, 14 September 1948, Trilling Papers。

来把握，他的矛盾性恰恰体现了这种怀疑态度，而且能反映他有别于那些醉心理论建构的批评家的特点。特里林在论述弗洛伊德的理论时，曾认为重要思想家给人们的启示并不完全局限在他的观念中，有时即便后来的研究证明了他的观点是错误的，但他的研究方法和态度更值得人们纪念。实际上，这一点也适用于特里林本人的影响和价值。

## 特里林文化批评的方法论特点

## ❶ 超越文化：文化之上

"超越文化"一词取自特里林出版于1965年的重要文集：《超越文化》（*Beyond Culture*）。特里林在整个批评生涯中都对个体与文化的关系表示了极大的关注。在特里林眼中，个体不应该沦为文化的奴隶，相反个体也不应该与文化永远保持对立关系。在他的文化批评思想中，一个重要的概念就是发现个体如何超越文化，并最终以新的姿态回归文化。这一点也体现在他对新批评的看法上。新批评家在某种程度上类似于对文化持反对态度的个体，他们试图通过对文本的关注来超越社会的压制，摆脱处于价值体系崩溃状态下的意识形态的虚伪约束。但是，他们的局限性在于放弃了个体相对文化的主体性，忽视了文学想象力对文化的能动作用。特里林在超越文化的基础上再次回归文化，这种方法更具有积极的意义，有助于个体与文化形成动态的和谐状态。

特里林认为批评在本质上应该是道德的，这一点不可避免地使他对文化和风度表示关注，因为这两者正是道德态度和价值观的社会体现。特里林眼中的文化并不在于伟大而善意的观念或话语，它在于社会价值观和行为。他在《诚与真》一书中给出了有关文化的现代观念的最为完整的定义："一种由相互作用的设想、思维模式、习惯以及风格等构成的单一综合体，这些成分通过隐秘和公开的方式与一个社会的实际组织联系在一起，而且因为这些成分不为意识所知晓，所以它们对人们思维所施加的影响不会遭到抵抗。"[1]对特里林而言，文化是"文学与社会行为以及态度交汇的地方”。结果，他认为“任何具有伟大思想的批评家迟早都会涉及到社会问题”。[2]

在《利维斯—斯诺之争》（“The Leavis-Snow Controversy”）一文中，特里林全面而深刻地剖析了文学批评与单纯的科学思想之间的关系。到20世纪40年代，自从马修·阿诺德来美国进行著名的讲学旅行以来，已经过去了将近八十年。在他当时的三次演讲中，“文学与科学”是最令人难忘的演讲，但它也曾令美国听众感到某种不快。1883年的美国根本没有这样一种信仰，即现代时期的正确教育必须主要包含科学和技术教育，而当阿诺德引述这种思想（他当然是反对这种思想的）的支持者时，他仅仅提到了英国支持者。但是他的听众肯定知道，阿诺德在警告他们，应该“避免那种工业民主社会似乎自然而然就形成的思想，那就是为了单纯实用的学习和贬低‘贵族’教育的价值”。[3]

阿诺德于1882年就在剑桥大学写成了“里德演讲”，即后来的《文学与科学》一文。该文最初出现时的情形对几十年后的美国仍具有特殊的意义，因为C.P.斯诺的演讲“两种文化与科学革命”就是里德演讲在1959年的翻版，而斯诺的演讲在英国激起了一场风暴。斯诺没有提及演讲史上的一位伟大先行者，尽管他自己的话语的确就是在讨论阿诺德的议题，他采取的路线恰好是反对阿诺德的路线。相反，F.R.利维斯对阿诺德的崇拜是众所周知的，在关于文学和科学在教育中的相对重要性的问题上，他和阿诺德的立场基本相似。但是他也没有提到阿诺德。在里士满演讲（“C.P.斯诺的意义”）中，他发动了一场异常激烈的攻击来反对《两种文化》一文所代表的学说和作者本人。

特里林认为，自从阿诺德演讲以来，双方辩论的议题没有发生根本性的变化。阿诺德的主要对手是T.H.赫胥黎——他在题为“文化与教育”的演讲中说，文学应该，而且不可避免地会走下教育中的主导地位，科学（而非“文化”）必须提供知识，这对一个致力于理性真理和物质实用性的时代而言是必须的。更重要的是，赫胥黎说，科学将为现代伦理学的假设提供基础。实际上，斯诺的演讲只是换汤不换药。[4]

利维斯对待斯诺的语气是一种恶劣的语气，一种不为人许可的语气。它的恶劣之处在于个人风度方面，因为它很残酷——它以公开的方式试图造成对他人的伤害。在才学方面它也是恶劣的，因为利维斯使用这种语气改变了人们的注意力，也包括他本人的注意力，使人们不再关注他试图说明的问题。《两种文化》的主旨是暂时的，而利维斯通过考虑其他的一些问题从而模糊了该文的重大意义，这些问题包括“斯诺作为小说家的能力，他的俱乐部会员资格，他关于自己才能的观点，他的世俗成就，以及他和世俗权力之间的关系”。[5]

对利维斯而言，文学是马修·阿诺德所定义的文学，它是“对生活的批评”（the criticism of life）——他无法以其他方法来理解文学。在这种论断的简单性和隐藏的复杂性中，利维斯把阿诺德的话变成了他自己的话，他正是从这句话中得到了力量。《两种文化》一文开始时给出了一个客观的陈述，即认为在科学家和文学家之间缺乏交流。人们肯定能经常观察到这种状况，并为之感到惋惜。[6]斯诺开始时对两种“文化”之间的分裂表示了一种公正的态度，但是这种态度并没有持续多久。当斯诺继续往下讲的时候，很清楚的一点是，尽管科学家的确有某些粗陋行为和局限性，但是他们总体而言站在了事物的正确方面，而文学家则站在了错误的方面。斯诺告诉我们：

> 文学家最有可能陷入这种道德陷阱，而科学家是最不可能陷入的；科学家“容易等不及地要寻找能做的事情：容易认为任何事情都是可以做到的，直到他们证明这样是行不通的”。他们的精神是“坚强、善良、下定决心和同胞并肩作战”，正是这种精神才“使科学家认为另一种文化（文学）的社会态度是可鄙的”。[7]

在特里林看来，斯诺的确说过，科学家需要“接受的训练不仅包括科学方面，而且包括人文方面”，但是他没有说如何训练。科学家——人们最终会怀疑，他们是真正的科学家，还是高级技术人员或工程师——将要在人类事务中起到决定性的作用，但是查尔斯爵士没有提到假如是这样的话，科学家将会面对困难和困惑，也没有提到他们的教育应该包括文献知识的学习。[8]因此，特里林认为《两种文化》是一本在很大程度上有谬误的书。同时，特里林发现利维斯对它的批评也是失败的，因为他没有致力于全面发现该书的错误，相反，他致力于讨论一些外在的问题。简而言之，利维斯在对待“里德演讲”的时候没有发现对象的真实面貌，他就像斯诺一样，后者在处理与政治有关联的文学文化时，也没有发现对象的真实面貌。

特里林指出，“如果我们要着手发现一个原因来说明利维斯博士的不足之处，我们将发现，这个原因正是导致斯诺首先全面犯错的原因——两个人都把**文化**一词当作一种思想范畴，并给予过高的评价”。特里林对文化的理解是：

> 文化的概念是一个非常具有吸引力的思想，具有毫无疑问的有用性。我们可以说，它开始于这样一种假设，即所有的人类表达或工艺品都体现了社会群体或亚群体生活中的某种倾向，而且具备体现功能的东西也具备引发功能——所有的文化事实都有它们的结果。用文化的方式来思考就是去考虑人类的表达，这种表达不仅在于他们公开的存在和坦白的意图之中，而且实际上也在于他们秘密的生活之中，只要我们意识到在开放的程式背后的欲望和冲动，我们就能发现这一点。当我们用文化范畴来思考时，在我们作出的判断中，我们在很大程度上都依赖于一种表达所采取的风格，因为我们相信风格可以表明，或泄露出人们不想表达的东西。美学模式是文化思想的组成部分，我们对社会群体的判断可能也主要是建立在美学基础之上的——我们喜欢或不喜欢我们所谓的他们的生活方式，即便当我们判断道德的时候，

我们在选择两种道德（例如同等的严格或同等的松散）时所依据的标准也可能是美学标准。[9]

里德演讲和里士满演讲提供了一种例证，可以说明文化的思想能被用来动摇关于阶级的旧的确定性，并用来在品位的基础上构想新的社会群体。

从这种思想出发，特里林对文化的超越主要体现在三个层面上：文化之上——关注超越地缘和族裔意义的多元文化；文化之中——关注同一文化内部的不同时空；文化之下——关注个体的意识和无意识层面。最终，特里林通过树立自己的文化英雄来表达有关个体与文化之间和谐关系的观点，从而实现了对文化的回归。

在具体的批评实践中，特里林的批评重心旨在改善美国中产阶级，使之发挥自由主义应有的社会作用，其中一个重要的内容就是帮助人们理解个体与文化之间的恰当关系。但是他并不将视野局限在特定时刻、特定地点的有限文化语境中。特里林善于考察不同的文化背景，用多元文化来超越相对单一的文化，并从中找到自己需要的思想和风度。特里林经常从美国文化背景出发去研究犹太文学以及英国和其他欧洲国家的文学，注重不同接受者的接受环境，这一点也体现了后来的接受美学对读者接受环境的重视。

特里林在早期从犹太性的问题中跳出来，以英国的阿诺德和福斯特为切入点，扩大自己的研究范围，这个转变已经显示了他对犹太文化这种相对单一的文化环境进行了超越。起初，他于20年代为《犹太烛台杂志》从事犹太小说研究工作。在犹太同行都在证明“积极的犹太性”时，特里林已经意识到自己应该在犹太小说中发现了犹太人如何分化为若干社会阶层，并进一步认识到整个社会是如何分化的。因此，特里林的研究重心得以从犹太社会转移到更大的文化领域来。因此，特里林在该杂志的工作经历使他进一步融入了美国文化。

在《另一部犹太问题小说》一文中，特里林分析了犹太作家弥尔顿·瓦尔德曼的小说《失去继承权的人》（*The Disinherited*）。这部小说描写了犹太后裔瓦尔特·麦克尔逊（Walter Michaelson）探寻犹太身份及其意义的过程。麦克尔逊是美国中西部城市里的律师，娶了一位金发碧眼的白人基督徒妻子，而且他的业务搭档也是一位非犹太裔白人，因此他颇为自如地生活在非犹太人的圈子中。但是随后发生的一系列事件使他不由自主地卷入了关于犹太身份的纷争中，其中包括教育体制的变化、犹太学者的来访以及他所接手的一件有关犹太妇女的离婚案。他的政治生涯和婚姻生活都受到了冲击，而且他也不赞同当地犹太社会的种族主张，因此他只身前往犹太教圣地耶路撒冷去追寻真谛。特里林认为这种主题是许多作家在反映犹太生存处境时经常使用的一个主题，对此他总结了下列的程式："一个男人，通常是在白人基督徒世界里具有一定的重要地位的男人，他要么不知道，要么不在乎自己是一个犹太人。一些情况促使他对此有所认识或开始在意；他是一个犹太人，这个事实变得重要起来；他经常因此而在物质方面遭受损失；一旦他对此有所意识，他几乎总是能立即进入一种完全的精神与智性的成熟境界。"[10] 特里林指出，这部小说的作者在创作上是失败的，他的失败之处超出了单纯技巧的范畴，因为现代犹太小说身陷其中的传统和限制扼杀了这部小说所有的趣味性和重要性。往往在这类小说中，犹太裔主人公会产生一种突然的醒悟，这一点类似于基督教传统中具有神秘色彩的皈依行为。然而，"尽管犹太人信仰犹太教义的过程也许的确具有基督教皈依的那种神秘性，但是这种经历确实与寻常生活具有更紧密的联系，因此这种经历更具多样性，也更加危险。结果，这种主题的表现手法必须迥异于目前所使用的那种描写虔诚的俗家圣徒传说的手法"。[11]如果犹太小说的局限性不能得到消除，那么这种主题也无法真正产生伟大的作品。特里林为此提出了自己的建议，要打破现代犹太小说的限制，作家就必须"超越犹太问题本身"，这样才能"阐明这个问题"，而且"只有当犹太问题被包括进丰富的生活范围之内……作家才能创作出优秀的犹太小说，而且犹太问题才能获得某种解释”。[12]

美国一些犹太知识分子曾出版过一些专著来探讨历史上的文学作品所表现的犹太人形象，指出其中存在着大量扭曲和歧视犹太人的现象。特里林认为：

> 这些知识分子的工作都有一个基本的假设作为基础，而不幸的是，这种假设是错误的。他们似乎提出这样的想法，即那些描写犹太人的作家的确具有按照现实主义原则来处理犹太形象的意图，无论是把犹太人当作个人还是一个种族，而他们的尝试失败了，其原因在于无知和怨恨。[13]

其实，在文学作品中，犹太人历来就没有被当作现实主义的对象来描写，犹太从来就只是被当作一种“类型”来处理，例如“小说中的犹太人总是一种抽象、一种象征、一种种族的固定模式”，而创作这些形象的人向来都是更多地为了自己的政治或经济利益以及个人的情感需要来进行创作，几乎从不考虑犹太人真正的性格和特征。因此，特里林总结出这样一个规律，即“简而言之，英语小说中的犹太人是一种神话”。在英语小说中，犹太人的形象具有某种共同的特征，他是“一个异邦人，在他身上贮存并体现了所有位于既定的美好秩序之外的事物。他起到了具有神话意义的替罪羊的社会功能，而整个社会的罪恶都被束缚在犹太人的身上”。[14]

特里林分别分析了从乔叟到乔治·艾略特的不同时期里英语文学对犹太人的不同表现形式，即“神话的变体”。在《坎特布雷故事集》中有一篇关于谋杀儿童的犹太人的故事：《普赖尔雷斯故事》，另外同时期还有一首名为《犹太人的女儿》的民谣，这些故事代表了当时文学创作对犹太神话采取的态度：“犹太人是积极的反基督分子”，而且犹太人的心灵是“撒旦的居所”。“对14和15世纪的奇迹剧作家而言，当时有两种犹太人——《旧约》中的犹太人和《新约》中的犹太人。前者，特别是长老和国王，在文学处理中获得了正统的尊重和崇敬；后者则得到憎恶和鄙视：犹大就是福音书中的犹太人类型。”“当世界从中世纪的神学统治进入伊丽莎白时代的商业世界时，犹太神话相应地也从神学世界进入了商业世界。犹太人不再是乔叟作品和民谣中按照深不可测的纯粹邪恶动机行事的反基督分子。现在他是诡计多端的商人，是高利贷放债者，行事动机是赢利。”[15]犹大已经不再能满足伊丽莎白时代对坏人的憎恶之情，于是文学作品中出现了一个代表性的犹太形象：马基雅弗利①。马基雅弗利成为了政治阴谋家和所有阴险恶棍的原型，在他身上聚集了人类可能想象的所有罪恶，他不仅憎恶基督，而且热爱钱财，他的特别之处在于他的计谋和才智。相似的犹太形象还有马洛的剧作《马耳他的犹太人》中的主角巴拉巴斯以及莎士比亚的《威尼斯商人》中的夏洛克。随着清教主义的兴起，伊丽莎白时代对幻想和夸张表现的偏好逐渐消失，而犹太人也因为种族迫害而人口急剧减少，因此到了16世纪末，作为一个曾经重要的形象，犹太人已经彻底退出了文学的舞台。直到浪漫主义时期，犹太人才作为确定的神话重新出现。浪漫主义具有两种不同的倾向，一种是表现过去的、神秘的、阴暗的事物，另一种是表现简单而善良的事物，而有关犹太人的神话也“与这种两分状态保持平行发展”。[16]对前者而言，犹太人代表异邦的神秘力量；对后者而言，犹太人是痛苦的、不幸的、被放逐的人。恐怖浪漫主义（其主要代表文类是哥特小说）代表作家贺拉斯·沃尔浦尔（Horace Walpole）② 在《奥特兰托城堡》中刻画的“漫游的犹太人”（Wandering Jew）成为了当时的典型犹太形象：他虽然具有马基雅弗利的魔力和罪恶，但他是悔改的、行善的。

① Niccolo Machiavelli (1469—1527)，意大利政治家和历史学家。

② 英国作家、历史学家 (1717—1797)，其通信信件与自传为了解他的时代提供了宝贵资料。他的《奥特兰托城堡》(1764) 被认为是用英语写成的第一部哥特式小说。

19世纪20年代以后，恐怖小说开始衰败，历史小说逐渐成熟。经过略微改变的“漫游的犹太人”轻松融入了新的小说形式，这时的犹太形象依然具有英雄气概和力量，但是他已经失去了过去的超自然特征。然而，浪漫主义的改造并没有改变犹太神话的本质，犹太人依然是“永远的漫游者，一种构成威胁的、浮夸的人物，以黑暗属性引人注意的人物，他具有英雄般的地位，为人骄傲，但却是一位被放逐的人”。[17]后来，现实主义创作开始需要以平常人姿态出现的犹太形象，而这种尝试首先出现在喜剧作品中。这时，犹太人开始以愚人的形象出现在舞台上，形成了与“绅士”对立的另一种身份，特里林认为这种新的神话标志着现代意义上的“反犹主义”的初次出现。

这种所谓的“现实主义”处理方式实际上只是对普遍的犹太神话进行重新演绎，以便适合新的社会目的。即便是那些打着为犹太人正名为幌子出现的“反神话”也只不过是在传统的犹太神话基础上进行简单的逆向处理，例如强调“卑下”的犹太人的善良，否认“有能力”的犹太人的罪名。特里林指出，即便是狄更斯这样的现实主义大师，在《我们共同的朋友》等小说中对犹太人进行反神话处理时，也没有取得应有的效果。在处理犹太问题过程中取得显著成就的作家为数很少，其中包括迪斯雷利，因为“在这里我们第一次发现犹太人自己在创造犹太神话”，以及乔治·艾略特，这位女作家改变了犹太神话的固定模式，她“最先开始处理同化的问题，并且在英国人尚未思考犹太复国主义的时候就开始围绕这个主题进行写作，即使当时这只是一种空想的概念”。[18]特里林提出了一个问题：“对这样一个公认的、纯粹属于神话意义的材料进行解释具有何种重要性？”这种重要意义对“历史学家、心理学家、社会学家以及政治思想家而言是显而易见的”，但是对犹太文学人士而言，它具有特殊的重要性，因为“当他着手进行有关自我的写作时，他无法摆脱犹太神话。其中某个神话已经变成了作家的双重身份之一，在我们所认为的真实作家身边如影随形。而每一部犹太小说呈现给批评性读者——以及严肃的作者——的任务就在于解开神秘事物与真实事物之间的纠缠。这项任务是艰巨的，因为在神秘事物中当然通常都会存在一些真实事物”。[19]

这种真实的事物就是特里林在更广泛的文化层面上发现的犹太性的真正含义。一方面，对犹太性的片面理解阻止了一些作家作出真正有深度的思考，因此也无法摆脱犹太传统和反犹太传统造成的俗套。另一方面，人们也必须意识到，犹太文化中也有相当有价值的内容可以帮助人们正确思考个体与文明之间存在的诸多问题。1950年4月21日至22日，美国康奈尔大学和普林斯顿大学举行了纪念华兹华斯去世一百周年的活动。之后，特里林写了《华兹华斯与犹太拉比》一文，分析了华兹华斯与犹太拉比之间的相似之处，并进一步发掘了华兹华斯在文学史上的地位。在评价一位诗人是否具有显著的宗教色彩时，特里林认为，“我们并非暗示在他的身上具备完全的、正统的或明显的宗教教条，我们只是发现他的非宗教表述具有明确的宗教印记。如果一种宗教在其各个方面具有多重内容并在时间上有很长的跨度，那么在与宗教相关的诗人身上发现的印记就将会是多种多样的”。[20]由此出发，特里林认为华兹华斯与宗教有着不可分割的联系。

此外，特里林还提出了一个大胆的假设：致使现代读者无法接受华兹华斯的诗人素质实际上是一种犹太教素质。特里林从小就接触了犹太教的经典教义，即犹太长老们的语录。这部语录并非系统的宗教教义，它只是集合了一些格言警句和沉思录，意图在于赞扬治学的生活，并对如何治学给予了一些建议。特里林认为这部语录有助于他发现华兹华斯与犹太拉比之间的契合之处。当然，这种契合并非简单的雷同，相反，它是一种更深意义上的、相似的哲学态度，即“拉比对自然世界表达一种怀疑态度，其极端程度等于华兹华斯对学识的怀疑程度”。因此，他们两者之间最大的不同点恰恰是他们最大的相似点，即“拉比们所理解的法则（Law）与华兹华斯所理解的自然（Nature）构成了一种意义重大的相似性”。[21]

特里林认为西方文化中有一种强烈的倾向，那就是对意识和行动以及对活动与力量的重视。这种文化体现出某种形式的进攻性行动，这种行动要么指向人的外部世界，要么指向人的内部世界。相反，拉比的语录和华兹华斯的诗歌都强调一种充满精神平和的人生观。在对人的存在（to be）（而非生活［to live］）所进行的关注方面，华兹华斯表明了与众不同的观念。艾略特等作家的作品中存在着某种崇尚暴力和死亡的倾向，华兹华斯的诗歌却试图让读者认识到存在的愉悦。华兹华斯这种温和而宁静的风格与现代的欣赏品位形成了冲突，但即便是在非常具有实验性的作家身上，例如詹姆斯·乔伊斯，也存在着与华兹华斯类似的哲学影响。特里林认为，小说《尤利西斯》的一个特殊之处就在于有关邪恶的内容在其中扮演了非常次要的角色。小说的主人公布鲁姆具有华兹华斯式的人生观，即对生活并不抱有野心勃勃的计划，这一点与拉比语录中有关“非好斗性格”的论述也是一致的。特里林进一步在现代文学中找出了更多具有这种谦卑品质的人物形象：劳伦斯笔下的简单人物或具有原始本性的人物、德莱塞笔下的珍妮姑娘和格里菲斯太太、海明威笔下的餐馆侍者、福克纳笔下的黑人以及白痴男孩。[22]

正是因为特里林的批评视野超越了犹太性的局限，他才得以接触并吸收西方整体文化的有益影响。他的眼界没有受到意识形态和种族意识的制约，覆盖了从古罗马到苏联的广阔范围。特里林十分欣赏古罗马官员和历史学家普布留斯·科内利乌斯·塔西佗的历史观和道德观。塔西佗的两部伟大著作，《历史》（*Histories*）和《编年史》（*Annals*），记述了从奥古斯都之死（公元14年）到多米西安之死（公元96年）期间的历史。许多人都认为塔西佗是一位充满悲剧色彩的作家，因为他对衰落的罗马共和国表示了由衷的哀叹和惋惜。特里林在这种观点之上进一步提出了塔西佗的伟大之处，即“他从来不曾，也从来不希望，将自己的绝望之情强加给他的读者”。[23]塔西佗对历史的理解充满了个人和道德的色彩，但是他在道德和心理方面的兴趣也需要他付出代价，即塔西佗因此无法具备现代批评家所谓的真正的历史眼光，或者说，有关历史的"长远眼光"。而实际上，正因为塔西佗舍弃了对过去的眷恋和对未来的期望，他才能更加敏锐地观察"现在"。塔西佗提出的历史观有别于其他历史学家的观点，他认为"历史应该是一种文学，应该通过情感来打动人的心灵"。这种态度体现在他对罗马共和国的情感反应上，"他对现实看得越透彻，他的理想就变得越绝望——而他就更加深爱他的理想。也许正是这种存在于爱与绝望之间的神秘张力才能解释他的智性的姿态和能量"。[24]特里林用"道德"、"情感"、"张力"等词语来形容塔西佗，而这些词语恰恰构成了他自己最珍惜的批评姿态。

毫无疑问，英国文学是特里林最主要的精神家园。尽管特里林很少离开纽约，是一个地道的美国人，但是他的家庭教育和早年的阅读使他对阿诺德所代表的英国自由主义传统产生了终身的兴趣，并以此作为出发点来考察美国文化。在探讨D.H.劳伦斯的现代性时，特里林指出："如果在劳伦斯所有的作品中的确存在一条贯穿始终的主线的话，那么这就是一条有关社会兴趣的主线。"因此，对劳伦斯而言，缺少人性内容的"纯粹"、"抽象"的艺术没有实际的意义。[25]

特里林强调劳伦斯对社会的关注，反映了他对现代艺术过分注重无意识内心状态的反对意见。在《不朽颂》一文中，特里林反驳了一部分批评家认为华兹华斯《颂歌》反映了诗人走向创作力衰竭状态的观点。特里林从两个方面分析了这些批评家之所以会在判断方面出错的原因。首先，他认为他们错误理解了有关思想本质的某些"外部的、未得到明确表达的"假设，即"诗歌是通过一种特殊的才能才创作出来的，而这种才能可以被人进行分解和定义"。而特里林认为诗歌创作并非某种才能的结果，相反，只有诗人全部的思想、全部的为人才能构成诗歌的起源。因此，当一些批评家发现华兹华斯失去了某些情感依托便确信诗人也丧失了创作才能时，特里林认为他们的观点"过于简单化，也太过机械性”。其次，特里林发现人们在对待作品的传记性阐释时容易产生一种错误的观点，即在诗歌创作才能与诗人的感知或理解普遍观念的才能之间形成绝对的对立。[26]

简·奥斯汀是特里林尤其欣赏的另一位英国作家。许多批评家都能在简·奥斯汀的小说中发现反讽手法的运用，而他们对此的态度大体也能被分为两种类别：过高评价或过度惧怕。特里林认为这两种态度都存在一定的错误之处，而造成这种态度的原因则是这些批评家对反讽的理解仍停留在简单的初级层面上。人们经常认为奥斯汀在小说中没有表现社会中的重大政治事件，也没有表现那些当时在英国发生的重大社会变化。这种论断在某种程度上是正确的，但这些人没有发现简·奥斯汀对另一种社会现实所进行的特殊反映和思考。奥斯汀主要描写乡绅阶层的日常生活，但是在某种意义上，这就反映了一种重要的社会现实："富农阶层"向"绅士阶层"的转变。在与法国大革命同时代的英国，绅士阶层容易吸纳其他阶层的加入，这一点在当时的英国社会体系中是最重要的现象之一。[27]

特里林曾于30年代早期对马克思主义表现出浓厚的兴趣，但是不久他就对充满简单化和集权主义的斯大林主义以及打着马克思主义旗号的美国共产党的做法表示失望。但是，这一点并没有阻碍他接受俄罗斯文学中的优秀作品。特里林认为，A.法捷耶夫（Fadeyev）所写的反映俄国革命的小说《十九人》（*The Nineteen*）完成了一项奇怪而令人兴奋的事情：它为社会情感赋予了新的可信度，而且使它们变得具有本能色彩和激情色彩。小说所表现的人物是一群主要由矿工和劳工组成的苏维埃非正规军，他们衣衫褴褛、饥肠辘辘。小说记叙了这群士兵与日本军队以及白军展开的周旋。在特里林看来，这部小说的成功之处就在于它不同于通常所见的革命题材小说，因为它更多地表现了个人的意义：在这部小说中，"公共的理想非但没有使人们丧失人的属性，变成公共机器上的齿轮嵌齿，相反它使人们获得了一种新的、更为强大的个人主义色彩。战争的戏剧性和危险性在某种程度上模糊了这种意义，但是读者终究会意识到这些人不是士兵，而是工人，他们最终的自豪感存在于他们的工作团队中，只有在和平与安全的时刻——例如，当他们考虑正义时——他们才会实现最大的个人意义”。[28]

伊萨克·巴别尔是特里林关注的另一位俄罗斯作家。1929年，特里林偶然读到巴别尔写的一本书《红色骑兵军》，并对它感到大为惊讶。这是一部短篇小说集，内容有关苏维埃骑兵团在波兰作战的情况。在这本书的中心内容中存在着矛盾的现象，因为书名中的红骑兵是哥萨克骑兵团，既然哥萨克人是沙皇镇压行动的工具和象征，他们为什么又要为革命而战？作者本人也在一定意义上出现在小说中，他是一位犹太人。在特里林看来，哥萨克骑兵团里出现犹太人就不只是反常现象了，“这是一种玩笑，因为在哥萨克人和犹太人之间不仅存在着怨恨，而且存在着极端的对抗”。[29]但是，在这里，一个犹太人竟然能像哥萨克人那样骑马作战，试图接受哥萨克人的道德风尚。军旅小说是关于极端暴力的，但巴别尔的写作却带有惊人的优雅和客观的精确性，同时还带有一些抒情的喜悦，“以至于读者一下子不知道作者是如何应对他所记录下来的残酷的，也不知道他认为这种残酷是好还是恶，是合理的还是无理的”。[30]在巴别尔的心中有一种斗争——他被两种生存方式的图景所吸引，即暴力的方式和和平的方式；而且他在两者之间受到折磨。这两种生存方式之间的冲突是他的思维模式的根本成分。它暗示了不止有一种生存方式。它暗指人可以生活在怀疑中，人可以通过质疑而生活。

巴别尔特别关注形式，关注美学的表层，但是这种关注完全是为他的道德关怀所服务的。巴别尔笔下的犹太人形象是一个不完全生活在现实世界里的人，他没有地位，但是具备智慧和才智，在世俗的命运面前很被动。迫使巴别尔创作这种形象的并不是敖德萨这座城市，甚至也不是敖德萨的犹太人聚居区。他笔下的犹太知识分子的形象也不是由敖德萨的现实情况所形成的。特里林指出了巴别尔的悖论之处，即作为一个犹太人，巴别尔试图从种族对手哥萨克人那里学习他们的优秀的品质。正是这种悖论才使巴别尔得以超越自己的犹太文化，形成优雅的风度。在巴别尔心中，哥萨克人并非因为他们的暴力而与众不同。相反，吸引他的是伴随他们的暴力而出现的“豪放、激情、简朴和直率——以及优雅”。[31]

在欧洲大陆另一个重要的文学源头——法国文学那里，特里林继续探寻他所注重的复杂性和可能性。这种属性在福楼拜和左拉身上得到了显著的体现。

福楼拜临终前留下了一部未完成的小说《波瓦尔德与佩居歇》（*Bouvard et Pecuchet*）。在特里林看来，福楼拜在这部小说中表现了真正意义上的文化所遭遇的最终打击，以及作者对此表示的愤懑与抗争，因此它已经不仅仅是一部常规意义上的艺术作品，它更是作者所采取的一种报复行动。在这部小说里，福楼拜刻画了两个出身低下的抄写员，波瓦尔德与佩居歇。他们在年过四十之后才意识到学习的意义，因此博览群书，试图成为睿智的学者。在谈到自己的创作动机时，福楼拜表示要将这部小说写成“一种以闹剧形式出现的百科全书”[32]，而他也的确查阅了大量的文献资料，以便在小说中体现出当时法国知识阶层的全貌。此外，福楼拜坚持要写出一部长篇小说，因为他觉得“如果用短小的篇幅来写这部小说，使它变得简短而轻巧，那么它就会变成一种幻想小说——多少有些机趣的成分，但是却没有了厚重感或真实性；相反，如果我对它加以细节描写并将它发展成长篇作品，那么我似乎也能相信自己的小说，而且它也会变成某种严肃的，甚至令人感到惧怕的作品”。[33]在分析19世纪法国小说家的代表性成就时，特里林指出，在当时的法国小说中，作家往往将社会理解为决定性的外部环境来描写，而且特别强调外部条件对个人生活的影响。与同时代的美国和英国小说家相比，法国小说家对此尤其具有一种明白无误的理解，而且能让大众接受。与此相反，福楼拜的小说具有明显的独创性，即他在《波瓦尔德与佩居歇》

中将主人公所读的书籍当作戏剧性人物形象来描写，因此可以清楚地反映出“现代生活在意识形态方面的本质”。[34]

波瓦尔德和佩居歇来自中产阶级的下层，属于“小人物”的类别，但是福楼拜认为整个资产阶级的属性在他们身上都能得到体现，因为对福楼拜而言，资产阶级包括从上到下的所有资产阶级。从表面上来看，似乎福楼拜所抨击的是资产阶级的歧视性偏见，但是实际上，这部小说还有一个更重要的作用，那就是抨击19世纪西方的整个文化，用特里林的话来说，就是“这部小说是排斥文化的”。[35]人类社会在资本主义经历了一定的发展之后，以前所未有的速度和规模积累了大量的物质财富，最初人们认为这是文明发展的一项丰功伟绩，然而，人们渐渐发现这些财富只不过是人类贪婪和虚荣的结果，而且建立在此基础之上的“人类思想和创造的整个结构都是与作为人的个人格格不入的”。[36]

在《为左拉辩护》一文中，特里林分析了左拉的小说《小酒店》（*Restless House*），认为它是一部杰作。在这部小说里，“左拉以全力发动了抨击，试图摧毁敌人精神支柱的基础。他的意图就在于通过展示中产阶级所吹嘘的家庭生活的真正本质来击毁有关资产阶级道德正直性的神话；他将所有的罪恶和性无能都归罪于那些具有可敬身份的人”。[37]在考虑文学作品与客观现实之间的关系时，特里林认为“我们不需要问左拉对资产阶级的描述是否准确，甚至也不要问这种描述是否有道理。我们读他作品的目的是为了获得其中炽热的能量所造成的愉悦，为了获得我们习惯性地从对人类的控诉中所得到的愉悦”。[38]因此，这部小说与左拉本人在某些场合所宣称的自然主义科学客观性并不相符，它更多地体现了本·琼生等人所代表的宏大道德传统。特里林善于发现作家和作品的复杂性在此可以略见一斑，因为传统的文学史一向认为左拉是自然主义的代表人物，主张用“显微镜”的方式反映客观环境，尤其是其中的丑陋事物，但任何一位作家都不可被简单地贴上某种主义的标签。特里林对左拉的解读有助于批评界加深对特定作家和流派的全面理解。

## 2 超越文化：文化之中

特里林的文化超越还表现在同一文化语境之中的动态超越，即对不同时代和地域背景的超越。特里林承认文化影响对个体成长的重要性，但这种影响不是静态的，而是动态、发展的，因此不同的历史条件可以产生不同的文学理解。

在美国文学史上，威廉·迪安·豪威尔斯①占有重要的地位。特里林认为豪威尔斯的风格类似于英国维多利亚时代善于表现地区道德风尚的作家特罗洛普②，而读者可以从豪威尔斯那里得到的阅读愉悦也正是来自他那种道德影响力。豪威尔斯来自美国的俄亥俄州，他对童年时代生活过的小镇风情进行过细致而生动的描绘，这一点对理解美国文学的发展具有非常积极的意义。特里林在豪威尔斯文学生涯的发展历程中还发现了其他重要的因素，例如豪威尔斯离开小镇生活、进入新英格兰社会寻求发展的过程。在这种不断追求的过程中，豪威尔斯形成了特有的道德风度，率先在美国作家中对“正直个性”（integrity）的主题进行探讨。在他的小说《新财富的危险》（*A Hazard of New Fortunes*）中，豪威尔斯呈现了知识分子阶层的危险境地，而造成这种危险的正是他们对自己阶层的偏见所采取的反对立场。[39]在小说《一个现代例证》（*A Modern Instance*）中，豪威尔斯揭示了美国社会性格的变化，特里林认为没有哪部小说能更好地表现美国19世纪七八十年代的宗教态度，当时，“仅存的一丝有关宗教信念的痕迹正在渐渐蜕变成上流社会的冠冕之辞”。[40]

---

① 豪威尔斯，威廉·迪安（1837—1920），美国作家及《大西洋月刊》的主编（1871—1881）。他曾给予许多作家，包括马克·吐温和亨利·詹姆斯以鼓励。他也写过许多小说，如《西拉斯·拉帕姆的崛起》（1885），以及一些文学批评集。

② 特罗洛普，安东尼（1815—1882），英国作家，创作了以虚构的巴塞特郡为场景的一系列小说，包括《巴彻斯德塔》（1857）和《巴塞特最后的记录》（1867）。

在豪威尔斯的特有风格中，他的准确性和微妙性使他对社会的观察得以超越社会学的范畴而进入文学的世界。实际上，在特罗洛普的作品中，读者能发现一种特殊的中立性（neutrality），即作者认为好人和坏人是平等的，而且作者带着爱心去思考这样一个事实，那就是，“即便那些最平凡的人，他们也在以某种方式努力形成一个社会”。[41]亨利·詹姆斯曾提出三点论据来表明自己对豪威尔斯的批评态度。首先，他认为豪威尔斯对生活中那些普通的、直接的、熟悉的和粗俗的因素表现了过分的热衷。其次，他认为豪威尔斯反对在小说中注重形式方面的技巧，反对叙事的创新和奇特。第三，他认为豪威尔斯对社会生活中的邪恶方面表现甚少。

在对豪威尔斯作出的辩护中，特里林逐条反驳了詹姆斯的论据。首先，特里林指出，豪威尔斯对社会的准确观察使他能摆脱经常束缚作者的一种偏见，即小说应该描写奇特、怪异的事物来吸引读者，相反，豪威尔斯认为这种猎奇心理是一种“浪漫主义”倾向，而不是真正的现实主义。豪威尔斯注重生活中平凡、普通方面的做法使他能成功地表现自己的主要对象：中产阶级的家庭生活。豪威尔斯的这一主要表现对象对理解文学的功能具有积极的意义，因为人们的日常生活的确是“受条件限制的”（the conditioned），如果不了解这一点，纯粹的精神世界也是不存在的。其次，特里林认为，过分强调文学作品的形式容易造成对文学现实的背离，因为任何创作都应该有其现实基础，即使在激进的先锋派立体主义绘画艺术中，艺术家依然要依靠一定的现实因素。最后，特里林认为，文学界对“恶”的偏好体现了汉娜·阿伦特所总结出的一种现代倾向：无生命、无血液、无意义、不真实。身处工业文明发达时期的作家容易受到这种倾向的诱惑，因为“邪恶不仅是与美好对立的事物，它本身还是一种力量”。豪威尔斯曾希望美国作家与他一起表现美国社会中“更加明媚的方面”（more smiling aspects），这一点实际上是针对陀思妥耶夫斯基笔下的俄国社会而言的，因此豪威尔斯并非只发现生活中的美好一面，而忽视了阴暗的另一面。豪威尔斯的真正意图是提醒作家不要陷入“邪恶”陷阱，不要忘记文学的功能之一就是帮助人们恢复对生活的信心和兴趣，用精神分析学家布鲁诺·贝特尔汉姆的话来说，“也许这个社会需要现实减少对快乐原则所强加的限制；相反，人们要更多地肯定快乐原则，以便抵抗反对快乐的强大现实力量”。[42]

尽管特里林对亨利·詹姆斯有关豪威尔斯的观点表示了反对意见，但是从总体上来说，特里林对詹姆斯小说的道德属性尤为赞赏。在詹姆斯的作品《波士顿人》发表半个多世纪之后，特里林对这部颇受争议的小说提出了独到的见解，认为它没有成为詹姆斯写作才能枯竭的象征，相反，在更成熟的意义上体现了詹姆斯对个体与文化之间的关系的理解。特里林认为詹姆斯的《波士顿人》和《卡萨玛西玛公主》构成了主题相似的姐妹篇。这两部小说与詹姆斯的其他小说有着显著的不同之处，因为它们“对外部世界的细节表示出了敏锐的反应，对历史以及社会与文明的更大运动有一种明确的意识。它们对怪异人群的小团体都表示出好奇的态度，这些人隐藏在黑暗的小房间里，鼓动人们产生那些将最终决定未来的广阔图景的愚蠢问题”[43]，但是与作者的最初意图相反，这两部小说都遭到了批评界的贬低和冷落。

在反映美国的现实状况方面，《波士顿人》表现了作者高超的独创性，因此特里林认为“在亨利·詹姆斯之前没有哪位作家能如此全面地认识到有关道德行为和社会存在的当代的、实质性的图景”。[44]詹姆斯的小说反映了作者所强调的两个原则以及它们之间的冲突。在这两个原则中，“一个是激进的，另一个则是保守的”，它们“是恒定的，尽管环境会改变它们的特殊表现形式和人们对它们采取的相对判断价值”。这两个原则的具体表现形式可能是下列的各种情形：

能量与惰性，精神与物质，精神与文字，力量与形式，创造与占有，或力比多与死亡本能。在较为简单的表现形式中，人们一般会对这些宏大二元性中的第一个表述表示绝对的同情，而且将它认同为年轻的理想、真理、艺术或美国；人们对其中的第二个表述会表示出敌对态度，将它表现为衰老、传统、庸俗（philistinism）或颓废的欧洲。[45]

表面上，这种二元性的阐述似乎说明詹姆斯具有传统的二元对立思维，但实际上，詹姆斯的思想是辩证的，特里林以《戴茜·米勒》等小说说明了“这些对立原则中的每一个元素所具备的价值并不是固定不变的，也不是恒定的”。[46]《波士顿人》描写的政治事件是19世纪末美国妇女争取平等权力的运动，不同于《卡萨玛西玛公主》所描写的英国社会背景下无政府主义革命运动。特里林进一步阐述了这两种运动蕴藏的不同文化意义，即“社会革命运动可能会质疑其赖以存在的文化，……但是性别革命运动则被理解为文化对自身提出的质疑，而且这种质疑一直延伸到文化的根基”。在体现男女之争这一文化现象的同时，詹姆斯还考虑到了美国的南北问题，这一点可以体现在他所选择的男主人公身上。特里林发现，詹姆斯所选择的来自南方的巴西尔·兰瑟姆（Basil Ransom）使小说能够反映更深刻的文化危机，而且实际上“这种危机还体现了文化政治中相对对立的两种因素，而在整个西方文明世界里，19世纪与20世纪交替时期的文学作品都将这种对立当作根本性的主题来对待”。[47]在劳伦斯等许多英国作家的笔下也出现过巴西尔式的人物，他们“以极为个人的方式来体验文化恐惧，将其转化为性别恐惧，即对丧失男性气概的担忧”。他们所崇尚的男性气概可以被概括为“阳刚的特征、挑战与坚忍的能力、认识现实却不惧怕现实的能力，以及直面世界并接受其本来面目的能力”。[48]在对詹姆斯的分析过程中，特里林充分阐述了辩证思想的重要性，因此在对待文学历史时，我们不能简单地重复二元对立的原则，而应该考虑到各种因素的变动性和多样性，这样才能尽可能深刻地把握作家和作品的原来面貌。

## ③ 超越文化：文化之下

生活在社会中的个人都有其文化属性。卡尔·荣格认为所有的人都因为其身处其中的文化而具有集体无意识。但是，从弗洛伊德的文明观点来看，生活在文明中的个体总是处于不满状态之中，而且随着文明的发展，这种不满情绪将变得日益强烈。弗洛伊德的理论对特里林影响极大。艾伦·布洛克认为："大概没有哪一个人对20世纪思想、文学和艺术的影响能超过弗洛伊德了：不仅他最富于创见的作品都是在1914年以前完成的，而且他的观点引起的争论在当时就已经展开了。"[49]特里林在一定程度上接受了弗洛伊德有关个体的意识和无意识理论，特别是《文明及其不满》中关于个人与文化的对立的观点。不过特里林比弗洛伊德更进一步，即承认文明与个体之间有可能存在和谐的关系，而且文明的进步对个体而言也意味着更多的解放可能性。

特里林肯定了弗洛伊德的精神分析理论对文学批评所起的重大作用，但是他也认为文学对精神分析研究也有反作用。他引用了弗洛伊德晚年的话来证明自己的观点："在我之前的诗人和哲学家已经发现了无意识。我所发现的是研究无意识的科学方法。"[50]特里林认为弗洛伊德与文学之间最为密切的关系就在于浪漫主义文学对这位崇尚科学理性的思想家的影响。如果追溯这种影响的源头，特里林认为弗洛伊德有关本我与自我的理论与狄德罗作品《拉摩的侄儿》中的对话有紧密的联系，由此他发现了弗洛伊德与浪漫主义文学之间的相似之处："对人性隐蔽成分的观察，以及对隐蔽与可见成分之间的对立的观察。"[51]这种观察使诗人发现人的思维并非简单地被分为"善"与"恶"两部分，因此单纯依靠理性作出判断将导致危险的结果。同样，在浪漫主义时期，雪莱、乔治·桑、司汤达等人有关性别解放的思想也为弗洛伊德将创作与性冲动联系起来的理论打下了伏笔。陀思妥耶夫斯基、雪莱、爱伦·坡、波德莱尔等人对死亡意象的描写也体现了人性中的自我毁灭倾向。特里林发现，弗洛伊德思想与浪漫主义的契合之处在于反对理性主义，但是这种思想同时又是十分理性的。

弗洛伊德认为精神分析的目的就在于控制生活的黑暗方面，在于“强化自我，使它更能独立于超我而存在，并拓宽自我的视野，以便扩展本我的组织”。[52]弗洛伊德的这种实证理性主义使他同时具有强势和弱势：强势在于他的积极目的所具有的精练、清晰的韧性，治疗的目的以及使人类获得幸福的渴望，而弱势则在于其早期思想表现出的简单、幼稚的原理。

特里林以精神治疗为例说明了人们在认识世界时容易走向两个极端：外在的现实（reality）与内在的幻想（illusion）。但是弗洛伊德意识到这种两极划分是有缺陷的，因为“爱、道德、荣誉、尊严——这些都是人们创造的现实的组成部分”，而不是幻想。[53]特里林总结了艺术与梦境和神经症之间的区别：“诗人能控制他的幻想，而神经症的特征就在于病人处于幻想的控制之中。”而两者之间更进一步的区别在于艺术作品“通过反映外部现实而将我们领回外部现实”。[54]

特里林指出了精神分析的局限性，但他也总结了弗洛伊德对文学研究的独特贡献。除了精神分析在揭示非理性、非逻辑思维方面的优势而外，特里林认为弗洛伊德的理论还有两个重要的启发意义：《超越快乐原则》中的悲剧意义以及死亡本能。特里林认为弗洛伊德有关梦境中出现的恐怖与悲剧现象的论述发展了亚里士多德的悲剧“净化”理论，因为他相信人类在无意识中重现自己曾经无法控制的局面可以帮助人们在将来更好地应对“生活在我们身上强加的更大的痛苦”。[55]这种观点使悲剧更具有积极的意义。尽管有关死亡本能的论述遭到许多人的反对，但是特里林认为这种理论与现实原则的思想一起构成了“弗洛伊德对人类生活所进行的广泛思考的巅峰地位”。总体而言，特里林认为弗洛伊德的理论“并不因为艺术家的存在而缩小和简化了人类世界，相反，它使这个世界更加开放、更加复杂”。[56]

在《艺术与神经症》一文中，特里林进一步质疑了历史上批评界对艺术与神经症之间关系的看法：“这种有关艺术天赋的观念的确是我们文化的典型观念之一。我应该对它提出质疑。这样做同时也要质疑弗洛伊德早期的某些思想和文学批评的外行人士从弗洛伊德主义的心理学总体倾向中得出的某些结论。”特里林认为，在理解艺术的本质方面，弗洛伊德是自亚里士多德以来最重要的一位思想家，但是他同时也发现了弗洛伊德的致命弱点：“在他的早期著作中，弗洛伊德错误地将艺术家当作通过‘替代性满足’使被压抑的本能获得补偿之人。”[57]

特里林从艺术家和庸俗文化受众两个方面分析了精神疾病的潜在作用。对艺术家而言，有关精神疾病的神话为他“赋予了某些远古的力量以及白痴和傻瓜、半先知性生命或者遭到毁伤的牧师等人的特权。……艺术家通过相信自己的疾病从而更容易地履行他所选择或被指派的功能，即把自己和有关精神和道德的力量联系起来；艺术家将经过确立的社会的‘正常’而‘健康’的方式视为疯狂，而失常及疾病状态却表现为精神和道德方面的健康状态，因为它们对应受尊敬的社会进行了反驳”。另一方面，对庸俗文化受众而言，他们既可以拒绝倾听艺术家的声音——因为这种声音被认为是疯狂而失常的，又可以选择去倾听以便满足自己的需要。同时，特里林还语带嘲弄地认为第三类人也可以从有关精神疾病的神话中获益——他们既不是艺术家，也不是庸俗受众，不过我们可以从特里林的描述中猜测出他们的身份：精神分析家。[58]特里林认为，将艺术家的力量和他的天赋的来源归结为神经症依然是一种错误的做法。他提出了两条反对意见，“第一个反对意见涉及到作为精神分析阐释主题的艺术家是否具有人们所假设的独特性的问题，第二个反对意见涉及到力量和天赋的真实意义的问题”。[59]特里林利用了弗洛伊德的断言“我们都有病”来反驳一些精神分析批评家的观点，认为既然所有人都处于不同程度的精神压抑状态之中，而且所有智力活动都受到神经症的影响，那么艺术家就不应该被单独辟出来作为研究的对象。艺术家与其他人的不同之处并非在于他们的精神疾病有何不同，而在于他们在创作中运用精神疾病成分的才能与众不同，因为“有关艺术家神经疾病的论述告诉了我们一些关于艺术家发挥能力时所运用的材料的知识，以及关于艺术家发挥能力的原因的知识，但是这种论述并没有告诉我们任何有关艺术家能力来源的知识，他们和神经症之间也没有因果联系”。[60]艺术家之所以成为艺术家，在于他“成功地物化了他的神经症，在于他对神经症的塑造，并使之呈现在其他人面前，以便对他人处于挣扎中的自我产生影响。那么，他的天赋就可以被定义为他在感知（perception）、再现（representation）以及实现（realization）等方面体现出来的才能”。[61]

在清理了早期弗洛伊德精神分析思想及其他人的不同接受的若干误区之后，特里林着重肯定了弗洛伊德文明观的合理意义：从属文化与超越文化。文学在弗洛伊德的心理生活中占据重要的地位，他在看待文学时也带有强烈的感情。在精神分析学发展过程中，弗洛伊德曾把早期许多病人所讲述的故事都当成真实的事件来接受，这些病人讲述了自己在童年时期曾受到成年人（通常是病人的父母）在性方面的引诱或强暴。我们知道弗洛伊德的病人是如何回报他对他们的信任的——他们中几乎没人在讲真话。他们辜负了弗洛伊德的信任，使他根据他们的故事构建自己的假设。但是弗洛伊德并没有责备他们，他没有说他们在撒谎——他自愿地悬置了对病人的幻想所产生的怀疑，而病人们自己也相信自己的幻想；弗洛伊德让自己学会如何发现真正蕴涵在这些幻想中的真相。[62]

特里林继续对文学与弗洛伊德的精神分析学进行比较，发现它们在以下方面也是相似的，即两者的精髓都在于再现两种原则之间的对立，即弗洛伊德所称的现实原则（the reality principle）和快乐原则（the pleasure principle）。济慈说：“美就是真，真就是美。”事实上，济慈这番话的语境出自对人类生存的四种伟大事实的沉思——爱、死亡、艺术以及这三者之间的关系。当济慈说美就是真的时候，“他是在说快乐原则是生存、知识和道德生活的根本所在。当他说真就是美的时候，他是在给这两个词语注入他非常复杂的信仰，即自我可以如此发展，以至于它可以在艺术或沉思的强力中带着某种快乐心情去认识非常痛苦的事实”。当他说到快乐原则的时候，他可能意指有时是本我（id）的快乐，有时是自我（ego）的快乐，有时又是超我（superego）的快乐。[63]

特里林赞同弗洛伊德的死亡本能（或破坏性本能）在文化思考中的地位。人们通常强调人性中美好的一面，即为了实现文明的目的而相互表达关爱的情感。弗洛伊德发现了人性中的另一个方面，那就是破坏的本能，不光是对外部世界的破坏，而且还有对自身的破坏。当然，这种破坏并不是一般意义上的罪行，而是对文明的苛刻要求而作出的反应。特里林在文学研究中也发现了这方面的例证。文学有时会记录自我的破坏性冲动，即在自身的毁灭中发现自我的确定。当读者读到俄狄浦斯死亡的伟大场景时，他们很容易就能感受到弗洛伊德提出的死亡本能。在死亡这个重大时刻，死亡冲动是由感情最激烈的人所表现出来的，在这个人身上，意志和智慧的能量都是最大的，而且这个人在死的瞬间说出了独特的爱的力量。因此，人们可能会认为，俄狄浦斯事实上没有走向死亡，相反变成了神。人们也有可能说，当诗人们论及死的欲望或对死亡表现出的幸福的顺从时，他们根本不是真正指向死亡，他们指向的是变成神或涅槃，或者是叶芝所想象的“超出自然的”，存在于“永恒的精巧”中的生存。特里林认为，伟大文学作品中对死亡的描写表明，高尚的人能将死亡纳入生命的经验，甚至使死亡成为生命的判断标准，这时读者就开始相信，关于死亡本能的断言是“受过良好训练的思想作出的努力，以便在与现实的终极对抗中肯定自我”。[64]

特里林运用了弗洛伊德的自我意识分析了D.H.劳伦斯的作品。劳伦斯是现代小说艺术的杰出代表之一，但是他依然对观念和社会表示了极大的关注。“劳伦斯所反抗的是那些剥夺人性的力量，那些将个人分裂成各种价值观的集合体的力量，这些力量将人类置于一种简单化的精神生活之中。性是劳伦斯用来反抗的武器的总括。”[65]在劳伦斯的早期小说中，他并没有对社会进行解释；但是随着他继续对人的精神失常现象进行阐释，他作品中的社会含义就开始增长，直到《查泰莱夫人的情人》清楚地显现了这些含义，且将有关社会理论的内容与有关性行为的内容交织在一起。在劳伦斯创作生涯的中期，他写出了《无意识幻想曲》（*Fantasia of the Unconscious*），其中他把人体分为两个层面，较低的一层是太阳神经丛和腰神经节，在这里存在着人的自我认识，即认识到“我是我”。较高的一层是胸神经节和心神经丛，这里存在着人对世界的认识，即“你是你”。“较低的中心产生‘黑暗’的力量，自我肯定、专横、骄傲以及喜悦。在较高的客观层面，人们有着同情和温柔的欲望，即精神意志。当这两个中心之间存在完美的两极平衡时，个人才是完整的，且各项功能齐备。”

劳伦斯的这番论述非常接近弗洛伊德对三重人格的分析，同时劳伦斯也意识到这种完美的两极性在现实生活中极少能出现，因为所有教育和社会压力都将重点放在较高的中心上，而较低的中心却被迫陷入萎缩状态。[66]在劳伦斯看来，现代社会的贫乏状态正是源于人性两个中心的畸形发展。许多人认为劳伦斯在“性”当中发现了人类的终极行为，然而特里林认为，这种想法是一种误解。在《无意识幻想曲》中，劳伦斯清楚地阐明了性的地位：“在人类交媾行为之后，自身获得了新生，个体因此也希望使世界获得新生。一种新的、充满激情的两极性从致力于同一行为的两个人之间生发出来……而且，我确信，人类在这方面的终极的、最伟大的行为应该渴望伟大的**目的性**行为。”如果性行为被当作终极目的，那么它就会导致无政府主义；一旦性行为成为生活的中心，它就会变成绝望的开端。但是，性行为和目的性行为这两种行为是相互支持的。如果一方失去另一方的滋养，它就会不可避免地变得贫乏和具有破坏性。[67]

在《快乐的命运》（“The Fate of Pleasure”）中，特里林进一步探讨了华兹华斯对快乐原则的领悟。他认为，在所有用英语写成的批评文章中，没有一篇能像华兹华斯的《〈抒情歌谣集〉序言》那样深深地植根于读者的思想中。文学界有许多人认为华兹华斯将诗歌定义为强烈情感的自然流露。然而，从这种定义出发，人们无法对诗歌进行进一步的思考，而且事实上华兹华斯也没有给出这样简单的定义。但是我们在思想中固执地对华兹华斯事实上所说的话进行了变形的理解。华兹华斯在《抒情歌谣集》的序言中表明了这篇文章所具有的特殊力度，表明了它作为一篇批评文章所具有的独特存在。这篇文章在论证方面的说服力是显而易见的，即使它显得有些不够连贯；但是读者并没有将这篇《序言》单纯当作论辩的文章来看待。因为文章的雄辩，也因为它带着一股猛烈的精神来对待有关自然和诗歌的功能的问题，所以在特里林看来，“它主要不是一种话语，而是一种戏剧性的行动，而且当我们对它的论断作出反应时，我们更看重的是这些论断体现出的令人愉悦的胆识，而非这些论断所表达的真理”。[68]

在这里华兹华斯论及了他所称的“宏大的基本快乐原则”（the grand elementary principle of pleasure），并且认为这种原则构成了“人类赤裸的原有尊严”，而人类正是依靠这种原则才能“知晓、感觉、生活和行动”。[69]在《序言》中，“快乐”一词经常出现。如同更早论述这个主题的作家一样，当华兹华斯开始解释我们为什么，或者为什么应该崇尚诗歌时，他把自己的解释建立在诗歌带来的快乐基础上。家庭生活中的快乐是有道德的。想象或忧郁造成的快乐为体验快乐的人提供了一种有教养的思想敏感性。（快乐）这个词的“负面”意义因为拉丁文中表示“快乐”的词“voluptas”而变得非常强烈。尽管一些拉丁—英文词典，特别是19世纪的词典，表明“voluptas”一词意味着“贬义或褒义的快乐、享受或生理、心理上的愉悦”，但是在古代的用法中，这个词的意义在道德方面总体而言是中性的，也不一定表达非常强烈的意义。但是派生于

“voluptas”的英语单词却充满了道德判断，而且意义非常强烈。[70]

华兹华斯论及了“宏大的基本快乐原则”，这就是说，快乐并非作为单纯的魅力或乐趣，而是作为一种本能的对象，是弗洛伊德后来所谓的内驱力的对象，而弗洛伊德关于快乐在生活中起到的作用的论述在本文中当然也是很中肯的。在华兹华斯的批评理论中，为人所熟知的一点是，尽管诗人为快乐思想给予了极高的评价，但是他所再现的快乐却属于非常有限的类型。当然，诗人排除了“严格意义上属于生理”的快乐，即那些来源于“沉湎食欲”和“感官满足”的快乐，特别是性欲的满足。这就是说，在华兹华斯的思想中没有性欲的方面；但是性爱却受到了极高的升华——华兹华斯的快乐总是趋向于“喜悦”，一种更加纯粹而且更接近超验的状态。但是我们对这种重要限制的认识却没有让我们低估华兹华斯在《序言》中论述快乐的首要性和来自快乐原则的尊严时所表现出的胆识，也没有让我们忽视快乐与法国大革命的道德思想中的某些激进方面之间的关系。[71]

特里林敏锐地发现了工业社会的物质富足对快乐原则的实际意义所产生的影响。随着奢侈的对象可以得到越来越大量的供应，奢侈所暗示的尊严也越来越容易获取。尊严与奢侈的生活方式之间的关系最初并不是不言而喻的：“在1670年的法国，小资产阶级绅士（bourgeois gentilhomme）被认为是可笑的词语。……但是，法国和英国的情形一样，尊严的思想自上而下地传播开来，直至尊严的思想可以适用于普通的大众，占有获得快乐的方式或表象的可能性不断增加，这就促进了这种传播。”[72]

特里林比较了济慈和华兹华斯对快乐的理解，指出两者之间的相容性。济慈关于快乐作出了有力的断言，同时他又对快乐抱有强烈的怀疑态度，济慈的才智在这种矛盾中得到了最充分的体现。正如华兹华斯的情形一样，对于济慈而言，快乐原则意味着现实原则——正如华兹华斯所言，因为有快乐，我们才能知晓。但是对于济慈而言，它也是幻想原则。特里林举出了一个非常明显的例证：

> 在《圣阿格尼斯前夜》中，在本诗中心的快乐瞬间，通过发挥到极致的奢侈想象所获得的性欲快乐，这些都是现实的本质：这是我们在这个世界上所知道的一切，以及我们需要知道的一切。它比现实更真实，比知识更复杂，这恰恰是因为在诗歌中，它的存在被世界所否定的事物所包围，它被黑暗、寒冷和死亡所包围，这些都使快乐变得短暂易逝，也使被感知的和被宣称的现实仅仅成为一种幻想。[73]

但是，特里林指出，我们必须意识到，在济慈关于快乐的论辩中，对快乐起决定作用并使之作为现实原则受到质疑的不仅是外部环境，还有快乐本身的性质。如果对济慈而言，性欲的享受是所有快乐的最高表现，那么这也是他首要的例证，用以说明寻求快乐的欲望进行了自我否定，导致了快乐的反面效果。人们可能认为济慈是对快乐原则作出最大胆的断言的诗人，同时也是对快乐原则作出最大的、最真诚的怀疑的诗人。因此，他具有特殊的文化意义，因为“在现代历史上的某个时刻，人们开始认为快乐原则的确是如此地令人既爱又恨”。[74]这种分裂的情感状态可以用政治与艺术之间的隔阂来说明。现代社会试图在财富方面满足自己，这当然意味着快乐的可能性。社会的政治道德对这种意愿表示了极度的遵从。政治道德有一个非常简单而且非常有效的标准，那就是可以在多大程度上将财富在个体和民族之间进行分配。但是，特里林所看重的则是另一种道德，即与艺术相联系的道德，这种道德在看待财富所表达的一切意义时，“总是带有严厉的，甚至威胁性的目光，而且它看待快乐原则时，也带有模糊的，最多也只是复杂的观点”。[75]为了与18世纪的艺术联系起来，特里林使用了一个现代字眼——“消费者”，因此意味着在人们的思想中，艺术与奢侈之间存在着某种契合。

简而言之，当代的美学文化没有高度评价简单和原始意义上的快乐原则，甚至可以说，现代美学文化保持了对快乐原则的敌对态度。这种表述当然有它的荒谬性，但是在逻辑上是正确的。特里林认为，在现代人的理解中，最容易得到的心理事实就是，“的确有些人类冲动在某种程度上（有时在很大的程度上）拒绝快乐，反而在不快乐（借用弗洛伊德的用语）中寻求满足”。为了可能从不快乐中寻求满足而拒绝快乐，这种例证可以出自陀思妥耶夫斯基的伟大作品《地下室手记》。托马斯·曼曾经这样评论这部不同寻常的作品：“它那痛苦而具有讽刺意味的结局（conclusions），它的极端坦率……无情地超越了所有小说和文学束缚”，这些已经“早已成为我们的道德文化”。曼的论述是精确的，但特里林认为这只是最低限度的——陀思妥耶夫斯基小说痛苦而具有讽刺意味的结局不仅成为了道德文化的组成部分，而且成为了这种文化的精髓。[76]

《地下室手记》的主人公称自己为“反英雄”。他成了这一类主人公的开山鼻祖。作为一个反面角色，他反对由索福克勒斯的雕像所代表的所有品质。正是由于他这种“反英雄”的性格，他才将“绅士”（他所谓的绅士）称为注重行动和理性的男人，热爱“崇高和美好事物”的人，并且对他们吹嘘道：“和你们相比，我在自己身上拥有更多的生活。”尼采也曾重视过地下室人的吹嘘之辞，他说：“陀思妥耶夫斯基的地下室人和我的超人是同一个人，正从（现代思想和感情的）深坑里爬向阳光。”[77]

现代作家试图摧毁的最直接的伪善，当然就是资产阶级世界的习惯、风尚和“价值观”，这不仅是因为这些伪善和许多恶的东西是相关的，例如粗俗或对弱势群体的剥削，而且是因为其他的一些原因，因为它们阻碍并迟滞了个人精神向自由的进发，因为它们阻止人们获得“更多的生活”。资产阶级特殊的思想体系和模式自然就成为了现代精神所抨击的第一个目标。同时，特里林也指出，“不难相信，试图摧毁伪善的冲动可以轻易地被指向最良好的社会主义社会，因为根据现代的定义，这种社会是为快乐原则服务的”。由此，特里林提出了一系列疑问：

> 现代文学这种逆向的、病态的理想主义会不会被认为恰好具备政治性？它会不会表达一种理性而积极的要求，需要同样理性而积极的政治学来对它进行最终的考虑？[78]

弗洛伊德曾指出，贬低快乐原则的价值，或**超越快乐原则**，这种做法是精神生活本身的一种事实。对超越快乐原则的冲动的考察当然不能仅仅局限在现代文学之中，而且要对所有时代的情感体系进行考察。但是，特里林认为，“我们的确能称之为文化事件的事物是这样一种现象，即在历史的某一个特殊片刻，在我们的这个片刻，这种精神生活的事实变成了一种突出的、主导的文学主题，而且它作为精神生活的事实而变得清晰化了，而弗洛伊德重要的论著则迫使它进入我们的意识之中，变成了原心理”。这种文化事件可能的确可以用政治术语来理解，同时它可能具有最终的政治意义，正如我们可以用政治术语来理解具有政治意义的18世纪断言：“人类的尊严可以在快乐原则中得到体现。”[79]

今天，精神分析家和趋向于精神分析学的作家会说，除非社会可以为快乐原则提供凭证，并学会如何实施快乐原则，否则文明的存在便受到了威胁。特里林对这些话的理解是：“如果快乐原则在我们的社会协定中得到确立，并且我们乐于同意这种原则，那么抑制和压迫的现象就会得到减少。但是，我们暗中知道，这种程式并不能满足它试图解决的状况——它在考虑中遗漏了那些竭力超越快乐原则，甚至否定快乐原则的心理能量。”[80]

## 4 超越之后的回归与整合

特里林从文化之上、文化之中和文化之下三个层面对文化进行了超越。但是他的目的不止于此。特里林向来不会对对立关系中的任何一方表示偏好，相反，他认为对立的因素之间应该保持张力，并形成动态的和谐关系。因此，特里林超越文化的目的是为了充分揭示文化影响的有限性和非决定性，以及个体的合法性，在此基础上，他不会走向另一个极端，即文化无政府主义，或文化虚无主义，他所坚持的最终目的是个体与文化之间的互动。那么个体如何才能同文化发生互动呢？是不断增强“超我”的理性意识和道德标准吗？这样做会产生负面的效果，因为“自我”会在高压之下产生逆反心理。相反，我们不能只强调文化生活中那些高尚的、强烈的、美好的事物，而应该帮助个体从平凡、普通的事物中获得存在的感受，并以此来增强个体与文化之间的契合度。特里林指出：“有关［个体］存在的合理情感需要自我对周围环境具有一种敏锐的感知意识，与环境产生一种连续的互动关系，这一点不是指抽象的层面，而是指那些平凡的细节：简单的物体、家庭事务、家庭联系、细小的社会互动关系。在这个层面上培养斗争的能力和愉悦的功能可以产生情感的深度和自我的复杂性。”[81]

这样做的好处在于，个体既不会沦为文化的奴仆，也不会与文化产生不可调和的对抗，因为一旦劳伦斯所说的两种意识中心得到增强，那么自我就可以更好地处理人类生活中的悲剧性现实，即如同特里林在济慈的个案中所分析的那样，可以更好地处理邪恶的问题。这种自我没有受到文化强制性压力的削弱或消灭，也没有一味地放纵本能，成为文化的敌人。杰弗里·罗宾逊提出，在特里林看来，普通的事物和事件形成了“一种现代崇高性。它们永远也不会丧失自己作为对立的、‘难以驾驭的’力量和现实的存在，但是它们可能成为产生内部自由的场合，使思维得以包容巨大的、更艰难却更真实的现实”。[82]特里林论述济慈、华兹华斯以及豪威尔斯的文章展现了一种相似的思想路线：与世俗环境发生的联系导致特里林获得了一种有关自我的强烈感受或存在情感，这一点又增强了应对邪恶的能力。特里林在论述豪威尔斯的文章中认为，与这些19世纪的文学人物相反的是，现代文学思维对“稀有而奇怪的事物”感兴趣；家庭联系正在消失，而且“我们对生活中那些普通、直接、熟悉以及粗俗的事物不再作出反应”。[83]特里林对托尔斯泰表示了由衷的赞叹，因为托尔斯泰意识到人类的精神总是处于现实和微小事物的掌管之中。在评论《安娜·卡列尼娜》的文章中，特里林得出了这样的结论，即作家认识到，现实而微小的事物具有十分巨大的重要性，同时，他又确信这些事物并非具有最终决定性的重要性。要理解未受限制的精神并不是非常困难的事情，但是理解存在于不可逃避的状况中的精神确是最为罕见的知识，而构成这种状况的正是现实而微小的事物。[84]

在帮助自我认识文化生活中的平凡性和高尚性的过程中，文学扮演了重要的角色。特里林认为文学是连接文化与政治的中间地带，而且是连接个体与文化的中间地带。人们可以从文学作品中体验不同的生存状态，反思自己的言谈举止和思想状况，同时还能在作品提供的愉悦中获得满足，或在作品提供的悲剧中获得警醒。特里林对自我和社会的对立要求具有复杂的认识，他理解人们必须存在于文化之中，但不一定完全从属于文化，而且无论是彻底服从文化还是疏远文化都会产生同样的反面作用：降低人类生活的质量。当自我遇到了社会或文化征服的危险时，特里林自然而然地要从文学中寻求帮助：“无论文学有多少变迁，其功能都在于使我们意识到自我的独特性，意识到自我在与其社会和文化的争辩中所具有的高度权威性。”[85]尽管自我的首要性和特权性在特里林的思想中是最为基本的观念，特里林依然保持了辩证的态度：“因为特里林无法构想出位于文化之前的，或完全脱离文化的自我——即某种从限制性的，由物体、制度及其他事物组成的环境中‘解放’出来的事物。”[86]

特里林在50年代的批评思想主要关注如何决定个人与文化之间的合理平衡，在这种努力中，弗洛伊德成为了他的主要盟友，特别是《文明及其不满》中体现的弗洛伊德。弗洛伊德确定了特里林的信念，即文化与生物学的一种复杂混合体形成了自然真理的基础。尽管有些人认为弗洛伊德的生物学决定论是悲观主义的，但是特里林却认为这是一种令人振奋，且可能起到解放作用的观念，因为它允许个人至少有一部分成分可以摆脱文化的决定性影响。

特里林在50年代所写的大部分文章都十分关注作家的传记，而非对文学文本的细读法分析。他在寻找典范、思想的英雄。用马克·谢齐纳的话来说，这些人是“文化的成熟对手”。[87]阿诺德和弗洛伊德在这些文化英雄当中居于领导地位，同时出现的还有济慈、华兹华斯、福斯特、詹姆斯、奥威尔、密尔、奥斯汀等人。能被特里林认同为文化英雄的人需要满足济慈所代表的资格：“济慈在有关自我的现实和有关环境的现实之间保持了平衡，这一点的确体现了他整个智性和道德活动的性质。”[88]特里林发现，在这种辩证思想的基础上，济慈形成了一种“否定的能力”（Negative Capability）。在1817年12月21日济慈给自己的兄弟写的信件中，他提到了这种“否定的能力”，将它定义为“一种保持不确定（uncertainties）、神秘（mysteries）以及怀疑（doubts）状态，而不去以恼人的方式追求事实和理性的能力”。后来，他又在其他场合补充了对这种能力的定义：“加强一个人智性的唯一手段就是对任何事物都不要作出决定 ——让思维畅通无阻地进入所有的思想。而不是一种选择者……”[89]

济慈的“否定的能力”可以帮助人们从容地对待个人与文化的对立问题，特别是其中有关“恶”的事物的问题。一部分传统思想认为，艺术作品中的美学价值仅来自于美好的、令人感到愉悦的事物，但济慈认为“伟大的诗人（例如莎士比亚）在看待人生时，能发现有关人生的罪恶的恐怖真相，但他的观察是如此强烈，以至于这种罪恶变成了美的一种元素，而产生这种美的来源正是诗人的感知行为”。特里林由此得出结论，“美”是一种中间要素，它连接了两种真相，并使两者形成妥协——通过“美”的中间调停，有关事实的真相变成了有关肯定的真相，即有关生活的真相。[90]特里林高度赞扬了济慈的“否定的能力”，认为这种能力构成了济慈作为诗人，同时也作为生活中的人所具有的英雄气质，而这种气质对打破现代西方世界的绝望氛围具有非常重要的意义，因为它使人们重新相信“成长、发展和可能性”。[91]

除了济慈、阿诺德、弗洛伊德等现实生活中的文化英雄而外，特里林还经常在文学作品中寻找满足济慈的“否定的能力”要求的文化英雄。亨利·詹姆斯的小说《卡萨玛西玛公主》为特里林提供了这样一位符合条件的文化英雄：小说的男主人公海亚辛斯·罗宾逊（Hyacinth Robinson）。詹姆斯曾于1888年承认自己的最后两部小说——《波士顿人》和《卡萨玛西玛公主》——给自己带来了负面的影响，而且当时许多读者也对这两部小说提出了激烈的批评意见。然而，特里林却认为，在詹姆斯的小说中，最能引起20世纪中叶以后的读者感兴趣的正是这两部小说。那么其中造成不同接受的原因是什么呢？特里林认为造成詹姆斯同时代的读者无法认同他的原因在于詹姆斯对西方生活状况的前景有一种超前的预见，即对恐怖和悲剧的预见。可以说，19世纪的詹姆斯已经发现了过度滥用理性和激进政治行为的危险，而这一点在20世纪得到了验证，例如导致第一次世界大战爆发的萨拉热窝刺杀事件、两次世界大战的残酷和破坏等。

在这部以英国政治运动为背景的小说中，主人公海亚辛斯·罗宾逊来自外省，他所拥有的是“贫穷、自豪感和智慧”，他的目的是进入高雅的上流社会。他对革命抱有矛盾的态度：一方面他希望在社会中确立公正的秩序；另一方面，他又害怕欧洲的文明会因此而遭到毁灭。相反，小说中那位出身高贵的卡萨玛西玛公主却最终认为与革命相比，艺术是微不足道的。特里林认为詹姆斯对小说人物的职业选择是颇具匠心的。其中没有出现产业工人，因为无政府主义当时并不吸收这些工人阶层。无政府主义者不重视民主性质的或准民主性质的群众组织。海亚辛斯听从了秘密组织领袖的暗杀命令，这是一种非常典型的无政府主义行为，因为无政府主义者经常鼓励勇敢的个人行为通过恐怖行动实现政治目的。特里林认为该小说的杰出之处并不在于其道德和美学成就，而在于“其出色而准确地再现了社会现实”，从而证明詹姆斯在表现政治题材的小说创作方面是成功的。[92]

詹姆斯在《卡萨玛西玛公主》（纽约版）的序言中承认这部小说带有某种自传性成分。通过研究詹姆斯的家庭背景，特里林认为作者假借海亚辛斯之口表达了自己对成人世界所感到的深刻疑惑。在评价小说主人公最终的结局时，特里林用一段精彩的文字表达了他对悲剧的理解：“但是，对社会真正的理解能力似乎可以领会社会知识所假设的社会力量的现实性，而且能意识到其中的矛盾和因果关系；这种理解力懂得社会有时会提供对立的动机，而处于对立状态中的各个对手在权力和吸引力方面是如此的势均力敌，以至于如果一个人能全面地认识这些对手，并将他们容纳到自己的为人之中，那么他就无法从中作出选择，因此也就遭到了毁灭。这就是所谓的悲剧。”[93]

有些读者会误认为海亚辛斯是某种主义的牺牲品，而特里林却认为他是一位人类的英雄，尽管“他自己也有一定程度的负罪感”。海亚辛斯处于艺术与革命之间的两难境地，他通过自己的痛苦经历发现了文明的实质：

> 文明需要人们付出代价，付出极大的代价。各种文明之所以不同，不仅是因为它们各自放弃了某些要求，而且因为它们各自又有了新的要求；但是所有的文明在某种程度上都是相似的，那就是说它们都因为某些事物而放弃另一些事物。……因此，在我们目前的语境中，所有已知的大众革命理论都放弃了“被提升到最为丰富、至高无上的境界”的世界图景。为了实现普遍安全的理想，大众革命理论谴责冒险经历的理想。[94]

当小说接近尾声时，海亚辛斯的思想处于极佳的平衡状态，但这并非因为他的优柔寡断，而是因为他对事物清醒的认识。而特里林本人所追求的也正是这种平衡的状态。海亚辛斯的平衡状态也反映出他认识到了人类的罪恶感："他认识到了隐藏在抽象理想之后的某些东西：嫉妒、复仇的冲动以及统治的冲动。"[95]在评价海亚辛斯的死亡时，特里林认为这种死并非是为了逃避犹豫不决的状况，相反，"这是一种真正的牺牲，一种英雄主义的行为。他是文明的英雄，因为他敢于做出文明本身都不敢做的事情：通过同时容纳两种理想的行为，他在完全有意识的状态下承担了两种理想各自的罪过。……通过他的死，他让我们认识到了文明生活的性质；而通过他的意识，他又超越了文明生活"。[96]

另一种文化英雄出现在F. 斯科特·菲茨杰拉德的小说中。菲茨杰拉德在小说中经常流露出对人生的坎坷所产生的失落与悲伤情绪，但是特里林认为，在他的作品中，最能打动读者的应该是他的那种英雄品质，例如盖茨比就体现了特里林心目中的英雄形象，尽管他所追寻的美国梦因他的死亡而宣告破灭。盖茨比这个人物类似司汤达笔下的于连，出身于无名的家庭，但是在精神上具有超越环境约束的能力，最终能在社会竞争中脱颖而出。导致他们悲剧结果的原因则在于他们希望在自己的心灵中同时保存进攻性本能和爱欲本能这两种对立的人类情感，而世故的社会则抓住他们的这一致命弱点，将他们击倒在生命的巅峰时刻。在发掘菲茨杰拉德作品的英雄主义根源时，特里林指出，"爱的力量"激发了作品的悲剧性英雄意义，因为"菲茨杰拉德从根本上来说是一位道德主义者，而且他渴望以某种可以接受的形式来向人们宣扬他的主张，……这种渴望使他具有了讽刺性的眼光；但是我们能感到，在他的道德中，他更倾向于赞颂善良的事物，而不是谴责丑恶的事物"。[97]菲茨杰拉德不喜欢怨天尤人，如果他真的觉得需要责备什么人，他通常会责备自己。在他的作品中，能引起读者反响的是"存在于他有关个人自由意志的观念和有关环境的观念之间的微妙张力：我们所响应的是那种道德和智性的能量”。[98]在菲茨杰拉德身上，特里林显然发现了他自己特别珍惜的一种品质，那就是能经受住对智性的考验，即有能力在思想中同时保留两种对立观念，却依然能保持思维的功能。菲茨杰拉德的两部代表作《了不起的盖茨比》和《夜色温柔》都表明了作家所具有的爱的力量，但是因为它过于温柔，所以被残酷的现实所毁灭。菲茨杰拉德同时保留两种对立观念的例证可以体现在他对“富有阶层”的态度上。一方面他厌恶这个阶层的庸俗品位，而另一方面他又从中获取创作的素材，因为这个阶层是当时美国社会所能提供的唯一可以接近贵族生活的阶层。

## 5 发掘批评元素在文化框架里的对话关系

随着当代批评理论对多元性的重视，对话理论日益成为理论界的关注焦点。从文本层面上的对话到文明之间的对话，处处可以见到这种消解二元对立、打破中心主义思维的理论与实践。特里林早在20世纪二三十年代就开始了这个领域的探索，并在自己近半个世纪的批评实践中身体力行，取得了令人瞩目的成果。

对话理论较早出现在前苏联著名文艺理论家米哈伊尔·米哈伊洛维奇·巴赫金对陀思妥耶夫斯基诗学问题的研究中。张杰在《复调小说理论研究》中指出，巴赫金在批评的方法上着眼于把形式主义和社会历史批评这两种方法结合起来，把批评的视角由“点”转向“面”，由“局部”转向“整体”。这种研究既不忽视作者与主人公的关系，也不认为作者与主人公的关系是决定与被决定的简单的因果式关系。[99]在特里林的文化批评著作中，他的对话方式类似于巴赫金的复调理论，不过既然特里林的视角涵盖了超越文学本身的文化领域，因此参与他的批评对话的因素就更加多元，它们之间的关系也更加复杂。在某种意义上，现实主义的文学作品尤其能提供多层面的对话性，因为“作家通过表现形式不一的模仿原则干预社会，而语言、作者、读者和现实之间始终存在着活泼生动的对话”。[100]在特里林这里，批评元素在文化语境里的对话可以被理解为超越时空的三维对话：作者与读者的对话，读者与作品的对话，作者与环境的对话。

### 5.1. 作者与读者的对话

罗伯特·格雷夫斯是20世纪20年代早期的“战争诗人”，在有关作者与读者的关系方面，特里林对格雷夫斯的独到见解十分感兴趣。格雷夫斯承认：“我为诗人创作诗歌，为智者创作讽刺和怪异作品。对普通大众，我创作散文，而且尽管他们对我在其他方面的作为一无所知，我也感到很满意。为诗人以外的人创作诗歌是浪费的行为。”[101]格雷夫斯的论调听起来有些傲慢，仿佛在宣扬作家对读者不屑一顾的自大地位。然而这只是表面的意义。格雷夫斯的这番话表明了双重含义：首先，作家在创作构思和创作过程中，应该设想到自己的潜在听众，这样就可以在创作中发现、形成并调整自己的主题和表现方式，以便在预期读者中产生应有的反应；第二，读者也不是单纯的接受者，而且并不是任何人都可以随意地阅读任何作品，相反，读者也应该具备一定的素质和能力，才能通过作品与作者进行平等而有意义的对话。在创作主题方面，格雷夫斯“对属于温和地带的古老情感充满激情——他的冲动都是根本无法抑制的。他对愉悦、爱情、性、男性气概、女性气质、行动、休息等都充满激情；他对自我的完整充满激情——而且对文明充满激情”。[102]在表现方式上，格雷夫斯与e.e.卡明斯具有相似之处，即他们都继承了贺拉斯和蒙田的传统：“他们通过接受寻常人性的特殊方式而使人性变得不寻常了。”[103]

这种有关作者与读者之间对话的认识表明了特里林对文学研究的主客体的特殊理解。传统观点认为作者和作品是文学研究的客体，而阅读者（主要指批评性阅读者）构成了文学研究的主体。这两者一般情况下是不能互换的，因此在传统的文学研究中，我们很少听到有人提出让作者去研究读者。特里林提出了一种新的视角来看待文学批评的主客体问题，即作者和读者可以互为主体、互为客体。济慈在如何对待生命的能量问题上阐述了一种类似的辩证思想，即被动性（passivity）与主动性（activity）之间的辩证关系。同时，这种关系也被表现为另一种形式，即思想（thought）和感觉（senstion）之间的对立。他认为诗歌与知识之间应该是互补的关系，因为思想的形成基础就在于感觉和情感在外部世界所受的阻碍，即快乐原则（the pleasure principle）遭遇了现实原则（the reality principle）的对抗；相反，思想又可以避免感觉和情感造成的恐惧和迷惑。

这里的思想具有两方面的含义，既指作者指导创作的世界观和道德认识，也指引导读者作出道德判断的思想前提，即阅读的前意识。同样，感觉和情感也具有两重性。作家通过感觉和情感来对世界作出认知和再现，读者也需要它们来形成思想和引发共鸣。济慈所指的诗歌应该被理解为广义的文学，因此这里的诗歌就成为了包容现实原则和快乐原则的环境，为作者和读者的对话提供了平台。将这种思想引申到作者与读者的关系中时，我们可以发现，作者在创作一部作品时往往根据自身的感受和体验，写出一种在某种程度上类似于现实的虚构世界。一旦这部作品发表了，那么这种虚构世界也就成为了一种相对稳定的建构，而读者可以从各种角度对它进行阐释，因此在这种意义上，作家具有被动性，读者具有主动性。

从另一个角度来理解，读者在解读一部作品时，也必须根据自己的感知以及由此形成的思想来对作品作出阐释和反应。作者在创作时完全可以有选择性地、能动地创建一种虚构世界，以激发特定受众的特定感受。这样，作者又变成了主动者，而读者则具有了一定的被动性。

作为作者的产物，文学作品经常与读者的观念产生对立。观念往往涉及到实际而具体的生活问题，而文学往往能超越日常的生活程式化行为。不过，特里林论述了文学与观念在许多方面是可以相互兼容的。首先，文学在本质上就会涉及到观念，因为文学所关注的对象是“社会中的人”，而这些人又各自体现了或隐蔽或显现的“程式化观念、价值评价和各种决定”。其次，每当人们的思想中出现两种并置且对立的情感时，观念就会在思维中形成。[104]在这种分析的基础上，特里林进一步提出了文学作品的内容和形式之间的关系。他认为“文学作品的形式本身就是一种观念”。而对于形式而言，辩证关系又是其中最重要的成分。当然，特里林在这里也意识到了人们对于“观念”的一些错误认识，他又论述了“观念”和“意识形态”之间的区别：意识形态不是思想的产物；它是人们对某些程式表示尊敬的习惯或仪式，而实际上人们对这些程式并没有清晰的理解。特里林指出了新批评的代表人物韦勒克和沃伦的局限性，即他们在维护诗歌的自治性的同时，忽视了情感和思想的共同立足点，“他们将观念仅仅设想为哲学形式系统的产物，而忘记了诗人在思想世界里也有他们自己的影响”。[105]新批评的这种思想无助于作者与读者之间的对话，因为它过分关注形式方面，而忽视了形式与内容的有机结合。因此，在新批评的观点看来，作品一旦问世，作者的声音就不见了，作品只剩下文本可供解读，而能让读者产生反应的也只有作品的语言和形式属性。

特里林进一步探讨了美国社会对文学和观念之间的关系的看法。与充分表现多种哲学思想的欧洲文学相比，美国文学显得有些被动，因此经常作为一种学术研究的“客体”，而非一种具有主动性的“主体”。因此，美国文学批评家应该认识到，“如果观念足够广大，具有某种类型，那么它们就不仅不会与创作过程产生敌对状态，它们实际上反而会成为创作过程不可避免的因素”。[106]特里林的辩证分析让我们了解了作者和读者的互动关系，进而可以为作品的阐释提供更多的可能性。

## 5.2. 读者与作品的对话

不同时期、来自不同文化背景的读者会对相同作品产生不同的理解和反应，而同一部作品也会对不同时期、具有不同文化属性的读者提出阅读的挑战。在承认作者和读者间平等的对话关系后，特里林进一步解释了读者与作品的对话。实际上，这种对话关系也体现了政治和道德在文学欣赏中的重要性，因为"读者参与文本的体验/活动也就势必同体制本身、权力乃至社会道德规范等相联系"。[107]另外，"传统批评给一个文本确立一个作者（或几位作者合作完成作品），实际上就是确定一个界限，一个解释的权威，读者和批评家在这一界限内弄清楚文本的原旨原义"，随着对话关系的扩展，读者的参与也可以扩大文本阐释的范围。[108]

奥斯汀是特里林特别重视的作家。从表面上看，她的作品反映的社会现实非常有限，即英国乡村生活中的日常场景。但是，特里林却发现了奥斯汀小说在主题和形式方面的复杂性。这种复杂性需要读者从各个方面同作品展开对话才能得到全面的解释。在奥斯汀创作的六部伟大小说中，《爱玛》是作者最具代表性的作品，不过这也是一部难以理解的小说。特里林比较了奥斯汀与普鲁斯特、乔伊斯、卡夫卡等其他作家所造成的阅读难度之间的区别。后面几位作家之所以难懂，主要是因为他们的作品在字面意义上显得晦涩艰深；而一旦读者细致地对这些作品进行语言与形式的发掘，那么这种难懂的程度就会减弱，因此在"每一次充满感情的阅读之后，我们的困惑都会得到减少"。但是《爱玛》的难度永远都无法消除，因为"我们永远都无法知道它难在何处，如果我们在夜晚读完这本书，认为我们已经了解了此书的意义，那么当第二天早上醒来的时候，我们又会觉得它所指的又变成了其他的意义；它变成了一本截然不同的书"。[109]特里林转述了雷吉纳德·法雷尔对《爱玛》难解之处的总结："如果你把《傲慢与偏见》读上十二遍，那么你就能感受到十二次重复的愉悦，而不管你读了多少遍《爱玛》，它给你带来的愉悦都不是重复的，而且每一次细读都会对应着不同的愉悦，直到每当你重读这本书，你都能再次感到自己从未理解为什么愉悦的程度会不断地加深。”[110]

特里林还提到了其他一些作品在不同时期得到的不同解读，例如“我们现在认为济慈是一位难以理解的诗人，但是济慈早期的读者却不这么认为。我们现在可以发现狄更斯作品的深度和微妙之处，但是与狄更斯同时代的读者却发现他像一盘剥开的牡蛎那么轻松易懂”。[111]

在论述了读者对作品的不同阐释之后，特里林还反过来从作品的角度分析了两者之间的关系，即不仅存在着“我读书”的现象，还存在着“书读我”的现象。从接受美学的角度来看，“我读书”的行为具有一定的随意性，因为不同的读者具有不同的“前理解”和不同的阅读习惯，因而也会产生不同的解读结果。相反，“书读我”的行为则体现了作品的能动性，强调作品本身已经蕴涵的东西，相对确定。特里林之所以注重后者，是因为他意识到了现代主义文学对文本意义零散性的强调容易造成读者无法对作品产生基本的理解。后现代主义的阅读理论进一步消解了文本的确定性因素，因此特里林的这种观点可以帮助我们在解构之后实现对建构和相对确定性的回归。

W.H.奥登曾说过，真正的书可以阅读读者。特里林赞同这种观点，承认自从自己的青年时代以来，艾略特的诗歌、《尤利西斯》、《追忆似水年华》以及《城堡》等书都曾对他自己进行过阅读：“起初，有些书不接受我；因为我令它们感到讨厌。但是当我逐渐长大以后，它们对我有了更多的了解，它们逐渐对我有了更多的同情，开始理解我隐含的意义。它们有这样的天性，因此我们之间的关系一直非常亲密。”[112]在特里林看来，现代文学作品比之前的任何文学都更具有惊人的个人化——它向人提出所有在文明社会里遭禁止的问题。“它问我们是否满意我们的婚姻，是否满意我们的家庭生活，是否满意我们的职业生活，以及是否满意我们的朋友。"[113]表面上看，文学所提出的问题是有关文化，但是恰恰相反，它们有关读者本人。特里林将优秀作品当作有生命的存在，是因为优秀作品具有不可否认的价值和基本意义，同时它们还在主题和形式方面提供多种解读的可能性，这一点实际上也延续了特里林一贯的批评方法，即试图揭示事物两方面各自的重要性以及两方面的同一性。

## 5.3. 作者与环境的对话

在有关作者与环境的对话关系中，特里林旨在强调这两者之间互为条件的关系，从而克服了批评界两种带有缺陷的思维方式：一是认为环境决定作者创作的观点；二是认为作者可以摆脱环境的限制，并通过语言和形式实现文学自足性的观点。

特里林首先反驳了上述第一种带有局限性的观点，即环境决定论的观点。一些批评家认为，从美国历史上来看，过去的文化环境"是残酷的、狂热的、没有知觉的、充满物质属性的。它不仅使艺术家生活的基本机制难以运行，而且无法提供任何有价值的场景供艺术家进行创作——它没有多样性、没有深度、没有色彩、没有复杂性"。[114]以马修·约瑟夫逊为代表的一批批评家认为造成美国文学传统相对贫乏的原因在于"机械—暴民"（Mechanism-Mob）所构成的不利于艺术家和艺术生存的社会秩序。[115]特里林指出，这种解释过于"简单"，因为按照约瑟夫逊的解释，艺术只是一种从属于生活的被动现象，而作家也无法运用自己的个人体验和想象力来塑造比现实世界更丰富、更复杂的世界。相反，特里林认为艺术更是生活的工具，其功能最终应该是社会和道德功能，在于揭示和判断价值观。到了20世纪30年代，约瑟夫逊等人认为美国社会已经在物质财富上达到了一个前所未有的发达程度，而一切社会秩序也趋向于一种机械性的静止状态，因而艺术更加面临一种消亡的危险。特里林提出了相反的观点，认为造成当时艺术困境的原因不能仅仅被归结为环境因素，美国艺术家本身应该为此负责。[116]

其次，特里林从主体与客体的对话和转换角度出发，提出作者也不可能彻底摆脱环境的影响而进入绝对的自由世界。这里就体现了特里林对待观念与情感的态度。在感知功能的作用下，外部世界，即文化环境，主要以观念的形式进入作者的思维，在作者艺术才能的转换下，观念通过语言和文本变成一种情感重新回到外部世界，并成为影响读者和其他作者的客观存在。

在考虑文学情感与观念之间的关系时，特里林认为诗歌（指广义的文学）与哲学之间相似性的意义胜过它们之间差异性的意义，而且他希望强调两者之间相互同化的功能。[117]实际上，这里也体现了抽象思维与形象思维的对话。抽象思维对应着对外部环境的感知和观念的形成，而形象思维则对应着作者的文学才能对观念的表达。19世纪以来，人们开始越来越相信诗人的成长必须建立在摆脱家庭束缚的基础上，而特里林却发现济慈的情形与此相反，他认为家庭的观念对诗歌创作而言是一种积极的推动力，因为家庭是作者最直接的外部环境。另一方面，在个人感知力方面，济慈也以一种辩证的观点去对待感性思维和抽象思维。特里林总结了有关感官认识的三个方面：感觉的（sensory）、感官的（sensuous）以及身体的（sensual）。特里林进一步比较了这三个方面之间的关系："感觉的"是一个有关愉悦的中性词，"感官的"表示不同程度和种类的愉悦，而"身体的"则表示强烈的、迫切的、物质的、常带有贬义色彩的愉悦，因此总是带有性方面的含义。在济慈看来，这三者之间并没有地位的高低，实际上它们构成了一个统一的整体。[118]

作者可以和环境互为条件，并通过作品而得到相互转换，那么作品中的人物形象也可以与环境展开对话，而且两者之间也有转换的可能。在谈到现实主义的实质时，特里林认为："我们目前的想法是，现实主义是一种风度和一种主题，而非一种品德。我们理解这是一种文学术语，用来指一种文学样式，这种文学将自身限定在对人民（卑微者，而非高贵者）在与他们的环境进行斗争的过程中所经历的痛苦状态的描述中

(简单的描述,而非迂回的描述)。"[119]然而,在美国文坛的现实主义创作中,许多作家表现出种种违背现实主义原则的做法,例如,在与环境进行的抗争中,一些作品"最终变得与它们要抨击的对手混为一谈",而这种现象恰恰表明一些作家在揭露社会压抑势力的同时又对它们表示了潜在的喜爱之情,正如特里林所讲的那样,"对舍伍德·安德森和西奥多·德莱塞以及他们周围环绕的文学氛围而言,美国非常残酷,但是这种残酷就像一个学童的残酷,而这个孩子将会成长并具有成熟的温和品质,或者说,这种残酷带有壮观的堂皇景象和孔武有力的原始性"。[120]特里林这样说是因为他想提醒人们不要错误地将现实主义的批判性丢失在环境的诱惑之中。他举例说明了真正有益的人物形象与环境的对话关系。爱德华·达尔伯格(Edward Dahlberg)的小说《无名小辈》(*Bottom Dogs*)表现了一种特殊的人物形象。尽管小说的故事一直围绕主人公罗里进行发展,但这个男孩一直处于背景位置,相反,作者对本来应该作为环境来表现的国家却进行了非常细致的描写,结果国家却成为了小说真正的主角;男孩与身边环境之间的关系是恰当的,而且男孩从未用自己的痛苦和失败来为整个场景建立基调。读者也没有被迫与男孩形成一种虚假的关系,男孩被视为人群的一分子,没有人要求我们表示同情,我们会自发地给予自己所拥有的同情心。[121]这种自发产生的同情心才是特里林认为最值得赞扬的现实主义价值的体现。相比那种刻意渲染的人物悲剧命运,这种人物与环境交织的写法更能让读者将自己与作品联系在一起。

要做到与环境进行对话,作者就应该让文学艺术与多种不同的艺术形式以及非艺术的知识领域展开对话。这样,作者可以借鉴其他艺术形式和知识门类的方法来表现环境。事实上,许多文学表现技巧就来自音乐与绘画艺术,例如小说创作中的复调理论受到了交响乐的启发,而诗歌创作中的意象派则受到了印象主义的影响。意识流小说则受到了哲学和心理学的影响。这些其他艺术形式和知识门类构成了文化环境的一部分。特里林于1955年应邀在美国全国艺术与文学学院的晚餐会上发表演说，论及了有关美国艺术家和知识分子的异化的问题。他从艺术家和知识分子自己的阶层出发，讨论了他们的现状。在这一点上，他指出，“我们这个阶层有一个相互之间不讲话的习惯”。[122]这就是说，不同艺术形式和知识门类之间缺乏对话和沟通。

20世纪中期以来，对美国艺术界和知识分子的评价方式与从前发生了变化——通过某些庞大的基金会所召集的专家讨论会来进行，而19世纪的做法则是将艺术和知识建立在思维——创造性想象力——的伙伴关系基础上；艺术人士和知识分子构成了具有个人性质的社群。[123]特里林以法国画家德拉克洛瓦①为例，说明了传统艺术家在与环境的对话性方面所取得的成就和有益启示。他的绘画作品中融入了有关风格的文学思想，而且他乐于和巴尔扎克、戈蒂埃②、乔治·桑等人谈论文学。特里林谈到德拉克洛瓦，并非为了赞扬他的才能，他的实际目的是用他作为一个极端而并非不可能的例证来说明艺术界的生活。在20世纪中期以后的美国，各种艺术之间，特别是文学与其他艺术之间的联系日益减少，特里林认为造成这种状况的主要是作者的内在原因。“我应该明白地指出，我并不是将所有的指责完全对准我自己的文学职业。也许文学对艺术界应该承担某种程度的特殊责任，但是文学不应该承担全部责任。我对这个问题的看法是，所有的艺术和知识职业都应该受到指责。我们相互已经不再成为伙伴。我们选择了相互之间不再进行交流。”[124]艺术界对这种交流障碍提出了一些理由来辩解，例如各种艺术和知识学科的高度专业化，以及由此产生的理解困难。特里林犀利地指出，这种说法与其说是对原因的揭示，不如说是对状况的另一种描述。另一种解释有关时间的问题，谁能有时间去了解自己工作之外的其他职

---

① 德拉克洛瓦，费迪南德·维克托（1798—1863），法国浪漫主义画家，以他大量富有激情的油画和丰富色彩的使用而闻名，如《希俄斯大屠杀》（1824）和《自由领导人民》（1831）。

② 戈蒂埃，狄奥斐尔（1811—1872），法国作家，影响法国文学从浪漫主义向美学主义和自然主义的转变。他的作品包括《年轻的法兰西》（1883）和《珐琅与玉雕》（1852）。

业呢？不过对于创造性的思维而言，“时间是根据其创造机器的马达功效而衡量的：创造机器运行越慢，时间过得就越快”。特里林用德拉克洛瓦为例，说明了时间在自由创造力面前的无穷性：

> 你可以利用1849年3月4日一整个星期天阅读萨克雷的《名利场》；3月5日，星期一，你和梅松尼耶（Meissonier）在他的工作室度过了一天；3月6日，星期二，你观看了一场音乐会，沉醉于莫扎特的伊多梅纽斯乐曲（Idomeneo）中；3月8日，星期四，你去拜访垂死的肖邦；3月10日，星期六，你拜访了一位熟人，去欣赏他收藏的绘画作品和一些达·芬奇的素描；星期天，你去听贝多芬的《田园交响曲》；3月12日，星期一，观看蕾切尔（Rachel）表演“阿塔利”（Athalie）。两天以后，去韦龙（Veron）家里赴晚宴；蕾切尔也在场；你和军事大臣吕利埃（Rulliere）将军闲聊阿塔利，你和阿尔芒·贝尔坦（Armand Bertin）谈论音乐、拉辛以及莎士比亚。你还有时间将这些时间记录在日记里——还不止这些——你还将关于这一切的广阔而明快的思考也记录了下来。[125]

强调作者与不同艺术形式和知识门类的对话，这一点体现了特里林跨学科的研究方法。特里林欣赏批评中的广度和多样性。这一点反映在他自己对道德、社会、政治、传记和历史问题的关注之中。“任何能为文学带来启蒙作用的方法都是合适的，”他说，“有关哲学、传记、社会生活以及文学传统的问题对文学作品的理解而言都是至关重要的。”[126]艺术的成分并非限于艺术的世界，它们延伸进入了生活，而且显而易见，外部知识领域，例如历史语境，可以提升我们对作品的欣赏以及我们对作品所产生的感受。尽管特里林承认文学界怀疑社会科学时所采取的立场——语言的错用、大量的术语、自诩的客观性、未经检验的假设、对个人自治的公然否定——但是与大部分其他文学人士相比，他对社会学的态度显得更加开放。

## ⑥ 确认文学作品的整体性价值

对特里林而言，文学的主要功能在于满足这样的需要，即“将思维运用到人类生活的社会和个人实际情况之中，同时要产生创造力所具有的特定喜悦和善意”。[127]特里林认为文学和生活是不可分割的，因此，他十分自然地对小说情有独钟。他在自传性演讲中坦率地承认，他的批评以小说为方向，而且倾向于“拒绝关注美学问题——除了在次要的方面这样做——而是关注道德问题，关注由于日常生活的经验以及文化和历史经验而引起的问题”。[128]他高度评价小说在提高社会智性方面的能力，并质疑了下列的想法，即将观念的优先权给予哲学家，并认为思想运动总是来自思想家。特里林坚持认为，小说优于人类想象力的其他所有表现形式，它能体现出思维的微妙的、最为复杂的运作，并且能走得更远，因为它将普遍性和具体性结合起来，将思想和感情结合起来，并从一大堆矛盾的细节中产生观念。

尽管特里林对文学价值的理解带有一定的局限性，即他将注意力主要放在小说这种文类上，但是他在这方面的理解是很有启发意义的，因为“20世纪美国文学的主要成就是小说，小说的主要成就是以表现社会、政治、风俗、心理、个人、种族、性别等为主题的现实主义小说”。[129]我们在理解其他文学形式时也可以对其加以借鉴。特里林主要从下列四个方面分析了文学作品的价值构成：（1）表现形式与主题的有机统一；（2）思想的重要性；（3）风度的作用；（4）小说的作用和命运。

在文学作品的表现形式与主题的有机统一方面，特里林尤其赞赏马克·吐温的典范作用。特里林认为《哈克贝利·芬》是“全世界伟大的书籍之一，是有关美国文化的中心文献之一”。那么哪些方面构成了这本书的伟大之处呢？在特里林看来，其中首要的成分在于该书讲述真理的技巧与力量。马克·吐温在《哈克贝利·芬》中进一步发展了他在《汤姆·索亚》中使用的写作技巧，揭示了男孩世界与成人世界之间的区别，反映了他对密西西比河及其所代表的一个时代的向往和怀念。马克·吐温小说中的男孩们都有着强烈的道德感知力，非常崇尚正义，但他们在与成人世界打交道的过程中又变成了“熟练而深沉的说谎者，并以此来保护自己，不过他们并不讲述成人的最终谎言：他们不对自己撒谎”。[130] 这就是马克·吐温笔下简单而复杂的男孩世界。特里林认为，《哈克贝利·芬》的伟大之处还在于这是一本成功描写男孩的书。“人们可以在十岁时读这本书，然后每年都重读一次，每一年都会觉得这本书历久弥新，其中唯一的变化就是这本书的影响变得更大了。”与《汤姆·索亚》相比，特里林认为《哈克贝利·芬》中体现的真理更加强烈、更加旺盛，也更加复杂。构成《哈克贝利·芬》伟大之处的第三个成分在于该书对密西西比河的描写。特里林认为马克·吐温将这条河当作了一个神来对待，仿佛它“有一种自己的思想和意志，对具有道德想象力的人而言，它似乎体现了一种伟大的道德观念”。[131]

特里林总结了小说主人公哈克的复杂个性：哈克的温柔与同情伴随着他对周围人的怀疑，即他们有可能是危险而邪恶的人。因此他“从不讲述自己的实情，相同的一句谎言也从不会讲两遍”。[132]《哈克贝利·芬》一书表达了某种具有普遍意义的人类本性，但是特里林认为它同时也具有区域性的独特意义：它在记录内战以后的美国道德生活方面具有特殊的意义。内战的结束为美国的资本主义发展铺平了道路，不过密西西比河的辉煌也就此告终，同时，美国社会也逐渐丧失了许多宝贵的品质：某种单纯、某种纯真、某种安宁。

在评价《哈克贝利·芬》的形式和风格时，特里林认为这本书几乎是一部完美的作品。尽管《哈克贝利·芬》在总体上属于“流浪汉主题”的小说，但是这里供主人公旅行的道路却是一条流动的河流，而且小说“充满戏剧性的布局”也改变了传统“流浪汉主题”小说直线型叙事的简单性。[133]特里林还高度评价了马克·吐温在《哈克贝利·芬》中对口语风格的熟练应用，认为这种风格影响了海明威、斯泰因、安德森、福克纳，以及“在作品中关注散文体语言表达可能性的所有当代美国作家”。[134]

在《有瑕疵的工具》一文中，特里林分析了犹太作家鲁德威格·列维森（Ludwig Lewisohn）的两部作品：《亚当》和《斯蒂芬·爱斯克特》。在这两部作品中，列维森实际上起到了宣传家的作用，即宣称“对于身兼犹太人和现代人两种身份的人群而言，要实现丰富的生活，就有必要肯定犹太教义”。[135]特里林指出了列维森在创作方面的不足之处，即他的艺术表现有悖他的创作意图，甚至歪曲了自己试图在小说中表达的道德主题，而这一点在列维森的道德小说中“几乎永远都存在”。作为一位小说家，列维森的失败就在于他无法以令人信服的表现手法和生动的人物形象来展现原本十分合理的道德观念，特里林为此给出了一个非常形象的比喻，即“正如在有缺陷的乐器上演绎美妙的音乐”。[136]在《斯蒂芬·爱斯克特》中，列维森试图描写并批判两种有关婚姻中的性关系的极端标准。一方面，作者不赞同多罗茜因为清教主义性观念而对自己与斯蒂芬·爱斯克特的婚姻造成伤害；另一方面，他也反对另一对夫妻中的女性性自由的观点，因为这种态度同样导致了丈夫杀害妻子情人的悲剧结局。但是，作者未能通过成功的人物刻画来充分表达自己的意图，因此，与同样以现代社会的两性关系为主题的小说《查泰莱夫人的情人》相比，列维森的小说就显得十分苍白无力。

特里林进一步分析了造成作者失败的原因，其关键就在于列维森无法成功地抓住人物的核心所在。他能把握群体的特征，但是到了个像的层面，他就只能停留在通俗传统或艺术传统所制定的模式上，而小说家的职责正是要打破这些模式。在处理人物形象时，列维森主要从社会力量的角度进行思考，而不是从个人存在的角度进行思考，因此这些人物给人的印象仿佛就是“用取自犹太法典的金玉良言精心构造的马赛克拼图”。[137]“我们需要有关犹太教和犹太人的理想；没有一种传统能离开理想化的理念而独自存在。但是如果这种理想主义并非建立在坚实的现实基础上，那么它的作用就只会是膨胀无知者的虚荣，并使那些有识之士讥笑着弃之而去。”[138]由此可见，主题是文学作品的必要组成部分，但是没有相应的表现形式，作品就只能流于枯燥的道德说教，而无法产生打动人心的文学效果。

在特里林看来，小说作为表现现实世界的主要文学手段，其特点就在将有关人类生存的深邃思想融于小说的内容之中。没有思想的小说将变成文字的游戏，其整体性价值也将大打折扣。舍伍德·安德森是20世纪初叶美国著名的小说家之一。不过，特里林指出了他的局限性：“安德森最大的影响力也许体现在那些曾在青春期阅读过他的作品的人身上。安德森对青少年具有最强烈的吸引力，这一点不会令人感到惊讶。……现在，我们中的大多数人会觉得安德森所描绘的世界是对现实非常不充分的再现。”换言之，特里林对安德森作品中思想的幼稚性表示了不满，因此尽管安德森的表现技巧非常具有独创性和影响力，但是青春期不应该超越它的自然期限，作家应该随着年龄和时代变化过渡到成人的思想水平。安德森的表现令人失望：“当我们纵览安德森所有的作品时，令我们气愤的是他依然倔强而心满意足地延续早期的创作态度。”[139]

安德森所坚持的创作传统与受人尊重的社会之间保持着长期的对立状态，因此与理性思维一直处于争论之中。但是安德森缺乏这种传统的某种素质。特里林把这种素质称为“思想”。安德森在这个方面与反理性传统相异。他没有变成一位“智者”。他不具备这方面的天赋，“他不能说出能突然照亮生活中黑暗角落的语句或隐喻——他的作用表明他应该充满‘警句’和具体的洞察力，但是他从来都没有”。[140]在安德森的世界里有许多情感，或者说是一些情感的许多表现，但是这里极少有视觉、听觉和嗅觉的内容，极少有现实性的成分。在安德森的创作中没有真实的感官体验，也没有真实的社会体验。这就是缺乏思想的症状。在安德森笔下的人物的讲话中，他们既没有机趣，也没有习语。这一点与马克·吐温的小说形成了强烈的对比。因此，安德森对他笔下的人写得越多，这些人就越缺少活力。特里林指出，读者不会因为人物形象的精髓或灵魂而喜爱他们，读者之所以喜爱他们，是因为他们具有“特定的肉体、机趣、习语、他们与事物以及他人之间那种特定而具体的关系，以及可以信赖的生存连续性”，因为他们是一种“真实的存在”。[141]因此，特里林强调思想的重要性，实际是为了防止文学作品走向情感的极端。这里所强调的思想不仅仅是抽象的意识形态，还包括由具体、实际的生活经验所构成的观念。

随着电影、电视等其他媒体的出现，文学的市场越来越小。在谈到小说的作用和命运时，特里林穿过现象发现了本质，即当时的小说创作陷入了形式主义的怪圈，因此无力和其他视觉媒体在表现现实与观念的艺术领域里展开竞争。因此，导致小说困境的主观因素是作者的认识误区，而帮助小说走出困境的最终力量也在于作者重新获得有关小说作用的正确认识。20世纪上半叶，一些作家和理论家（包括艾略特、奥尔特加和V.S.普里切特）认为小说作为一种文体已经逐渐衰亡。特里林总结了这些人为小说的消亡而给出的三方面解释：首先，小说这种文体已经被消耗殆尽，就像一个矿脉因为常年开采而日渐枯竭一样；其次，小说的创作对应着某种文化环境，而这种环境现在已经不存在了，让位给了其他的环境，而新的环境则需要其他形式的想象来对待；第三，尽管小说所对应的环境依然存在，但是我们要么失去了使用这种形式的力量，要么在小说所提供的答案中不再能够找到价值，因为持续发展的环境已经进入了一种强度增加的阶段。[142]

在《风度、道德与小说》中，特里林曾表明了他对小说的看法：“小说作品是对现实（reality）和幻想（illusion）的探查”，而小说的另一个特殊之处就在于它结合有关社会阶级的问题来处理现实和幻想。在特里林所处的美国社会里，这些问题与金钱是紧密相连的，因此伴随着资产阶级的兴起而繁荣的小说在反映与金钱和阶级关系的风度方面具有特殊的作用。在这个方面，特里林认为所有伟大的小说作品，例如乔伊斯的《青年艺术家的画像》、塞万提斯的《堂吉诃德》以及亨利·菲尔丁的《汤姆·琼斯》，都属于剖析社会风尚的文化小说（Kulturroman）。在讲到文化的意义时，特里林认为文化“不仅意味着小说所对应的普遍社会状况，而且意味着各种程式化观念的聚积”。[143]在金钱和阶级状态方面，特里林认为美国社会无法为小说提供足够复杂的表现基础，因此历史上的美国小说尽管在情感强度和美学方面取得了一定的成就，但是没有多少作品能塑造出充实而难忘的人物形象。在观念影响方面，二战以后的20世纪中期，美国社会既没有保守思想又没有激进的左派思想，同时知识界曾经对弗洛伊德精神分析理论所抱有的热衷态度也逐渐走向降温。

在这种情况下，美国小说呈现疲软现象也是可以解释的，正如特里林所言：“自从辛克莱尔·刘易斯的《巴比特》以来，很难想象哪部小说能为我们提供有关我们的社会生活的新知识。”[144]特里林还讨论了导致小说走向衰败的另一个原因，那就是现代艺术对人类生存所持的不屑态度以及对历史、社会和国家的厌恶，于是人类的痛苦成为了无法表达的现象，这就导致了思维活动的失败和人类智性生活的普遍恶化。

小说的衰败实际上代表了小说所反映的社会意志和文化的衰败。特里林认为，我们不能只看到文化对小说的影响作用，我们还应该看到小说对文化意志所起到的反作用，因此，在当时的文化环境中，小说的重建和恢复功能应该得到充分的重视。从这个观点出发，特里林反对萨特提出的“教条现实主义”（dogmatic realism），即那种抹除作者、抹除个人声音、抹除“愚蠢的叙事技巧”的小说创作。特里林对将来几十年中的小说创作提出了他个人的预测，认为在一段时间内，将来的小说作者将不会过度关注小说的形式，而会注重小说所表达的观念。小说的重建和恢复功能使小说同时面临机遇和责任。转型期的社会将产生多种意识形态，这将给小说提供更好的机遇来表现广泛的社会情感和复杂的风俗体制。但是，机遇也给小说带来了责任，因为“意识形态还不是观念；意识形态不是通过思想获得的，而是通过呼吸政治空气而获得的”。[145]人们往往会习惯性或半习惯性地将意识形态当作对现实的反映来接受，这就需要小说来帮助人们充分认识现实的复杂性。特里林借用了亚里士多德的话点明他的主题：“艺术养育了机遇，机遇养育了艺术。”[146]这句话表明了艺术和环境之间的互动关系，进一步肯定了小说对文化的反作用，因此特里林可以自信地得出结论：“小说没有消亡。”[147]弗莱有关“自由与关怀”之间辩证关系的论述也表达了相似的观点，认为文学具有重要的社会价值：“正是从关怀和自由之间的张力中，出现了第三种经验，出现了一个可能并不存在但却在完成其存在的世界：这是个确定经验的世界，诗歌促使我们得到这个世界，但我们永远不可能真正得到。”[148]

当然，文学价值的体现与不同读者的环境、素质有关，因而特里林也认识到了文学整体性价值是动态的，而非静态和绝对的。在不同的文化语境中动态地评价作家或作品是特里林常用的批评方法。例如，他在《平和的亚当斯》一文中对亨利·亚当斯文学价值的悖论性进行了探讨。他认为，亚当斯很难让读者产生一致的感觉，“他有时令人无法抗拒，例如在他的童年回忆录中，或在他交友的行为或表达中，或在他用以怀念亡妻的短文中；有时他又令人憎恨，例如在他的反犹言论中，或在他在有关自己晚年生活的末日观念中所注入的异乎寻常的恶意”。[149]读者很难对亚当斯的性格作出一个最终的判断，正如人们对人生所有的问题都不可能采取一种一成不变的立场。特里林提倡读者和批评家采取灵活的态度来理解文学的整体性价值，如同在考虑亚当斯的问题时，我们可以“和他一起进退，时而站到问题的左边，时而又站到问题的右边，而起决定性作用的则是我们的情绪和环境的必然性”。[150]在知识生活中有许多场合需要我们产生爱恨矛盾的心理，对美国人的智性而言，最有益的莫过于保持对亚当斯的认识，保持对他采取矛盾的态度，以及权衡我们对他产生的两种情感：敬仰与关爱之情，厌烦和怀疑之情。

马修·阿诺德在一篇论托尔斯泰的文章中认为，《安娜·卡列尼娜》不能被当作一件艺术品来对待，而应该被当作生活来对待。实际上，在现实主义的传统中，托尔斯泰并没有开创什么新颖的文类。巴尔扎克、福楼拜以及左拉等作家已经将现实主义小说带到了成熟的高度。那么托尔斯泰的特殊之处在哪里呢？特里林认为，托尔斯泰可以被当作“最具中心地位的小说家”，因为正是他为小说提供了作为现实而非作为艺术的“规范（norm）和标准（standard）”。读者和批评家正是以这种规范和标准作为参照来衡量狄更斯、陀思妥耶夫斯基以及詹姆斯等作家在表现现实主义题材时所进行的变形、夸张和陌生化处理的。特里林将托尔斯泰的这种独到之处与荷马的风格相提并论，指出在文学史上只有荷马才能在人与环境的关系上取得类似的和谐状态。

这种处理现实的方法就在于客观地呈现出事物在自然中的原貌，而不提供主观的判断。当然，特里林也承认这种客观性是相对的，而且是一种悖论，因为作家不可能与自然完全等同起来。那么，托尔斯泰和荷马的过人之处究竟是什么呢？特里林在《伊利亚特》和《安娜·卡列尼娜》中发现了作家对现实的热爱。因此，同样是客观性，在福楼拜那里，它是一种充满愤怒的客观性，而在托尔斯泰这里则是充满情感的客观性。陀思妥耶夫斯基笔下的伊万·卡拉马佐夫同样也是现实主义作品中的精彩人物形象，但是与托尔斯泰的《安娜·卡列尼娜》中的列文相比，伊万显得悲观、绝望，而列文则在否定中带有希望。[151]

特里林的分析体现了他对道德的关注。他认为托尔斯泰所创作出的现实主义作品之所以具有独特的魅力，原因就在于作家本人的道德素质和情感素质，因为当一位小说家真正热爱他的人物形象时，他就能表现他们的完整性和矛盾性，表现他们的失败和辉煌，表现他们的卑微和魅力。特里林进一步分析了读者对托尔斯泰所产生的热衷态度，他认为所有体面的、真正诚实的人都希望以托尔斯泰对人性的呈现为标准来对自己作出判断。亨利·詹姆斯“对灾难的想象”表达了人们对资本主义的社会异化以及人性的邪恶的关切，这种关切还体现在现实主义的极端形式——自然主义——对人类生存状态中丑恶、肮脏、犯罪等方面的描写，而托尔斯泰的现实主义作品则提醒读者，人类生活本来可以是正常而健康的。这里，特里林还表达了他对当时盛行的以语言分析为中心的批评方法的反对态度，他认为这种批评无法揭示《安娜·卡列尼娜》这类小说的重要意义，因为这些作品的力量“并不依赖语言，而是依赖于道德的想象力”。[152]

对学习美国文学的学生而言，霍桑具有特殊的地位。作为长期执教的文学教师，特里林发现，当这些学生阅读亨利·詹姆斯论霍桑的专著时，他们会感到某种程度的不舒服。他们会意识到，在詹姆斯对霍桑的一片高度、慷慨的赞扬之中还有一股逆流在流淌，甚至还有一种屈尊俯就的态度。[153]但是，学生会发现，他们的解释最终必须参照一种文化假设，而詹姆斯早已给出了这种假设。而当学生审视这种假设时，他们感到自己的文化和亨利·詹姆斯当时的文化之间存在着巨大的隔阂。詹姆斯论霍桑的专著出版于1879年，从那时起到20世纪40年代，在文学批评的各个方面都已经发生了巨大的变化，其程度之大怎么估计都不为过分。

詹姆斯否认了霍桑思想中的黑暗性，而且，他似乎并不承认霍桑的思想是严肃的思想。因为他认为霍桑对良知的关注在很大程度上是“讽刺性的”。詹姆斯描述了清教主义的恐怖，描述了“罪恶感的阴影”如何可以使个人生活变得黑暗，并导致生活走向绝望或走向灾难性的反叛；在这些描写中，詹姆斯没有减弱宗教的色彩。但是他非常确信地认为，霍桑没有受到清教传统的负面影响——在这种影响下，他没有“呻吟，没有出汗，也没有受到折磨”，他也没有愤怒地抛弃这种传统。[154]

特里林比较了关于霍桑的两种观点，一种是詹姆斯的，另一种是当代教授所总结的、公认的现代观点。他认为，“如果我们试图说明批评运动是如何使我们产生自己对霍桑的看法的，那么，我们就不能满足于仅仅用‘细读法’的效应来描述这个过程”。[155]这种批评运动所使用的研究技巧和方法都具有明显的重要性，但是在历史现实中，现代批评需要意识到在每一种技巧出现之前就业已存在的意图。这种意图就是为文学提供新的力量和权威。或者应该说：

> 这种意图是支持文学为自身所要求得到的新的程度上的力量和权威。现代批评的技巧手段在艾略特先生的著名脚注中已经得到了总结，他告诉我们，精神扼杀生活，而文字给予生活。但是，说这句话时，艾略特先生表达了更多的意义，开明的读者必须非常注意文学艺术的细枝末节，否则这种批评就不会被认为是心灵在杰作中所进行的冒险历程。[156]

艾略特对批评的亢进活动提出的反对意见之一就是，批评干预了我们与文学作品之间隐秘的、个人的关系，它阻止我们自由地用自己的方式去应对文学。特里林进一步指出，“批评的繁忙景象不仅改变了我们与文学的关系，改变了我们与总体的艺术之间的关系，而且甚至改变了我们对艺术本质的认识，同时，如果我们停下来对它进行思考，那么我们可能根本不会从中得到乐趣”。[157]特里林设想了一种可能的情形，那就是“我们使霍桑的作品面向公众，同时让我们自己忙于发现霍桑现象是一种疑问，而我们接着就必须忙于为这个疑问寻求答案，这样一来我们就失去了霍桑作品的精髓中所蕴涵的魅力和芬芳”。[158]詹姆斯受到了霍桑作品的美的吸引，他欣赏其中的肌质和光泽。在论述这一切的时候，詹姆斯表达了较多的个人喜悦，而批评性的欣赏则占据较少比例。关于这种表层美学，新批评学者等当代批评家们则极少涉及。他们关注的是深度的美学，关注有关那种具有准教义性质的美学。特里林从最简单的角度出发，指出“人们不可能发现所有东西，但是只要一个人在童年读过霍桑（詹姆斯表示他是一个例证），那么无论他是谁，他都会感觉到，他曾经知道的某种东西现在丢失了，在含混这个词出现以前，这种东西曾经与他交谈过，而且谈得十分动人”。[159]

有一个问题值得考虑：为什么詹姆斯对霍桑的理解和特里林时代批评家的理解如此迥异呢？特里林先前曾讲过，詹姆斯的观点不仅是个人的，这种观点是由文化假设所控制的。当然，詹姆斯的确是公开反对平庸主义的人物，但是一种思潮的运作方式是非常神奇的，没有人能确信自己不受它的影响。因此，特里林经过分析得出这样的结论：“詹姆斯和他所处的时代的某些值得怀疑的方面是一致的。”[160]在霍桑的作品中，那些最能使詹姆斯感到不安的因素已经不大可能使今天的读者感到不安，因为他们拥有高度发达的文学感受性，这是现代智性生活的特征之一。确切地说，在同样的环境中，当代读者可能发现一种安全的感觉，但是詹姆斯却可能感到焦虑。

霍桑关于道德生活的看法尽管在某个方面涉及到了超验或心灵的领域，但它在另一个方面也涉及到了心理学的领域，这样它就引导读者产生这样的疑问：“这与我所知道的事实是相符的吗？”对与霍桑同时代的读者而言，小说家在心理学领域的观察是一种解放，特别是当这种观察发现了思想内部黑暗而具有颠覆性的成分的时候；但是人们正变得习惯于心理学——习惯于今天这种典型的“高度发达的”读者，因此这种观察不能带来那种曾令人惊讶的解放，人们可能甚至会在文学观点中发现这样的想法，“即只要文学还是通过观察而得到的知识，只要它不愿意受到系统化整理，不愿意被变成一种科学，那么文学就会限制人类的想象，而非扩大人类的想象”。[161]

特里林对文学价值的相对性理解还体现在他有关文学杂志的论述中。文学杂志尽管发行量很小，但是它们在倡导积极的文学观点、帮助读者树立恰当的文学品位方面占据了不可取代的地位。在《小杂志的功能》中，特里林以《党派评论》为例，强调了文学杂志对公众的教育作用，也表达了对文学杂志在现代社会中的生存的担忧。首先，特里林认为，在当时美国社会中，受过教育的自由主义者阶层与同时代最优秀的文学思想之间存在着严重的脱节现象。他进一步指出："这就是说我们受过教育的阶层所拥有的政治观念与想象力所占据的深层空间之间毫无联系。"[162]在分析造成这种状况的原因时，特里林告诫人们不要轻易地认为作家丧失了创作才能，因而也失去了影响大众的能力。相反，政治、教育等众多复杂因素都是导致这种脱节现象的原因。

在这种情况下，社会需要文学杂志来拉近政治观念与文学想象力之间的距离。尽管《党派评论》在40年代只是拥有六千读者的小杂志，但特里林却认为这份杂志作出了巨大的贡献。《党派评论》不仅试图让读者相信，政治只是人类想象力和思想的一种表现，而且还"希望在其政治模型中融合新与旧相结合、传统与实验相结合、宗教与实证主义相结合以及希望派与绝望派相结合的思想"。[163]在有关文学艺术的"小圈子"（coterie）的讨论中，特里林的意见再一次显示了他折中的态度："小圈子这个词不应该令我们感到十分恐惧。相反，它也不应该让我们感到过于高兴。"特里林认为"小圈子"写作不会限制作品的"人性"品质。他列举了多恩、霍普金斯、乔叟、弥尔顿、浪漫主义时期的作家、陀思妥耶夫斯基以及惠特曼等作家来说明，伟大的作家历来都为自己的作品限定具有一定理解力的读者群。因此，尽管《党派评论》的发行量很小，但是特里林仍然非常赞赏它远离工业文明的批量生产的媚俗读物的姿态，也认同它的政治主张："政治活动应该与人类思想的想象力相结合。"[164]

# 特里林批评话语的特征

在许多研究文学、文化批评家的文章和专著中，研究者往往关注的是某个特定批评家的批评思想，即他/她说了什么。这种研究的确是值得肯定的，因为它能梳理批评家的观点，分析其中的合理性以及由此产生的影响，当然也能发现其中的问题和局限性。这种研究方法类似于文学研究中的主题研究，例如分析某部作品的内容和主题思想。文本分析和叙事学的发展为文学研究增添了新的维度，那就是研究作家对作品的表现手法。实际上，对批评家所作的研究也可以借鉴文学批评中的文本和叙事批评方法来分析批评家的批评话语，即在分析批评家"说什么"的基础上，发掘他/她是"如何说的"。

特里林认为文学作品和批评之间存在着互文性，即在一定的条件下，作品成为了对社会的批评，同样，批评文章也是文本，因而可以具有话语分析的可能性。对批评家的批评著作进行话语分析具有一定的优势意义，因为批评家的思想往往拒绝研究者对其进行贴标签式的定义和分类。同一个批评家在不同时期的批评思想有时可能展示出相互补充的关系，另外的时候又会显得截然不同，甚至产生尖锐的对立。不同批评家之间也存在着复杂的关系。例如纽约知识分子群体，他们在许多方面都有自己各自的特点，但是在文学与社会的关系上却表现出很大的相似性。如果按照惯常的研究方法仅仅对他们的批评思想进行分析，我们无非能得出这样的结论：这些知识分子都试图从文化语境出发进行文学研究，同时他们的听众被定义为受过教育的社会大众。但是，如果我们能分析一下某个具体批评家的批评话语，那么这个批评家的特色就能更清楚地显现出来。本章试图从批评风度、批评的情节以及批评话语的悖论性、零散性三个方面来研究特里林文化批评的话语特征，以便在以上各章的基础上揭示出特里林文化批评的独特性。

## 1 批评风度

"风度"一词是特里林对其他作者进行批评时经常使用的一个关键词。特里林认为批评在本质上应该是道德的，这一点不可避免地使他对文化和风度表示关注，因为这两者正是道德态度和价值观的社会体现。"风度"指"一种文化的嘈杂而匆忙的各种隐含意义"。[1]这些意义体现在人们的日常生活中：街谈巷议、风俗习惯、衣食住行等人们习以为常的方面。特里林眼中的文化并不在于伟大而善意的观念或话语，而在于社会价值观和行为。人们日常生活中的隐含意义往往体现了一个人的道德素养，而作家在作品中流露出的个人隐含意义也体现了文化的影响，"这些意义构成了文化的一个独特组成部分，它们不是艺术、宗教或道德、政治，但是这个部分与这些高度程式化的文化分支有着相互联系。它由这些分支所改变，它又改变这些分支；它是这些分支产生出来的，它又产生了这些分支"。[2]

特里林不仅在对其他作者的研究中注重"风度"，而且在他自己的批评著作中也随处流露出优雅的风度。这种风度并不因为他所关注的内容重要而显得重要，相反，风度本身具有自身的重要性。弗洛伊德曾指出，一个人行为的结果固然重要，但是他行为的方式同样体现了他的动机和素质。特里林受到了弗洛伊德的影响，认为作家和批评家的表达内容固然重要，但是表达方式也从一个方面体现了作家和批评家的真实自我。特里林的话语具有这样的特征：有节制，具有迂回性，不喜欢决断性、指责性和抨击性的言论。他的语调既不尖锐，又不粗暴，代表了一种理性的话语和有节制的观念。这一点来自特里林有关礼貌（courtesy）

的认识，他将礼貌视为道德的组成部分以及社会中重要的约束成分。同时，他的语调也出自他对客观性的信仰："文学研究和教育中的客观性开始于对所研究的作品或作者所持有的有计划的偏好。"[3]他的风格使一些学者感到不安，例如戴尔摩·施华兹。这些人认为特里林经常难以令人理解，"因为他对所有的观点都如此敏感，对他人和不同观点如此关注，在形成自己观点的过程中如此积极和机敏，以至于他的目的似乎不是为了反驳其他的观点，而是为了适应，甚至使自己同化到那些观点之中"。[4]但是，特里林对话语的选择并不仅仅是一种策略或风度；这反映了他对人性与文化的微妙复杂性的感知。有时，特里林的论证习惯被人错误地当成缺乏投入的精神，但是这种想法忽视了他那宽容的话语之下所蕴含的坚定目标。对谨慎合理性的致力精神和对含混性的承认不一定与道德目标形成冲突。

特里林的风度受到了福斯特的影响。福斯特的风度具有喜剧性；他在很大程度上吸取了下列作家的风度：菲尔丁、狄更斯、梅瑞迪斯以及詹姆斯。不幸的是，到了20世纪40年代，即便是受过教育的美国读者也可能对喜剧传统一无所知，而且无法意识到喜剧性的严肃。福斯特不仅是喜剧性的，而且经常是游戏性的（playful）。他拒绝伟大，这一点有时让人感到不快。文学中的伟大性，甚至是在喜剧中，似乎都与政府和战争的伟大性存在着契合的关系，表明权力、某种严厉性以及一种帝制的、专横的色彩。但是，福斯特表示他一直痛恨一切国家、职业和社会，他的所有热爱都是针对个人的。

福斯特的风度是一种道德意图的动因，这种意图只能通过蒙田所谓的"起伏性与多样性"思想来执行。特里林是这样形容福斯特的风度的：

> 福斯特的情节总是尖锐而确定的，因为他通过斗争来表现差异，而且通过公开的冲突来表现斗争，这种斗争是如此强烈，以至于它可

> 以突然变成闹剧，甚至变成实质上的暴力。然而，这种喜剧性的风度并不容忍绝对的事物。它居于街垒之上，对冲突的双方都表示怀疑。猛烈的情节向前发展，变成宏大的简单性，但是这种喜剧性的风度使问题产生混淆，迫使我们意识到道德事实的困难性和复杂性。情节表明一种永恒的区分，而风度则表明和解；情节谈论的是清晰的确定性，而风度则坚决认为没有什么事物是如此简单的。"清洗一下你自己，把自己弄干净，"情节说。而风度则悄声说："但愿你能找到肥皂。"[5]

特里林的批评风度和他的成长经历以及教育背景是分不开的。特里林家族的历史可以追溯到德国纽伦堡西南一个小镇上的特里林瓦瑟尔（Trillingwasser）家族，后来家族中曾经出现过著名的拉比（有资格解释犹太法律的犹太学者），因此特里林的祖父母希望自己的儿子延续祖先的荣耀，成为受人尊敬的拉比，但他在波兰故乡的犹太教成人仪式上竟然忘记了自己背诵的誓词，因此他在十三岁时被家人从波兰送到了美国。特里林的父亲起先在纽约当裁缝，生意颇为兴旺，他后来试图转行做皮货制造商，但这次尝试失败了。在众人面前，他是一位绅士，但是在家里，他的脾气很暴躁。他也是一个专横的忧郁症患者。同时，他对金钱有着完全错误的理解，他将金钱与一些明显无形的事物相混淆，如个人债务或荣誉。特里林的母亲十分担心他父亲容易恐慌的性格会影响特里林的个性发展，她甚至不让父亲在儿子排练戏剧时接近他，原因就是害怕父亲年幼时因记忆出错而导致的灾难会在潜意识中传递给特里林。

特里林的母亲范妮出生在伦敦东区，并在那里接受了教育。在特里林的外祖母去世后，范妮就和家人移民到了纽约。她为人聪慧，嗜好阅读，直到年近九旬视力不佳才不得不放弃读书，但是作为长女，她必须承担家庭责任。结果，她失去了上大学的机会，而她的妹妹们都上了亨特学院。对此她深表遗憾，同时希望特里林将来能接受良好的教育。特里林母亲对他充满信心的期望和鼓励无疑对他的文学和知识成就起到了重大的作用。她很早就作出决定，莱昂内尔必须获得牛津大学的博士学位，当时特里林最多才四五岁。后来他的发展没能实现他母亲的计划，但他终于能取得与此相比最为接近的成就，那就是在1964年（在他母亲去世前几个月）获得了牛津大学的伊斯特曼教授头衔。特里林的母亲对英国文化表示了由衷的赞叹，而且在很大程度上是一个爱好文学的人。她读过司汤达、萨克雷、托尔斯泰、曼、劳伦斯和詹姆斯等著名作家的作品，有时还与特里林夫妇表达自己对文学的评价。

特里林的父母认为自己一直都属于中产阶级，这种想法对他们而言正如呼吸一样自然——他们诚实、可敬，为这个国家的稳定和进步作出了自己的贡献。但是，作为犹太人，他们并未完全融入这个世界。他们很少去餐厅或剧院，尽管偶尔会去听歌剧和音乐会。他们不属于任何社团，只将自己的社交圈限于亲戚和周围谦和的邻居。当然，他们也并不因为没有钱或者自己是犹太人而感到被排斥。他们把英语作为母语，并且说得很流利，特别是莱昂内尔的母亲，她出入于非犹太人周围，毫无自卑的心理。特里林的家庭相信，在美国的社会竞争中，知识、能力与金钱构成了一个人成长的因素，具有同等的重要性。尽管特里林的父母并不富裕，无法为子女提供奢侈的生活，但他们在家庭中提倡精神生活的重要性，并且坚信文化能改善人的生活质量。因此，他们特别注意让子女接受正规、良好的教育。戴安娜·特里林在一篇传记性的文章中曾描述过他们在特里林身上灌输的一种特殊人生观："一种不确定的、对个人价值的感觉，某种神秘的存在性质，这是一种特里林无法言传，但可以最终依赖的性质。"[6]

特里林后来的教学和批评生涯都显露出一种特殊的气质，这种气质带有强烈的英国风格，这一点无法用他的犹太出身来解释。实际上，他母亲的亲英派思想对特里林有着非常重要的影响。特里林阅读了大量19世纪的英国小说，对它们所表现的自我与社会之间的辩证关系产生了浓厚的兴趣，并从中汲取有益的精髓形成了自己的许多思想。实际上，特里林的整个批评生涯都在试图正确理解自我与社会之间的对立：起先他在这个问题上的探究被限定在犹太身份的问题上，他试图在美国的文化背景中发现犹太性的真正意义；后来，他发觉所谓的“积极的犹太性”对他并没有吸引力，因为他在研究马修·阿诺德的过程中发现了更大的文化问题，那就是个人与文化之间的普遍张力。

艾尔弗雷德·卡津曾略带嘲弄口吻地作出评价，认为维多利亚时代的英国是特里林的“精神故土”。“这个移民裁缝的儿子取得了非凡的成就，他对英国和英国19世纪的小说所包含的伟大世界充满感情，以至于这种文学在他心目中的形象将英国变成了一个个人的梦想。”[7]在1945年写给阿伦·金斯伯格的一封信中，特里林说：“你一定会了解我的为人，就是说我是一个非常老式的人文主义者，尽管人文主义传统有时让我愤怒到极点，但我还是在很大程度上坚持这种传统。”①罗伯特·兰鲍姆提到了特里林于去世前不久在弗吉尼亚大学发表的一次演讲：“他谈到了意志，以及他是如何将自己视为一个19世纪的人物的，因为他仍然相信意志的效用，而当时其他的知识分子几乎无人相信这一点。”[8] 特里林的英式风格并不是与生俱来的，这是一种后天刻意培养的结果，但是由于特里林理解了这种风格的精髓，而不是仅仅在外表上进行惟妙惟肖的模仿，因此他的言谈举止和批评态度中都流露出自然而随意的风度。马克·谢齐纳说：“这种虚拟的英式风度已经成为了他［特里林］的举止和谈吐的组合成分，这种风度不仅是一种文学品位或职业的姿态；它是一种身份。”[9] 用卡津的话来说，可能正是这种富有英国味的个性才有助于他成为“有史以来第一位在哥伦比亚大学英语系获得终身职位的犹太人”。[10]特里林的家庭背景使他从童年时期就养成了一种谦和、理智、有节制的情感力量。

毫无疑问，这种起固定作用的情感力量对他的批评生涯起到了深

① Trilling to Allen Ginsberg, 11 September 1945; Trilling Papers.

远的影响，使他有能力包容对立的思想，采取一种辩证的、居中的位置。特里林多年的好友雅克·巴尔赞谈论过特里林“完美的斯文举止和冷静气质，几乎是一种宁静致远的态度”，另外他补充说：“他的生活受人尊敬，同时非常谦和。在社交场合，他并不盛气凌人，也不以自我为本，而且一点也不古怪。”[11]因为特里林生活有序，婚姻幸福，为人谦和，因此即使是在人际关系刻薄的纽约知识分子的人文环境中，特里林也没有受到流言蜚语或人身诽谤的攻击。

和特里林相比，他在哥伦比亚大学的同事米尔斯教授所表现出来的不同之处是有启发意义的。米尔斯来自一个经济背景一般的家庭：他父亲是一名得克萨斯州沃克县的保险推销员，母亲是一名家庭主妇。其他的情况都和特里林不同：米尔斯不追求大学教师的职业和前途，也没有被鼓励成为学者；他进了得克萨斯农业和机械学院，成了一名工程师。当他转到得克萨斯大学后，他偶尔接触到了哲学和社会学。直到他生前的最后几年，他都仍然对学院生活保持怀疑，不相信他常常蔑视的职业常规。不像特里林，他尽管珍视自己在哥伦比亚大学的职位，但他并不是那么高兴地安于这个职位；他的同事发现他观点尖锐，不好相处。[12]

文化由风度所组成，在特里林的理解中，风度是一种文化含义的外在表现，即“文化表述其显现内容的、易于消逝的全部语境。作为文化的一部分，风度由那些没有得到完全表述或无法表述的价值表现而构成”。他认为风度包括所有那些微小的举止、服饰和装潢的传统、语调、姿势、重音以及词汇——“这些事物，无论好坏，都能将属于一个文化的人聚集到一起，并使他们远离其他文化的人”。[13]这些成分都属于敏感性、判断和无意识评价的外在表征。

特里林在使用“风度”一词时也体现了他惯有的复杂性和多样性，因此也导致了一些误解和抱怨。人们经常批评他将小说限定为有关风度的小说，并将风度视为一个特定阶层的社会传统。例如，D.H.赫尔西就曾抱怨说，特里林所使用的“风度”过于模糊，以至于没有什么用处，而且其使用过于宽泛，以至于有风度或没有风度竟然导致同样的结果。同时，他还指出，特里林的真正意思是要说明小说应该表现“高层文化的优势地位所想象到的文雅风度”。[14]特里林对这种指责作出了回应，指出自己在这方面的老师是德·托克维尔①，他“使得风度与文化融为一体”，而且认为风度通常都是“性格基础的产物”。而特里林所指的风度正是这种性格基础的产物[15]。特里林曾经说过，伟大的小说家都知道，“风度可以指示人类灵魂的最大意图和最小意图，而且它们永远都希望能够捕捉每一个模糊、隐蔽的线索的意义”。[16]特里林并非试图缩小小说应该反映的现实范围，他的真实意图是为了恢复小说文体应当具备的完整性和复杂性，这包括构成生命的行为、表达和信号的日常积累。

特里林一直警告文学创作者和批评家不要忽视风度的重要性。在他看来，舍伍德·安德森就因为这种忽视而在作品中失去了许多吸引力。安德森最大的影响力也许体现在那些在青春期曾阅读过他的作品的人的身上。安德森对青少年具有最强烈的吸引力。但是，青春期不应该超越它的自然期限，而当我们纵览安德森所有的作品时，令我们气愤的是，他依然倔强而心满意足地延续早期的创作态度，一味地理想化青春期的生活经历。[17]

特里林从个人和文明的关系角度出发，揭示了安德森与更富思想价值的文学家之间的区别。他认为，在文学领域里，真正有价值的人文传统应该注重个体与社会之间保持的长期争论的重要性，用永恒的气质来与理性思维进行争论。但是安德森缺乏他同时代的精神伙伴通常所具备的某种素质——“我们可以把这种素质称为**思想**，但是**能量**和**生机**也可以被用来形容这种素质，因为它们与思想有关”。[18]安德森在这个方面与他们相异。他没有变成一位“智者”。他不具备这方面的天赋：“他

① 托克维尔，亚历克西斯·查尔斯·亨利·克雷尔·德（1805—1859），法国政治家、旅行家和历史学家，在周游了美国（1831—1832）之后写了《美国的民主》一书（1835），这是一本影响极广的研究美国体制的专著。

不能说出那种能突然照亮生活中的黑暗角落的语句或隐喻——他的作用表明他应该充满‘警句’和具体的洞察力，但是他从来都没有。”[19]

在安德森的文学世界里有许多情感，或者说是一些情感的许多表现，但是这里极少有视觉、听觉和嗅觉的内容，极少有现实性的成分。正如在安德森的创作中没有真实的感官体验，他的作品里也没有真实的社会体验。在安德森笔下人物的讲话中，既没有机趣，也没有习语。安德森在写作时有目的地想把特殊的语言习惯当作重点——它有意使读者怀疑他们对自己世界的熟悉程度，而读者必须注意到，“它并不是要使我们感到事物更新鲜，它只是为了使我们似乎对这些事物感到迷惑而遥远”。[20]

因此，安德森关于他笔下的人们写得越多，这些人就越缺少活力——他们也就越不能让人喜欢。安德森对这些人表达了这么多热爱之情，大部分读者却无法喜爱他所描写的这些人。读者不会因为文学人物的精髓或灵魂而喜爱他们，相反，读者之所以喜爱他们，是因为他们具有“特定的肉体，或机趣，或习语，他们和事物以及他人之间所产生的那种特定而具体的关系，以及可以信赖的生存连续性：我们喜爱他们，因为他们是一种真实的存在”。[21]

这种“真实的存在”就体现了特里林所指的风度。而他本人也在自己的批评中尽量避免空洞地罗列思想和术语。相反，他像创作文学作品那样去构建自己的批评话语，努力用自己的特色、机趣和他惯有的话语风格去吸引读者的共鸣。特里林的批评风度在很大程度上也受到了弗洛伊德的影响。特里林曾说：“弗洛伊德是我们这个时代最伟大的人物之一。……他对当代思想和理论假定的影响是无法计算的。”[22]“自从亚里士多德以来，与其他任何作家相比，弗洛伊德在增进我们的艺术理解力方面作出了最大的贡献”[23]，而且弗洛伊德是“最伟大的人文主义思想家之一”[24]。威廉·巴瑞特提出，如果特里林在某个方面能被称为教条主义者的话，那么这个方面就是他对弗洛伊德主义所采取的忠诚态度：

“弗洛伊德是特里林个人坚持把握的固定的信念支柱。”而且当特里林提到弗洛伊德的名字时，“他几乎总是将这个名字沐浴在某种神一般的光环中”。[25]吸引特里林的不仅是弗洛伊德的思想，还有他的性格，而且弗洛伊德的道德风格和他的科学观念同样能引起特里林的兴趣。在特里林看来，弗洛伊德不仅发现了社会存在的中心难题，而且为勇敢面对这些难题的人提供了一种范例，以便管理压力、获得自我。他发现，弗洛伊德不带幻想的坚忍与探求一切的好奇心都来自世俗主义和理性主义，而且都适宜亲近，值得效仿。斯蒂芬·马库斯曾和特里林一起编辑了欧内斯特·琼斯的三卷本《弗洛伊德生平与作品》的删简本，他解释道：“弗洛伊德这个人物对特里林而言已经非常接近他的道德理想，或者接近一种个人性格和行为的理想。弗洛伊德的猛烈性、勇敢性、诚实性以及独立性，他的悲剧感和坚忍的抵抗力，这一切对特里林而言都成为了榜样。他在自己的个性中重新肯定了这种榜样，并且试图在自己的存在中实现这种榜样。”[26]在特里林的整个学术生涯中，他将弗洛伊德视为自己最高价值观的护卫者，而这些价值观则以西方的经典悲剧现实主义传统为中心。

另一方面，特里林从弗洛伊德那里学来的个性特征也体现在了E.M.福斯特的身上。福斯特满足于人类的可能性，也满足于人类的局限性。人类行为的方式当然无法令他感到满意，但是他并不相信人类能发现任何新的品德；他说，人类要想过上适合自己的生活，其途径并不是变得更好，而是对自己天生的善良本性加以整理和调配。特里林说：

> 在我看来，这似乎可以被称为世俗性（worldliness），它接受世上的人，不带有愤世嫉俗的情感，也不带有理性主义的情感。福斯特是一种极其稀有的人才，他是一位自然主义者，但是他的自然主义具有积极性和激情，而不是对人类的天性采取消极的、被动的和辩护性的态度。因此，特里林尤其敬佩福斯特的人文品质，认为“**他代表了这样**

**一群有思想的人，他们从不会认为自己能超越人性，而且在身处逆境时，也从不会低于人性**”。可以肯定的是，福斯特具有一种“接受”宇宙和世界的强烈倾向。在我们试图理解福斯特的思想时，必须考虑到这种倾向；这一点尤其有益于理解他的文学批评思想。[27]

从这种崇尚平等和积极态度的思想出发，特里林指出了现代批评方法的不足之处：

> 没有一种批评能如此关注如何作出区别和建立障碍，以便将事物相互分离开来，并使人类的救赎取决于正确的选择。叶芝曾在一部自传中说道：“宗教的生活在于使一切事物平等，而智性生活则在于说：‘你们这些蠢货。’”没有一种批评能像这场现代运动那样坚定而决绝地说：“你们这些蠢货。”但是，福斯特所采取的批评方向恰恰是使一切事物变得平等，而不是说“你们这些蠢货”。排斥的行为使他感到痛苦，而且在基督教的大部分方面中，他尤其厌恶排斥的倾向。[28]

福斯特惧怕那些所谓的“重要性和尊严”。他说：“很遗憾，人类不能同时做到感人与真实。”[29]因此，作为一位批评家，福斯特并不需要一致性（consistency），也不希望为自己留给他人的印象寻找一种系统的结构。特里林认为，福斯特和艾略特之间存在重要的差异。这种差异首先体现在美学结果上。在艾略特那里，创建法律的欲望以及争取尊严的有意识努力产生了无可置疑的影响。“我们对这种努力作出反应，这种辩证的形式给我们带来愉悦，我们与重大的问题产生了联系。文学因此获得了一种巨大的重要性，生活似乎更有趣味。在这样一位批评家身上，我们所遇到的要么是一位可以与我们共同抗击人类精神的某种敌人的盟友，要么是一位能为我们带来冲突的满足感的对手。”[30]相比而言，福斯特却让人们感到放松。他能以非常动人的方式告诉我们文学的重要性，但是他从不会意图凸显任何一部文学作品的重要性。福斯特呈现观念的方式是非常个人的，以至于它可以嘲弄法则的确立。

在考虑美国文化现状时，特里林的批评作品还表现了一种焦虑的心态。小内森·斯格特将特里林的人文主义描述为一种“焦虑”的人文主义。在现代文学面前，特里林这种对作为知识的文学如此投入、对道德含义如此着迷的思想一定会显得焦虑。从文学—文化的意义，而非政治意义来说，特里林的表达方式是一种保守主义的焦虑。[31]他的文章针对人文传统的明显退化表达了一种平静但却顽强的警告。R.W.B.刘易斯在对《自由的想象》所作的评论中将这种焦虑描述为一种“新斯多葛哲学”：“人文主义者发现自己不可能证明肯定或否定，因此他经常引退到一种保持张力的主义中；而在无休止的、无法解决的两极状态中坚持下去的勇气，有时也被称为责任，往往变成了主要的人类品德。”[32]欧文·豪回忆起他同特里林的最后一次会面，当时他问特里林是否由于“文学批评领域里最近那些如日中天的方法论家们”而感到“焦虑”。特里林回答说：“我总是感到焦虑。”[33]特里林的焦虑是由于形式主义等批评潮流正在使有知识的中产阶级失去对文化传统的理解和欣赏。因此，他强调了解其他文化的重要性，因为这种了解可以训练智性和想象力。[34]阿诺德运用了希腊文化来试图提高英国中产阶级的文化水准。特里林则相信英国文学和历史可以被用来为美国人实现相似的目的，为他们提供更广泛的视野。

## 2 批评的情节

特里林批评思想的主题相对较少，而且在他的批评生涯中始终保持了一种惊人的一致性：文学是对生活的批评，个人与社会之间那种充满问题而又十分关键的关系，由于对人性和经验过分简化而引起的危险，自负的智性和意志所产生的危险，以及道德生活的复杂性和痛苦。

尽管有些批评家认为特里林在著作中重复主题的做法有失新意，但是欧文·豪却认为，正如不同的小说作者经常讲述相同的故事，因为它能表述他们最基本的存在感，因此批评家也可以有同样的做法：“那些真正投入到自身思维的运动中的人同样也讲述相同的‘故事’，返回一个单一的问题或一组问题。”而且他认为这一点尤其适用于特里林。[35]根据欧文·豪的描述，特里林写文章的典型方法是“以一种虚拟的犹豫作为开端，但是很快就给出一个暗示，表明下文将会出现一个惊人之处，即有关‘我们’——‘受过教育的阶层’——如何误解‘文化状况’的方式”。[36]这是一种精确的概括，但是更具体而言，在一位具体作家或一部具体作品构成的语境中，那种“虚拟的犹豫”通常会涉及到对过去的观念、态度或价值的引入，尽管这些事物现在遭到了忽视，或受到了“现代”观念的轻视。

罗伯特·兰鲍姆是这样来描述特里林文章中的“典型情节”的：特里林开始时提出一个积极的立场，然后再写出可以批评它的所有内容，最后返回来对它提出要求。“读者在悬念中等待，想知道特里林将如何回到初始的立场，最后读者会因为全文所提到的大量观念、书籍、人物和事件而感到惊讶。”兰鲍姆表明，在过分专门化的时代，这种文章“具有澄清和综合性的功能，因为它们能在一个很小的范围内将如此截然不同的主题和抵触的方向汇集在一起”。[37]尽管特里林在50年代所写的许多文章中强调了“保守主义的原则”，但是同一时期的其他文章也表明了与此相反的趋势。从40年代初开始，对于特里林在文章中写出的每一个“是”（yes）都会紧跟着出现一个“不”（no），两者出现的节奏几乎就像呼吸或心脏的收缩和舒张那样有规律。这是一个思考者的节奏——而且这个人通常产生反对自己的观点。

在40年代的文章中，例如《卡萨玛西玛公主》，特里林试图在矛盾的目的之间形成一种危险的平衡；到了50年代，他更易于交替地论证事物的正反两个方面。特里林的每一篇文章都只反映他的一部分思想，其中他不仅对占据主导地位的文化情绪，而且对自己先前的情绪都作出了反应。我们不需要决定特里林固定的意识形态立场，而需要将他的思想视为不同情绪的交替和起伏。特里林通过首先对自己采取同样的行动来改善和纠正文化。[38]

《奥斯汀的〈曼斯菲尔德庄园〉》一文体现了特里林的典型批评情节。首先，特里林针对批评家对奥斯汀的反讽手法所产生的误解提出了反对意见，因此特里林的读者可能会期待着他就此展开论述。但是他却从反讽这个主题延伸了出去，继续讨论了奥斯汀的艺术感染力。

许多批评家都能在简·奥斯汀的小说中发现反讽手法的运用，而他们对此的态度大体也能被分为两种类别：过高评价或过度惧怕。特里林认为这两种态度都存在一定的错误之处，而造成这种态度的原因则是这些批评家对反讽的理解仍停留在简单的初级层面上。特里林进而解释了奥斯汀小说中的反讽的特殊性："简·奥斯汀的反讽只是在次要的意义上才属于一种语调的问题。在主要意义上，这种反讽是一种理解的手段。它通过对世界的矛盾、悖论和反常的意识来感知世界。"[39]因此，与一些批评家所持的观点恰恰相反，奥斯汀并没有以局外人的身份冷眼看世界，她的反讽正是她介入生活、肯定生活的途径。在她的小说中，最基本的反讽就是这样的一种发现：精神并不是自由的，它是受条件制约并受环境限制的，而这种状况的确是一种不正常的现象；她的第二个常用的反讽表明只有通过这种不正常的状态，精神才能具有品德和意义。[40]

到这里，许多读者会认同特里林对奥斯汀反讽手法的分析，并以为这篇文章的意图已经得到清楚的阐明。不过，特里林却没有停留在反讽这个问题上，而是转向了奥斯汀的另一个重要表现手法：单纯风格的直白描写，并认为这种手法构成了对反讽的反讽。特里林指出，在《曼斯菲尔德庄园》中，奥斯汀表面上并没有使用她一贯的反讽手法，相反，她以较为直白的手法表现了这部小说对种种社会强制力量所作出的违抗。在对小说中的主要人物进行细致的分析之后，特里林认为《曼斯菲尔德庄园》的主题在于“包含不确定性和困难性所具有的魅力”。[41]在道德发展的一定阶段，道德将试图从促成并限定其发展的环境和条件中独立出来，并竭力形成自治状态。但是，特里林注意到了这种努力所具有的悖论性及其在现实中的复杂性，因为“这种观念很容易发生退化或遭到曲解。风格显示了任何创造或行为的最为内在的真理，但它同时也隐藏了真理；正是在这个意义上，我们才把它称为‘单纯的风格’”。[42]因此，在理解奥斯汀小说深层含义的基础上，特里林从表面深入到作品的内部，认为这部小说并非没有运用反讽手法，而是运用了更为深刻的反讽，这种反讽直接以反讽本身作为对象。

特里林经常运用欧洲大陆的哲学思想来充实自己的批评作品，但是他在这样做的时候并没有放弃自己的见解，也没有把来自哲学领域的体系简单地当作文学批评现成的框架，而是结合文学作品和批评的自身特性，将两者完美地结合在一起，为读者提供了更深刻的理解。黑格尔曾经论及作为现代社会主要特征之一的“精神的世俗化”，在特里林看来，奥斯汀是第一位通过文学作品来展现这种特征的小说家。奥斯汀在小说中将社会和普遍意义上的文化描述为在道德生活中起一定作用的力量，而且它们能产生有关“真诚”（sincerity）和“粗俗”（vulgarity）的观念。[43]因此，判断人的标准不再仅仅局限于一个人究竟有什么行为；这种标准进一步要考虑行为人的品质和道德个性。特里林对这种黑格尔式的道德判断标准采取了一种辩证的态度，因为“将个性（即存在品质）放置在道德生活的中心地位是精神在现代表现形式中所取得的一个主要的壮举，……但是，我们有时也会意识到这种壮举在我们身上强加的压力，意识到有关个性的观念使我们竭尽全力来满足其要求，并且意识到自己对其他人开始产生一种日益加剧的敏感性，而这一点使我们的文化中普遍产生一种厌恶的情绪”。[44]

最终，特里林以一种平衡的观点结束了对奥斯汀小说的探讨。在反讽、道德、风度等一系列用语得到阐释之后，特里林用“否定的能力”总结了奥斯汀小说的道德力量。在《曼斯菲尔德庄园》中，奥斯汀以否定的态度反映了在现代社会初期开始出现的文化与个人之间的对立。这里，作者试图通过这部作品来与以前的作品形成一定意义上的平衡状态，即在承认社会和文化对人起限定作用的同时，也提醒读者不要忘记个人的权利和要求。《曼斯菲尔德庄园》“将世界和对世界的判断排斥在外。它所依赖的影响力不再是文化、存在品质以及个性所具有的影响力，相反，它们恰恰是有关道德生活的新观念试图尽可能缩减的那些影响力，即有关原则的影响力，而且小说主要揭示了如何到达自我完整状态（即平和状态）的途径”。[45]

在《利维斯博士和道德传统》中，特里林继续了对道德意义的重视。和对奥斯汀的分析相比，他的批评叙事依然体现了曲折、复杂的特点。首先，特里林提出了一种他自己所赞赏的批评态度，即利维斯所代表的道德敏感性。读者开始进入特里林的批评线索。从一开始，特里林就呈现了一种积极的语调，指出了利维斯的批评优势。F. R.利维斯对英国小说《伟大的传统》所进行的讨论体现了他作为批评家的素质。特里林认为，从他的讨论中“我们可以发现利维斯博士的道德情感具有直率性、彻底性和正确性，这种情感在任何地方都将被人们视为他的批评思想的成形和强化因素”。[46]从这里开始，特里林将读者的注意力引向了批评对象之外的更加广阔的文化语境。他在文章中给出了大量的欧洲思想传统信息，指出利维斯的批评态度并非他个人的独创，而是传统影响和个人发展相结合的产物。利维斯不是一位依靠缜密的理论来工作的批评家。如果柯勒律治代表一方，约翰逊博士和马修·阿诺德代表另一方，那么利维斯则表明了他对后两者的强烈偏爱——因为这两位批评家并不要求公式化的先决原则来进行批评判断，他们仅需要敏感性，这才是他们从人性出发所作出的完整反应。利维斯自己的批评敏感性是典型的道德敏感性，这不仅意味着他愉快地肯定了普通的道德的价值，而且意味着他既然已经将生活视为具有某种重量和压力的存在，那么他就要求艺术在对经验作出反应时能带有一种成比例的，由献身精神、忍耐性和智慧构成的反击力。“一种至关重要的接受体验的能力，一种在生活面前体现的神圣的开放性，以及一种特殊的道德力度”，这些就是他在判断小说、选择他认为能构成英国小说伟大传统的五位小说家时所运用的特殊标准——这些小说家包括他曾详细探讨的乔治·艾略特、亨利·詹姆斯、约瑟夫·康拉德以及他顺便提及的简·奥斯汀和D.H.劳伦斯。[47]

特里林进一步肯定了利维斯的批评态度，而读者也开始对此深信不疑。他指出，“任何有关可能有意义的小说的讨论都必将接受利维斯博士对‘特殊道德的力度’所给与的强调，因为对小说所进行的所有美学考虑都要依靠道德力度和道德质量。在所有那些有关小说技巧的无稽之谈出现之后，特别是在那些献给简·奥斯汀的、矫揉造作的评论发表之后，读一读利维斯博士的著作会给人带来一种十分释怀的感觉”。[48]特里林断言，“迟早有一天，任何具有伟大思想的批评家都将涉及社会问题，因为被我们称为文化的事物可以被定义为文学与社会行动和态度交会的地点”。[49]实际上，特里林之所以要重申利维斯批评态度的重要性，是因为他要为下面的批评内容埋下伏笔。这里体现了特里林批评叙事的特征，即他善于在批评思路的发展过程中给读者造成出乎意料的感觉，并以此来加深批评作品留给读者的印象。

在文章的结尾，特里林对自己在文章开头处大加赞扬的利维斯提出了中肯的批评。道德问题和文化语境无疑是批评的重要内容，但是没有任何事物是绝对正确且可以脱离与其他事物的相关性而独立存在的。对道德的过分关注构成了利维斯批评思想中一个相当大的错误。在经过了肯定和否定两次论证之后，读者开始犹豫到底该如何思考道德敏感性的价值。这时，特里林又回到了他开始时对利维斯的赞赏。他指出，利维斯的错误根本不是一个决定性的错误，“我们以合理的态度判断一位批评家的价值，其标准并非看他是否不犯错误，而是看他整个批评动力的完整性和意义，如果这种批评对生活和文学的要求具有个性化和执著的特征，那么它的错误就会和它的正确判断具有同样的教育意义”。因此，人们可能对利维斯一半的批评思想表示反对，但是人们还是会认为他是一位具有头等重要性的批评家。[50]

在特里林所有批评文集中占据重要位置的《对立的自我》一书也充分展现了作者独特的批评情节。例如，在分析英国著名浪漫主义诗人济慈的内心世界时，特里林通过迂回、复杂的论证，指出了诗歌作品所体现的济慈与私人书信所体现的济慈之间产生的既关联又相悖的张力关系。这篇文章题为《作为英雄的诗人：书信世界里的济慈》。特里林首先指出：

> 我们在考虑济慈的为人时，不能不考虑他的诗人身份。同时，一旦我们阅读了他的书信，我们又禁不住会认识到，他之所以成为诗人，是因为这是他所选择的为人之道。……“济慈认为生命的目的就是为了自己可以找寻正确使用生命的方法，而且生命中充满了接连不断的奇妙冲突，需要人们用正确的答案去面对。”[51]

特里林所感兴趣的书信开始于济慈的二十岁，结束于他的二十六岁。早在年轻时代，济慈就对生命形成了一种自信、勇敢的态度，这种智慧可以接受悲剧性的生活，而不会丧失希望。萧伯纳曾经用“温和”（geniality）一词来形容济慈的性格。特里林赞同萧伯纳的这一观点，并从健康、社交、友谊以及对生活的态度等方面证明了济慈的“温和”品质是他创作的源泉。特里林引用了济慈1819年12月写的一封信，表明了诗人对平凡生活的热爱：“当我置身于男人和女人之间时，我更感到舒适自在，我宁愿阅读乔叟的作品，而不愿阅读阿里奥斯托① 的作品。”[52]

---

① 阿里奥斯托，卢多维科（1474—1533），意大利作家，主要闻名于其喜剧史诗《奥兰多·富里索》（1532）。

19世纪以来，人们开始越来越相信诗人的成长必须建立在摆脱家庭束缚的基础上，而特里林却发现济慈的情形与此相反，他认为家庭的情感对诗歌创作而言是一种积极的推动力。另一方面，在个人感知力方面，济慈也以一种辩证的观点去对待感性思维和抽象思维。特里林总结了有关感官认识的三个方面：感觉的（sensory）、感官的（sensuous）以及身体的（sensual）。特里林进一步比较了这三个方面之间的关系："感觉的"是一个有关愉悦的中性词，"感官的"表示不同程度和种类的愉悦，而"身体的"则表示强烈、迫切的、物质的、常带有贬义色彩的愉悦，因此总是带有性方面的含义。[53]在济慈看来，这三者之间并没有地位的高低，实际上它们构成了一个统一的整体，因此他并不惧怕人类天性中开始于婴儿期的各种愿望，特别是其中的食欲。他的这种有悖于文化要求① 的享受愉悦的能力同时也暗示了他理解悲剧性现实的能力。

在探讨济慈的英雄素质时，特里林认为济慈在面对生存的痛苦之前已经充分了解了人生的愉悦方面，因此他可以用上升为抽象观念的"食欲或爱"来承受生命之苦。济慈在如何对待生命中的能量的问题上阐述了一种辩证的思想，即被动性（passivity）与主动性（activity）之间的辩证关系，同时，这种关系也表现为另一种形式，即思想（thought）和感觉（senstion）之间的对立。他认为诗歌与知识之间应该是互补的关系，因为思想的形成基础就在于感觉和情感在外部世界所受的阻碍，即快乐原则（the pleasure principle）遭遇了现实原则（the reality principle）的对抗；相反，思想又可以避免感觉和情感造成的恐惧和迷惑。

特里林发现，在这种辩证思想的基础上，济慈形成了一种"否定的能力"（Negative Capability）。在1817年12月21日济慈给自己的兄弟们写的信件中，他提到了这种"否定的能力"，将它定义为"一种保持不确定（uncertainties）、神秘（mysteries）以及怀疑（doubts）的状态，而不去以恼人的方式追求事实和理性的能力"。[54]后来，他又在其他场合补充了对

① 从弗洛伊德的观点出发，文化要求人类放弃婴儿期的许多愿望来满足社会的集体生活的要求。

这种能力的定义："加强一个人的智性的唯一手段就是对任何事物都不要作出决定——让思维畅通无阻地进入所有的思想。而不是一种选择者……"[55]

济慈的"否定的能力"使他可以从容地对待艺术中的对立问题，特别是其中有关"恶"的事物的问题，并形成复杂的观点。一部分传统思想认为，艺术作品中的美学价值仅来自于美好的、令人感到愉悦的事物，但是济慈认为"伟大的诗人（例如莎士比亚）在看待人生时，能发现有关人生的罪恶的恐怖真相，但是他的观察是如此强烈，以至于这种罪恶变成了美的一种元素，而产生这种美的来源正是诗人的感知行为"。[56]特里林由此得出结论，"美"是一种中间要素，它连接了两种真相，并使两者形成妥协——通过"美"的中间调停，有关事实的真相变成了有关肯定的真相，即有关生活的真相。特里林高度赞扬了济慈的"否定的能力"，认为这种能力构成了济慈作为诗人，同时也作为生活中的人所具有的英雄气质，而这种气质对打破现代西方世界的绝望氛围具有非常重要的意义，因为它使人们重新相信"成长、发展和可能性"。[57]

## ③ 批评话语的悖论性和零散性

### 3.1. 悖论性

特里林的批评风度强调复杂性和可能性，因此他的批评话语具有节制性、迂回性，反对决断性、指责性和抨击性的言论。这一点首先体现在批评话语的悖论性当中。特里林拒绝形成一种封闭的批评体系，也拒绝为自己的批评术语给出明确、抽象的定义，这种不确定性虽然体现了一种意义上的悖论，但是这并不妨碍读者接受他的批评方法，而且读者因此也不会受到特里林批评内容的限制。特里林为数众多的文章都具有显著的相似性，其中一个重要方面就在于一些关键表述和概念的反复出现。"道德想象力"、"道德现实主义"以及作为形容词的"道德”一词频繁出现。如果要指出特里林文章的一致性，那么“道德”一词将成为主要的标志。其他反复出现的词语包括“文化”、“风度”、“政治”、“现实”、“意志”、“否定的能力”、“受到限制的”、“复杂性”、“可能性”、“自由主义”以及“悲剧”。但是，特里林几乎从来没有为这些词给出确定的定义，相反，他总是尽量结合特定的语境来解释它们的含义和用途。这一点可能造成读者的理解难度，但是特里林向来认为文字层面上的难度可以随着阅读广度和深度的增加得以减弱。特里林文化批评的真正难度在于他的辩证思维和批评话语特征。这些词语的意义本身就没有确定的、唯一的定义，读者完全可以通过自己的阅读和体验来给出自己的定义，只要这种定义不超越文学与文化的联系范围，它就是合理的、恰当的。

特里林批评话语的悖论性还体现在他政治态度方面的不确定性上。特里林未能论及具体的政治问题，这一点让一些自由主义批评家感到不安，这些人认为特里林刻意逃避激进的行动主义，进入了保守主义或反动的阵营。马克·谢齐纳注意到特里林从未评论过工会罢工、等待救济食物的队伍以及干旱灾区等事物，抱怨说特里林提供的“仅仅是社会情感和品位，这些都无法累积成为另一种自由主义，或者说，正是因为如此，也无法成为另一种保守主义”。[58]威廉·E. 凯恩认为特里林的某些观点“已经非常危险地接近了政治生活中的彻底脱离主义和不作为主义”，而且“不应该得到立即的认可”。[59]威廉·蔡斯认为：“无论特里林对政治生活的现实性产生多大的兴趣，他都希望这种生活能保持自己原有的位置。如果是这样的话，文学敏感性和社会敏感性之间的冲突就将永远以前者占优的形式得到解决。”[60]自由主义知识分子有充分的理由对特里林的观点表示不安。特里林将自己大部分的批评生涯致力于批评自由主义对待政治的方法。但是，自由主义者应该意识到，他们对政治党派性或行动主义的要求直接与特里林心理气质和道德设想的本质发生对立。要同意这些要求，就需要否定“起伏而多变”的思维、道德现实主义、否定的能力，而这一切在特里林的思想中是举足轻重的组成部分。

尽管特里林在批评作品中体现了用语和政治思想的悖论，但是他也指出了悖论的潜在危险。他的思维总是对悖论表示警惕，并在自由主义思想中发现了许多令人不安的悖论。例如，他指出尽管自由主义特别关注情感，但为了确立这些情感的重要性，它“往往不给予它们全部的可能性”。他的意思是说，自由主义崇尚抽象的情感、多样性和可能性，但是自由主义有意识的生活和无意识的生活却并不总是相符的。[61]第二个相关的悖论是，尽管自由主义非常热衷于肯定对思维力量所抱有的信心，却倾向于通过否定情感和想象力来“对其有关思维性质的概念加以限制并使其机械化”。[62]第三个悖论在于，自由主义有关“现实”的概念明显偏好“令人不快的基本事实”（例如30年代社会现实主义的时尚），但它有关这种现实的表述却往往趋向抽象，且表明了一种想要逃离普通社会经验的、受限制的现实性的欲望。[63]第四个悖论在于，尽管自由主义展望自由和道德的可能性，但其计划却出人意料地试图减少这一切，并且以无意识的方式起到了抑制的作用：“道德可能性连同其蕴含的有关自由意志和个人价值的所有含义正在逐渐减少，这种现象事实上竟然来源于有关人类可完善性的观念，因此这一点是一种悲剧性的反讽。”[64]最后，自由主义最宏大的希望中也存在着危险的悖论：“我们的天性中有一些悖论，当我们一旦将自己的同胞变成我们启蒙兴趣的对象，这些悖论就继续使他们变成我们怜悯的对象，再然后，变成我们运用智慧的对象，直至最后成为我们强制力量的目标。”[65]

### 3.2. 零散性

特里林批评话语的零散性表现了他对体系所采取的谨慎态度。他厌恶别人将自己贴上某种主义的标签或用简单的范畴总结他的思想特征，因为他感觉到，这样做会对他产生限制，并在他的读者群中形成先入为主的倾向性。他希望那种带有容忍性的客观性可以得到自由的空间。人们对此往往感到迷惑不解，而且这一点有时使他的友人都不得不进行猜测。威廉·菲利普斯认为，特里林经常显得具有保守主义的特征，这样做只是为了使他自己区别于亲共产主义的自由主义者。[66]另一方面，戴尔摩·施华兹指责特里林利用《党派评论》来“保卫他的左派侧翼”。通过在一份左派杂志上发表文章，特里林可以隐藏自己的真实思想是多么的具有保守性。① 谢齐纳注意到，特里林对弗洛伊德的热衷态度和他对弗洛伊德理论的实际利用之间存在着明显的差异。他对弗洛伊德的成就大为赞赏，但是他自己对精神分析的态度是有保留的，而且具有矛盾的心理。有时，即便在确信可以使用精神分析理论的场合，他还是谨慎而非常严格地避免使用这种理论的方法。谢齐纳说：“在特里林的作品中，我们找不到任何例证来说明特里林曾用精神分析方法毫无保留地追求过潜在的意义或探究过任何下列令人烦恼的结论：婴儿期的需要和非理性动机（drives），而这些都是作为一种阐释体系的精神分析的特殊领域。”[67]

特里林对体系表示特别的警惕，在一定程度上是因为他对二三十年代马克思主义批评潮流失去了幻想，因此他对待弗洛伊德时也带有同样的、针对体系的审慎和怀疑态度。路易斯·弗莱伯格在特里林处理精神分析的方法中发现了“一种犹豫态度，一种小心翼翼的处理方法，以及一系列由否定构成的屏障”。[68]特里林对精神分析在艺术和文化方面的启蒙能力表示了三种重大的保留意见：精神分析不愿意用处理艺术失败的手段——对神经症的理解——来处理艺术成就；它限制了自身针对个体艺术家的理解，没有参照艺术家所创造的文化元素；它缺乏对自身局限性的意识。这一切都使特里林感到不安。在具体阐释第三种保留意见时，特里林宣称，当精神分析批评“触及个性与创作能力之间的关联是如何形成的问题时，这种批评就完全处于困惑的境地之中”，而且这

① Delmore Schwartz, quoted in Barret, *The Truants*, p.165.

种批评“实际上从未处理过有关语言、风格或戏剧形式的问题”。[69]

特里林没有以公开或系统的方式进行过精神分析批评的实践，其中关键的原因在于他在性情上不信任对复杂的感情和感知进行简单化处理的做法，而且他在性情上也注定了他要将文学当作道德和心理健康动因来进行考察。正如谢齐纳所评论的那样，“作为文学的支持者，特里林为精神分析的向下分析实践感到不安，因为这种分析试图从婴儿期、人类存在的肉体、非理性以及无意识层面上寻求现实……他的性格是要向上分析，进入艺术家的道德姿态，甚至进入艺术本身的道德性”。[70]

特里林批评话语的零散性还表现在批评的偶发性上。造成偶发性的原因主要有三个。首先，特里林对体系的怀疑态度使他不可能专注于建构自己的理论大厦，即仅选择那些适合体系结构的主题来探讨。第二，他以文化作为考察文学的广阔语境，因此他势必会将视野放大至文化生活的各个方面，于是他的具体批评实践也会随着文化事件和文化形势的偶发性而显出自身的偶发性。第三，特里林的批评身份也非常复杂，学术专家、公共知识分子、教授，这一切都使他无心也无暇精心建构自己的理论体系。这种偶发性体现在特里林批评兴趣的广度、批评时机的准确度以及批评角度的独特性等方面。特里林有关《金赛报告》的论述集中体现了他在这三个方面的偶发性。《金赛报告》正式的出版名称为《人类男性性行为》(*Sexual Behavior in the Human Male*)。在1948年出版之后，该书曾连续数周保持美国畅销书的领先地位。在二战以后的思想解放浪潮中，这本书有助于人们对性行为进行新的认识，从而使性成为可以公开讨论的对象。但是，从批评的角度出发，特里林发现《金赛报告》存在着严重的缺陷，甚至会产生误导的作用。这种批评体现了特里林文化批评视野的广度。因为他非常关注文化中的风度，即人们生活中那些“隐含的意义”，因此他认为“性”这个长期以来被当作文化禁忌的话题也值得人们进行深入的探讨。但是，这种探讨必须避免简单性，因为人的任何行为都不能仅仅用自然科学的方法加以解释和指导。特里林从人类生活的复杂性角度批评了《金赛报告》的简单性倾向，并以此为代表批评了现代自然科学思维在理解社会问题过程中的普遍缺陷。

《金赛报告》的作者声明自己的出版动机是向涉及性行为研究的专业人士和机构推出一份“初步的研究”，其中呈现的是“经过积累的科学事实”，汇聚了一定的“客观数据”，因此该报告只描述“人们所做的事情，而不涉及人们应该做的事情”。[71]实际上，尽管该报告给出了似乎令人信服的图表、曲线图以及调查数据，但是这种极端的自然科学方法和研究态度容易使大众在“性”这个复杂问题上走向机械性和非人性的误区。特里林认为该报告作者夸大了报告的客观性，因为在实际论述中，作者给出了大量的假设、偏好和结论。《金赛报告》在客观的研究动机与主观性很强的研究实践之间存在着严重的差距。其中，作者在客观性方面所犯的第一个错误就在于该报告的标题。这里，《人类男性性行为》所讨论的所有对象几乎都仅限于北美白人男性之中，而且在“行为”的定义上作者也局限于定量和生理的范围内。例如，《报告》判断健康的男性性行为的标准就在于进行性行为和达到性高潮的频率。其次，《报告》让人相信性活动的全部内容都是解剖学和生理学意义上的活动，而情感和道德则属于某种“上层建筑”，这一点可以在《报告》所依赖的动物实验和观察结果中得到体现。第三，《报告》将有关性的讨论从普遍的人类语境中剥离了出来。特里林指出了《报告》对男女两性关系的生硬分割，因为在《报告》中女性几乎没有体现她们的作用，而且《报告》也几乎没有考虑“怀孕”、“避孕”、“月经”、“生殖”等与女性相关的，同时对男性性行为也能产生重大影响的因素。另外，《报告》对性与人格、性禁忌、非常规性行为等问题也采取了简单化的处理方式。[72]

在《报告》的积极意义方面，特里林给出了充分的肯定，认为该报告“对有关性行为的官方限制性态度提出了质疑，……为实现这个目的，报告积累了大量事实，旨在说明现存的性行为判断标准并不能真实反映人们真正的性行为”。[73]但同时,《报告》又提出了一个同样有失真实的标准,即“将现实存在的性行为当作判断性行为的唯一标准”,也就是说,“只要性行为不对其他人造成伤害,那么就根本不需要对它作出判断”。特里林认为这样做实际上就把对性行为的研究完全同社会语境隔绝开来,因此它会在大众中“散布混乱的思想”。[74]

特里林对于客观和中立的追求使他安于寻找极端事物之间的“中间地带”。当然,这种带有折中倾向的态度会造成读者对他的怀疑。史蒂文·福克纳曾指出特里林的批评话语在这方面可能产生的误读:

> 莱昂内尔·特里林飘浮在思想和道德、社会生活、心理行为以及政治领域的居中层面。因为他并不依赖自己年轻时代的文化,也不渴望得到精神慰藉,所以他满足于探讨那些本就旨在摧毁他的信仰的作家。阅读他的文章时,我不住地产生疑问:你为何不开展一场论战?你为什么如此令人信服地讨论詹姆斯·乔伊斯的虚无主义,有力地讨论纳博科夫的反英雄作品,悲伤地讨论桑塔亚纳的无助,却并不击破他们的不足?作为一位中产阶级的道德主义者,你怎么会欣赏那种倡导摆脱中产阶级、摆脱社会及其规则,甚至倡导自我—破坏的现代文学?在《论教授现代文学》一文的结尾处,他承认这是一种奇怪的状态,但是他就此打住,没有提供进一步的解释。他指出了恐怖的深渊,但他并不知道如何发现跨越鸿沟的桥梁,因为单凭思想是无法发现何处有对岸的。[75]

# 五 特里林文化批评的影响与启示

## ❶ 对美国社会、文化批评领域的影响

### 1.1. 在文化批评领域的整体形象

特里林的文化批评思想经历了从早年到晚年的发展过程。当然这种过程并不是一个简单的、时序性的变化过程。从20世纪20年代初到70年代中期的漫长岁月里，特里林作为哥伦比亚大学的犹太裔教授，作为纽约知识分子群体中的特殊成员，经历了从犹太性、马克思主义到阿诺德、福斯特，再到弗洛伊德的理论探索，见证了30年代的大萧条、知识分子左倾的斯大林主义狂热，40年代二战期间的犹太人问题，50年代的冷战和麦卡锡主义、中产阶级的兴起，60年代的反文化和新左派学生运动，以及70年代前后出现的解构浪潮。特里林始终倡导文化批评注重复杂性和可能性的原则，坚持道德和风度的重要性，应对文化语境的变化，对其作出总体的把握和细致的分析，不仅在文学阐释领域里提供了独到的方法，而且在教育中产阶级、改善自由主义思想认识方面起到了公共导师的作用。

纵观特里林的文化批评生涯，可以发现一个重大的转变过程。在这个转变之前，特里林注重对多样性的揭示，例如他指出了自由主义过分依赖理性的弊端，批评了新批评忽视文学的文化语境的做法，以及其他批评者在解读具体作品时表现出的简单化错误。而在这个转变之后，特里林试图在多样性的基础上寻找一种超验的同一性，即如何在纷繁复杂的文学、文化现象背后把握变化的规律和基本的价值。这种变化发生

于50年代中期，这时特里林已过中年，随着社会和个人经历的变迁，他不再满足于仅仅揭示事物的变化性——关于这一点，他在之前的批评实践中已经取得了令人瞩目的成就；相反，他进一步发展了前半段批评生涯中的一个问题：变化中的稳定性。这个转变类似于康德书写《判断力批判》的努力。1790年，康德在完成《纯粹理性批判》和《实践理性批判》之后，为了补足他的哲学体系的空隙，发表了《判断力批判》。① 这本书通过审美判断力成功地结合了自由概念和自然概念这两个系列的哲学思考，使康德的哲学体系走向完整。虽然特里林并没有像康德那样需要建立一个完整的哲学体系，但是他注重平衡与和谐的辩证思考需要他在对复杂性和可能性作出充分的肯定之后找到一种可以接纳和解释复杂性的某种普遍的、不随文明表象改变而改变的超验原则，这个原则就是道德和风度。因此，要全面理解特里林在文化批评领域的整体形象，就有必要分析他在50年代经历的转变。

美国50年代的文化环境发生了重大变化。在《目前美国知识分子的状况》一文中，特里林着重考虑了现代文明对知识分子造成的异化问题。《党派评论》的编辑筹备了一次以当今美国知识分子对美国所采取的态度为主题的研讨会，主题为“我们的国家和我们的文化”。研讨会组织者提出了下列问题：

（1）美国知识分子在何种程度上真正改变了他们对美国及其制度所采取的态度？

（2）美国知识分子和作家必须使自己适应大众文化吗？如果必须，他可以采取何种适应形式？或者，你是否相信一个民主的社会必然会导致文化的齐平状态，导致一种将超过西方文明传统的知识与美学价值的大众文化？

（3）既然无法继续完全依赖欧洲作为文化典范和生命力的源

① 参见康德《判断力批判》（上卷），宗白华译，第213页的“康德美学原理评述”。

泉，那么，在美国生活中，艺术家和知识分子可以在何处发现力量、复兴以及获得承认的基础？

(4) 如果人们正在对美国进行重新肯定和重新发现，那么批评思想中的不从众传统（可以追溯到梭罗和麦尔维尔，并包括美国知识历史中的一些主要表述）是否能像从前一样得到有力的维护？[1]

特里林逐条给出了他自己的回答。针对第一个问题，他认为美国知识分子对待自己祖国的态度发生了变化，其中一个主要原因当然就在于美国与世界上其他国家之间产生的新关系，因此"即便是那些对时政最不满的美国知识分子，哪怕仅仅从个人兴趣的角度出发，他们如今也必须对自己祖国所面临的地位表示关切，因为美国受到了别国的敌视"。[2]美国知识分子同时还对另一个事实表示关切，那就是不再有外国的文化理想可供他们借以逃离美国文化的粗俗性。特里林发现，美国形势的变化不仅仅是相对的变化。与三十年前相比，"今天的美国文化形势体现了一种不容置疑的改善"，这种改善是多方面的，尤其体现在财富与智力之间的关系所发生的变化中。[3]在美国先前出现的那种金钱与智力构成的对立关系中，金钱是占据强势的一方，而它所代表的这种优越性和道德上的异常现象在19和20世纪所有成熟的文学作品中都得到了反映。但是，到了50年代，美国社会需要将一个人数众多、具有相当力量和思维复杂程度的阶层推向社会等级制度中接近顶端的位置。这种现象存在于社会大多数的机构中，例如政府、金融、工业和新闻业。这种现象也反映在大学所享有的日益提升的声誉上。大学教师在社会等级制度中所占据的地位比他们在三十年前有了相当大的提高。对所有阶层的成员而言，"学术生涯现在比以往任何一个时刻都更具有吸引力"。[4]

在回答第二个问题时，特里林认为美国知识分子有一种典型的错误，特别是针对文学界的知识分子而言。他们认为美国大众充满惰性，抵制观念，完全没有开化，而且憎恨启蒙的教导，这种态度是20年代至

30年代自由主义情绪的一部分。这个庞大的知识精英阶层将来不会——现在也不会——满足于目前所拥有的大众文化，因为为了它自己的存在，它要求新的观念，或者至少是近似于新观念的事物。特里林在这里所批判的实际上是当时的知识分子对传统的割裂，同时欧洲的文化也陷入了“荒原”一般的萧条状态，这样一来，他们就没有了可供继承的文化遗产，因此在他们的言行中就呈现了浮躁、目光短浅的缺陷。

特里林针对第三个问题，提出了一种解决方案。当时的问题是：“既然艺术家和知识分子无法依靠作为文化典范的欧洲，那么，在美国生活中，他们从哪里可以发现力量、复兴和承认的基础？”对特里林而言，“文学思维——更准确地说，历史—文学思维——似乎是我们所拥有的最佳的批评思维，它比神学、哲学、自然科学以及社会科学思维都更为出色。但是，或许因为今天的文学知识分子依然受到某种外国传统的迷惑，因此他们在看待本国文化时并没有运用他们本应具备的、精确的批评注意力”。[5]可见，特里林并没有因为美国文化的历史相对较短就不承认它的价值，相反，他建议美国知识分子多从自己国家的文化传统中吸取养分。同时，特里林也建议知识分子重新发掘被他们认为是旧事物的欧洲传统。特里林在评论弗洛伊德的《文明及其不满》时说道：“弗洛伊德［有关文明］的理论已经存在了近五十年，而且这种理论包含了一种非常复杂的道德体系的基本元素，但是我尚不知道任何人曾试图严肃地对待这一理论的含义，甚至没有人对这些含义的存在产生真正的意识。”[6]

在回答最后一个问题时，特里林重申了道德和风度在知识领域中的重要性。自由主义者往往因为过度理性的诱惑而将目光投向虚幻的未来，而特里林却建议他们对日常生活中平凡而崇高的体验给予足够的重视。他说：

> 无论我们文化形势的特殊事实将出现何种结果，对梭罗和麦尔

> 维尔的回忆都将使我坚信，我要求文学知识分子在自己身边的生活中应该培养的批评兴趣是文学思维的一种恰当的兴趣，而且这是对待超验事物所应采取的正确立场。另外，这是文学艺术得以成长的正确土壤——是适合下列事物的正确土壤：讽刺、幽默、反讽、悲剧、个人的设想，这种设想以艺术所特有的激情来肯定自身，反对制度化。艺术的确是对生活的批评。[7]

特里林在50年代对上述四个问题的回答清楚地表明了他对道德和风度的重视，从这一点来看，他的确是一位独特的文化批评家。他的观点预示了美国文化领域更多的评论声音。1956年，H.斯图尔特·休斯对文化界作了观察后提出这样一个问题："知识分子过时了吗?" H.斯图尔特·休斯是一个著名的反智主义者，为麦卡锡主义所困扰，他相信美国没有为"自由沉思的头脑"留下空间，而可争论的问题的范围也就缩小了。更有甚者，正在膨胀的大学和政府机关雇用的是专家和技术人员，而不是批判性的作家和思想家。"我们正生活在一个知识分子活动范围相对缩小的社会和时代。"被"依从"这个"几乎是不可抵挡的压力"所压倒的美国的知识分子面临着一个"难以预测的未来"。

同时，在一些题为《知识分子：衰退萎缩了吗?》或《知识分子的没落》的文章中，许多评论家都发出了同样的声音。小亚瑟·施莱辛格总结道："1953年的知识分子所面对的是数不胜数的令人感到压抑的大量事实。"对一些观察家来说，不是迫害，也不是漠不关心，而是富裕威胁着知识分子。在约翰·W.奥尔德里奇看来，美国的知识分子从共产主义和欧洲精英文化的幻象中走出来，屈从于"金钱、地位、安稳和权力"。默林·金在《新共和》中谈道："从经济方面来看，知识分子吃得比过去好了，住得也比过去好了，而且也比以往任何时候都受到纵容并得到满足了。"[8]

克拉普尼克发现，二战以后，美国文学批评经历了一个令人费解的时代。众多现象表明，美国文学批评正在进行“一次自我边缘化运动，在放逐的状态中漫游，而且脱离了世俗的世界”。[9]这一点与特里林强调的对生活本身的关注背道而驰。到目前为止，批评界的理论热潮此起彼伏，令人目不暇接：行为批评（performance criticism）、预言性批评（prophetic criticism）、形而上学批评（metaphysical criticism）以及创造性批评（creative criticism），读者反应批评（reader-response criticism）、现象学批评（phenomenological criticism）、符号学批评（semiotic criticism）以及解构主义批评（deconstructionist criticism），拉康主义批评（Lacanian criticism）、福柯主义批评（Foucauldian criticism）、德里达主义—马克思主义—女性主义批评（Derridean-Marxist-feminist criticism）。这些理论使批评越来越充满了令人费解的专业术语，莫瑞·克里格曾说：“我不用费多少周折，就可以顺乎当前的习惯，把假定为非常简单的文学课题，弄得使非文学领域中专业文章与通俗文章之间的差别，仅只比自然科学中这些文章的差别略小而已。”[10]在这么多纷繁复杂的批评方法当中，“我们所缺乏的是这样一种写作，它曾经是美国文学研究领域中的主导趋势：文化批评”。[11]

从50年代开始，相当一部分批评家逐渐将文学和文学批评当作一种自给自足的研究对象，并将大学当作文学研究的大本营，使得文学批评日益成为局限于文本的形式主义研究或实现某种知识分子激进政治主张的意识形态研究。克拉普尼克略带惋惜地评论说：“需要写一本书来解释为什么美国各家研究生院能培养出这样一代学生，他们十分了解乔治·卢卡奇、安东尼奥·葛兰西以及瓦尔特·本雅明，但是对范·怀克·布鲁克斯、埃德蒙·威尔逊以及莱昂内尔·特里林却知之甚少。”[12]

克拉普尼克指出，文学批评的学院化以及文学新闻主义（literary journalism）的衰败导致文化批评出现了分裂：一方面，成为一种高度职业化的学术性批评，对最新的欧洲思想非常敏感；另一方面，成为一种后卫式的文学新闻主义批评。这两种批评都以不同的方式呈现出各自的缺陷。学术批评沉浸于欧洲大陆的理论之中，但这些理论并没有保护学术批评免受琐碎性的侵害。先进的学术性批评并没有努力形成一种总括性的观点，即马修·阿诺德所谓的“智性的解救”（intellectual deliverance），相反，它分裂为无数的领域和流派。另一方面，文学新闻主义已经开始对日常世界产生兴趣，但其付出的代价却是平庸性和对抽象思维嘲弄般的不尊敬。[13]这种两极分化的局面导致的后果就是取消了文学和社会思想得以交会的中间地带。而自从特里林在50年代逐渐失去他在批评界的主导地位以来，已经很长时间没有文学批评家能为美国民众解释美国了。

### 1.2. 作用和影响

特里林在20世纪的美国所扮演的角色正是马修·阿诺德于19世纪在英国所扮演的角色——保护传统中有价值的事物，促进当代批评思维的自由发挥。特里林关于社会和个人之间关系的观点导致许多评论家将他描述为一位道德主义者（moralist）。詹姆斯·阿特拉斯在《纽约时报》上说：“在他看来，过‘有道德的生活’就是要对我们文化的价值观中那些隐含的假设进行挑战——并不是因为什么革命的目的，相反，是为了拯救其中有价值的东西，为了通过批评确立它们的‘真实性’（authenticity）。”[14]不管研究主题是霍桑还是简·奥斯汀，不管是弗洛伊德还是大学的英语课程计划，特里林都从所谓的正统思想的内部进行挑战。

自我和个体自治的获得总是处于特里林知识生活的中心位置，而且他认识到这种获得通常都意味着背离文化要求的本质。特里林对中产阶级知识分子的倾向感到忧虑，因为他们试图用温和的接受来驯服现代文学，使之变得渺小。特里林后期的批评文章经常体现他对这些人的反对意见，因为他们将来之不易的自我实现加以大规模生产，并以廉价的包装进行出售，例如60年代的反文化，特里林将其称为“大街上的现代主义”。一方面，他欢迎现代人的解放力量，同情他们以进攻性的态度倡导更丰富的自我实现；但是另一方面，他对这种敌对的冲动得到惯例化处理的方式感到警惕。对立的自我所展开的斗争具有一种悖论式的成功结局，这种成功产生了自己的文化，而这种文化反过来又对自我形成了新的威胁。[15]

特里林的妻子，戴安娜·特里林，为丈夫成果卓著的批评生涯深感自豪，同时她也想进一步帮助读者更为全面地理解特里林的批评思想，因此，她专门收集了五十九篇特里林所写的文章和一篇她自己写的有关特里林生平的文章。她希望这些时间跨度长达四十五年（1924年到1968年）的文章能为读者在发掘特里林的理论价值方面带来更多的启发。正如她在编者序中所说的那样：

> 我有一些似乎不可能实现的愿望：我想追溯他[特里林]多年的思想演变轨迹；我想说明我们这个世纪的文学文化领域里所发生的至少一部分重大变化，以及特里林为应对这些变化而采取的方式；我想告诉年轻的读者他们未曾直接经历过的那些年代的艰辛而复杂的历史，以及这种历史是如何在我们的文学文化中得到反映的；我特别想让年轻的读者粗略地了解一下美国知识分子阶层所具有的斯大林主义倾向的表现形式，以及对此所持的不同意见所具备的形式和所处的地位；我想让年长的读者回忆起他们可能已经遗忘的斗争以及那些我们都未曾留意的、得而复失的名誉。我非常想至少能描绘出一种个人叙事的粗略轮廓：特里林早期为《犹太烛台杂志》写作时在探寻“犹太身份”过程中的失败；为解决遭遇1929年的股市破产之后出现的社会和经济问题，在马克思主义中寻求答案时的失败。我的这些愿望不仅是相互平衡的，而且我还想将正式和非正式的批评事业平衡起来，并为他的纯学术性写作留下足够的空间——在实现所有这些愿望的同时，还要在各个类别中仅选择特里林最好的文章。[16]

雅各比指出，如果一些知识分子相信新的形势暗含着堕落，那么，大多数人则认为它意味着进步。像特里林、里斯曼和贝尔这样的批评家称赞并接受了这新的现实。1940年以后的三十年内，美国人民经受了令人迷惑的各种经历：总体战和有限战争，在经常的国际危机和核屠杀威胁下所担负的全球性义务，以及稳步增长的繁荣。这种繁荣使得人口中享受众多商品和劳务的百分比之高，是人类历史上任何时候都不曾达到的。由巨大的工业体系和急剧提高的技术所造成的空前富裕，仿佛正使美国民主的梦想接近实现。这种空前富裕也引起大量新问题，扩大了旧问题，以持续而不断加快的变化冲击生活的各个方面，最后在一代人之内改造了美国社会。然而，经济的繁荣削弱了众所周知的美国知识分子的疏离，这些知识分子现在"趋附于上层社会"。

然而，正如特里林乐观的观察所揭示的那样，知识分子"已经来到了，他们值得重视"。像特里林一样，大卫·里斯曼欣喜地提出"富裕珍藏着文化"。马克斯·勒纳把他的自传当作一个"展览"拿出来。他那时正在致力于美国文明的研究，早在十年前，他自己本应该将这一研究判断为"伤感的、从众的，甚至是沙文主义的"。但是，时代变了，而且他对美国的"长期压抑着的"爱最终被"释放"出来了。[17]事实证明，特里林特有的批评风度和积极态度使他始终对文化批评事业的长远发展充满信心，而且这种信心一直都能鼓励那些在逆境中不断前行的同事和学生。

当然，在理解特里林文化批评的核心价值时，我们应该正确评价他的缺陷，甚至是错误。因为特里林并没有让读者全盘接受他的批评思想，而是让读者接受他的道德力度和批评风度。因此，即使他的结论可能是不完整的，而且随着时间的变化，会出现与当代理解相悖的现象，但是他的批评方法和态度却值得我们借鉴。关于这一点，我们应该学习特里林对待弗洛伊德理论的态度。他从未将这种文学领域以外的思想当作教条的体系来接受，而且他也不认为其中的理论偏颇会成为影响他对之进行接受的障碍。特里林在弗洛伊德的影响下采取了一种顺从的、悲剧性的立场，这一点使自由主义批评家感到不安，因为这些人将这种立场理解为不确定性，或无为主义，甚至是反动的思想——对社会中给定事实以及人类生活的生物性内容所采取的矛盾接受态度。例如，马克·克拉普尼克曾抱怨说："尽管特里林从生物学的角度进行了自我确认，但是他的对立的自我几乎没有作出任何对抗。他所对抗的并非具体的社会邪恶，而是人类状况本身。"[18]这是对特里林有关对立的自我的意义的误解。特里林所描述的自我并不是与通常意义上的社会不公或政治压迫进行对抗，它所对抗的是任何可能削弱自我所熟悉的人类基础的文化观念的力量。特里林赞扬华兹华斯所体现出的无为主义，而且，很明显他自己也培养了这种观念。正如特里林所坚持认为的那样，这种无为主义"根本不是对生活的否定，相反，它是对生活的肯定"。[19]

## ❷ 对后解构时代的启示

大卫·雷·格里芬在《建设性后现代哲学的奠基者》一书中指出："当前，至少有两种完全不同的哲学类型被称为是'后现代的'（postmodern）。在一种类型中，偏重的是解构（deconstruction）；而在另一种类型中，尽管也施行了很多解构，但偏重的则是建构（construction）。后一种类型的后现代主义一直被正式地称为'重构性的'（reconstructive），以便更清楚地表明预设了一种解构性的要素。"[20]王志河在该书的译序中对建设性后现代哲学的特征作了如下概括：

（1）倡导创造性是后现代主义建设性向度的一个重要特征。福柯本人可以说就是一个典型的代表。他研究哲学，而且半生时光教授哲学，但他的哲学却并不讨论柏拉图、康德和黑格尔等哲学家通常所讨论的东西，而是研究有关疯狂、医学监狱和性的内容。但他又不是严格意义上的精神病学家、医学家、犯罪学家和性学家。他研究历史，但他却不是常规意义上的历史学家，因为他所研究的历史并非我们通常所了解的历史。正是他创造性地将结构主义与现象学的研究方法，将马克思主义与批判理论，将结构分析与历史分析成功地结合起来，为人们留下了宝贵的思想财富。“知识型”、“知识考古学”、“权力”、“系谱学”等概念和方法的提出，无一不显示出他思想的创造性。

（2）后现代主义建设性向度的另一个表征是对多元的思维风格的鼓励。按照德勒兹的说法：多元论的观念认为事物有许多意义。以倡导视角主义多元论著称的德勒兹和加塔利更是有意避免思维视角的单一和僵化。与传统思维从一个中心的概念进行操作，运用固定的概念进行分析，从而达到再现现实的思维路线不同，德勒兹和加塔利的分析和研究是在多层面上进行的。后现代思想家对多元论的倡导是与他们对“本体论的平等”概念的信仰分不开的。根据这一概念，任何存在的东西都是真实的，一个人（不论是伟大的还是平凡的），一种思想（不论是伟大的还是平凡的），都是真实的。没有什么东西比别的东西更真实。也正是这种对后现代的“平等”概念和“多元”概念的认同，决定了后现代主义对“对话”的推崇。

（3）后现代主义的建设性向度的第三个表征是倡导对世界的关爱，格里芬强调他的建设性的后现代主义具有三大特征。其一，与现代性视个人与他人、他物的关系为外在的、偶然的和派生的相反，后现代主义强调内在关系，强调个人与他人、他物的关系是内在的、本质的、构成性的。其二，与二元论的现代人与自然处于一种敌对的或漠不关心的异化关系不同，后现代人信奉有机论，在世界中如同在家一样。其三，后现代主义具有一种新的时间观。它倡导对过去和未来的关心。[21]

格里芬的观点表明了当代思想领域在后解构时代对文化问题进行重新建构的愿望。从上述建设性后现代哲学的特征来看，特里林的文化批评早在解构主义兴盛之前就体现了建构的要求，因为尽管特里林没有在有生之年目睹解构浪潮的全部摧毁力量，但是他已经发现了现代性当中的破坏因素。后现代在很大程度上延续了现代性对传统和权威的消解，这一点与特里林的发现不谋而合。特里林在超越文化的基础上以新的姿态回归文化，体现了他的创造性。他的复杂性和可能性原则使批评元素得以在文化语境中进行对话，这一点也体现了建设性后现代哲学的特点。另外，特里林指出，“爱的力量”是最终能够将散乱的个人以平等而非强制的方式组成文明的力量。实际上，特里林的建构性还有许多其他的表现，例如他与其他批评流派的关系以及多元共生的文学评价体系等。

特里林作为理性的知识分子，不同于米尔斯等人所代表的“颠覆型”知识分子。后者在言论和行为中表现出过激的思想，他们怀疑一切官方要求的合法性，助长了社会上普遍的玩世不恭态度，因此也影响了公众的自我认识，瓦解了文化的生存根基。相反，特里林思想中的建构因素早在半个世纪之前就预示了今天重建合理的社会和文化秩序的需要。而这种重建完全不是由统一思想所主宰的单极秩序，而是差异性和多样性。

毫无疑问，特里林与其他社会、文化批评家存在显著的区别。传统的历史批评属于发生学的范畴，强调作者的创作意图；接受美学则从读者的角度阐释文本，容易因为读者的缘故而产生误读和解释的随意性；新批评割裂了文本与历史以及社会文化之间的联系，主要从语言和形式特征上去理解文学，无法揭示作品的动态发展。但是，特里林又能充分认识到不同批评流派的优势，从而在整合的基础上完善批评思想和批评行为。

在《诚与真》的最后一章里，特里林表达了对多种批评流派的态度。特里林认为，真实性在现代主义文学中的表现之一就是在文学作品中，叙事的地位发生了急剧的下降。以瓦尔特·本雅明为代表的现代主义者认为叙事艺术无法满足现代主义对真实性的要求，而叙事非真实性的主要内容似乎就是这样一种想法，“即生活可以为人类所理解，并因此得到管理”。[22]J.H.普伦伯（Plumb）进一步提出，叙事所强调的历史感在20世纪的西方社会已经丧失了合理性：“工业社会不同于它所取代的商业社会、手工业社会和农业社会，它不需要过去。它的知识取向是面向变化、利用和消费的，而不是面向保存的。科学与工业社会的新方法、新过程以及新的生活形式不受过去的任何影响，而且并不建立在过去的基础上。因此，过去变成了代表好奇心、怀旧感和伤感的事物。”[23]特里林形象地将叙事地位的每况愈下比喻为儿童与家庭之间的关系——在传统意义上，家庭一直是一种叙事制度：它就是过去，它能讲述有关事物开端的故事，包括儿童自己的开端；而且它可以给出建议。尽管儿童在成长为成人之后不再像以前那样依赖家庭，但家庭依然是生活的重要组成部分，因此叙事不应该被遗忘。

特里林对叙事地位的探讨不仅局限在文学领域，他进一步论及了与现代思维理论有关的真实性，特别是真实性与无意识之间的关系，因为无意识是现代心理学理论的决定性因素。治疗无意识障碍的方法是精神分析，而精神分析恰恰需要利用叙事的作用才能让患者讲述造成心理问题的初始事件和场景。叙事地位的削弱导致了精神分析理论逐渐受到冷遇。但是特里林指出，弗洛伊德理论中至少有一种成分不会遭到抛弃：有关人类思维的两种系统的理论。这种理论认为其中一种系统是“显性的，另一种是隐性的”。[24]这种观点在现代社会中已经得到了充分的确立。

特里林扼要叙述了弗洛伊德的心理疗法的原理，即承认每个人都受到由自我对本我的抑制而产生的“神经症”的侵扰——“我们都患有神经症”，而治疗的方法则是让思维的有意识部分来解释无意识受到压抑的冲动所采用的象征系统，从而发现造成恐惧的原因，并缓解症状。[25]让—保罗·萨特在《存在与虚无》第二章中探讨了精神分析关注的个人真实性状态。他对此提出了下列质疑。首先，精神分析将人的自我形成了自我与本我的二元对立，而相对于意识而言，无意识是无法用直觉来感知的，它只能通过假设来了解，因此，它被当作了一种客体。其次，萨特质疑了精神分析中的审查制度，即自我的有意识部分是如何检查颠覆性的力比多能量并阻止其直接显露的。[26]如果自我的有意识部分需要对无意识进行审查，那么它必须了解无意识的性质和意图，而这一点与弗洛伊德心理学对无意识的界定形成了明显的矛盾。

不过，特里林指出，萨特的质疑仍停留在弗洛伊德理论的早期阶段，而没有考虑心理学在近半个世纪的历程中所经历的变化，特别是弗洛伊德本人于1919年对自己的无意识理论所进行的重大修改。在修改后的理论中，弗洛伊德认为自我当中也有一部分是无意识的，也受到了压抑，但能产生强有力的效果，而不被本身所意识。[27]另外，弗洛伊德的新理论认为，曾经与本我处于敌对关系的自我也有部分成分与本我是紧密相关的，而且自我为本我提供了存在的“居所”。弗洛伊德所进行的另一处修改是认为自我的有意识部分有些活动与本我的活动具有惊人的相似性，例如“道德判断和自我批评”。这些修改虽然能证明萨特的质疑是不充分的，但是它们本身也导致了新的矛盾性，例如自我与本我之间的二元对立变成了有意识的自我与无意识的自我之间的二元对立，而且道德判断和自我批评依然需要对无意识进行清楚的认识。因此，弗洛伊德在“可终止和不可终止的分析”（Analysis Terminable and Interminable）中提出了非真实性的原则（principle of inauthenticity），即自我可以为了满足自身的目的而适应社会的理性和权威。而这一点则代表了弗洛伊德成熟的社会理论。1930年，弗洛伊德发表了《文明及其不满》，特里林认为这本书最能全面地体现弗洛伊德有关人类社会命运的观点，它是一本“具有非凡力量的书……对于我们时代的社会思想而言，它具有独特的重要意义”。[28]弗洛伊德在该书中提出，尽管社会是造成人类挫折感的必然因素，但是造成个人的不幸的直接原因是无意识本身。无意识的自我将外部的要求内化为自身的负罪感，并以此来从动机和意图层面上惩罚人，这一点比社会从结果的层面上所给出的惩罚更为全面，更为无处不在。弗洛伊德解释了超我的形成，指出其权威来自对社会权威的继承。特里林对弗洛伊德在《文明及其不满》中有关人类不幸的观点提出了这样的疑问："弗洛伊德迫使我们意识到人类存在的痛苦和挫折的不可避免性，他的动机是什么？"对此，特里林给出的答案是："弗洛伊德坚持认为人类由思维属性所决定的根本性不可缓和性，他的意图就在于维持人类存在的真实性，而这种真实性以前都是由上帝来认可的。他的目的在于防止所有的事物陷入'失重'的状况。"[29]《文明及其不满》的出现反驳了主流意识形态的乐观态度，因此无法得到社会的广泛认可。

特里林用英国心理医生R.D.兰恩（Laing）作为例证，解释了当时人们对弗洛伊德观点的疏远态度。兰恩基本排除了造成心理疾病的内部原因，即思维内部的固有矛盾，而将重点放在外部因素上，特别是个人的家庭生活。他认为，每一种精神分裂症的病例都应该被理解为"患者所创造的一种特殊的策略，以便忍受一种无法生活的处境"，而这种处境通常是一种家庭处境，特别是这样一种处境，即父母要求子女具有一种有悖于真实自我的自我。特里林认为这种理解是错误的，因为实际上"兰恩认为精神分裂症是患者对父母强加的非真实性（inauthenticity）所作出的反应"。[30]这种认识排除了个人和社会生活中其他方面对人的心理所造成的影响。

马尔库塞在《爱欲与文明》（*Eros and Civilization*, 1955）中试图将马克思主义和弗洛伊德理论和谐地融合在一起。他认为，随着现代社会科学技术的发展，外部世界对人类的生存产生的限制正在逐渐减少，而且社会对个人的道德要求也在放松，因此他预言超我的强制性将逐渐削弱，从而有可能实现马克思在年轻时代提出的自由状态，即所有的人类活动都不再需要付出代价。但是，马尔库塞也意识到，物质必然性的削弱和文化制约的放松也会产生负面效应。从儿童时期开始，现代个体就不再经历由于传统的家庭权威（尤其是父亲的权威）造成的自我与社会的对立，因此很难产生强烈的自我意识，即卢梭所称的“存在的情感”。[31]马尔库塞担忧的情况是，与传统社会相比，一个富足的、宽容的、以愉悦为导向的社会将以更有效而深刻的方法来控制个体。因此，马尔库塞认为，要形成鲜明的个人性格—结构（character-structure），就需要一定的外部必然性。

20世纪中期以来，心理医学界发现心理疾患的主要病症从过去的歇斯底里型神经症转向了当前的性格型神经症，并且造成这种病症的原因就在于社会的非真实性要求。精神错乱（insanity）也被理解为个体应对社会非真实性强制力的一种积极反应，而非仅仅由于社会要求而产生的被动结果；另外，精神错乱也是个体否定普遍的限制状态而采取的行动，利用这种形式的个人存在，个体可以通过自给自足来确定自己的权力。[32]这种思想在人文领域也产生了一定的影响。诺曼·O.布朗在1960年的哥伦比亚大学“美国大学优等生之荣誉学会”（Phi Beta Kappa）演说中就表示要通过疯狂（madness）来获得自己可望得到的“恩赐”和“超自然力量”。该演说体现的观点认为疯狂就是健康，疯狂就是解放和真实性，而且个人存在的真实性要通过最终的隔绝状态以及由此产生的力量来实现。[33]这种理论“抛弃了异化的社会现实的虚伪性，转向一种向上的精神病态活动性（upward psychopathic mobility），以便进入一种神圣的境界，即我们每个人都是一个基督”，而这样做不需要个体作出任何牺牲，也不需要经历神职人员为获得升迁而付出的艰辛努力。[34]

在这一系列的分析过程中，特里林主要通过自己对弗洛伊德的理解，结合了自己从马克思、阿诺德那里借鉴来的辩证思想，证明了批评界的种种优势和谬误，为自己提出一种既超越具体理论体系，又整合各个流派合理价值的批评方法奠定了基础，也为后人的理论学习和应用提供了佐证。

在建构多元共生的文学评价体系过程中，特里林反对结构主义的二元对立，倡导一种平等对话的、多元共存的张力状态。特里林对文学创作中的片面思维进行了批判。例如，在《顺带评说的小说》中，特里林批评了法国文学界对欧洲文化状况的简单、片面的理解。维吉尔·格奥尔格尤（Virgil Gheorghiu）有关战时和战后欧洲的小说《第二十五个小时》被当时的舆论界认为是一部重要作品，但这“并非因为这部小说的内在品质——它不具备任何品质——而是因为它所讲述的有关欧洲，特别是法国政治思维的内容”。[35]作者在小说中表达了这样的观点，即西方社会已经到达了时间终点之后的位置，人类在这一刻已经无法获得神的拯救。特里林认为这种观点部分属于缺乏文学性所导致的结果，但它同时也是缺乏道德敏感性所导致的结果，“格奥尔格尤先生所描述的恐怖的欧洲图景缺乏真实感，其中原因之一就在于这种图景在处理恐怖的极端例证、犹太人的命运时，其手段是如此的简单而谬误”。[36]作者的简单和谬误在于他对技术持有不加辨别的憎恨，认为技术是导致所有罪恶的根源，而且他对政治生活全盘排斥，转而偏好纯粹属于个人的精神生活。因此，持有这种观点的法国人以一种夸张的态度去对待格奥尔格尤在作品中所表达的意图，即他的真正意图：“他并非想要表明西方已经被技术和政治的恶魔所摧毁，他真正想表明的是，西方正在被美国带向最后的毁灭。”[37]

在考虑文学与观念之间的关系时，特里林认为诗歌与哲学之间的相似性的意义胜过它们之间的差异性的意义，而且他希望强调两者之间相互同化的功能。特里林论述了文学与观念在哪些方面是可以相互兼容的。首先，文学在本质上就会涉及到观念，因为文学所关注的对象是“社会中的人”，而这些人又各自体现了或隐蔽或显现的“程式化观念、价值评价和各种决定”。[38]其次，每当人们的思想中出现两种并置且对立的情感时，观念就会在思维中形成。在这种分析的基础上，特里林进一步提出了文学作品的内容和形式之间的关系。他认为文学作品的形式本身就是一种观念。而对于形式而言，辩证关系又是其中最重要的成分。

当然，特里林在这里也意识到了人们对于“观念”的一些错误认识，他再一次论述了“观念”和“意识形态”之间的区别：意识形态不是思想的产物；它是人们对某些程式表示尊敬的习惯或仪式，而实际上人们对这些程式并没有清晰的理解。[39]

这里特里林指出了新批评的代表人物维勒克和沃伦的局限性，即他们在维护诗歌的自治性的同时，忽视了情感和思想的共同立足点，“他们将观念仅仅设想为哲学的形式系统的产物，而忘记了诗人在思想的世界里也有他们自己的影响”。[40]特里林进一步探讨了美国社会对文学与观念的关系的看法。与充分表现多种哲学思想的欧洲文学相比，美国文学显得有些被动，因此经常作为一种学术研究的“客体”，而非一种具有主动性的“主体”。因此，美国文学批评家应该认识到，“如果观念足够广大，具有某种类型，那么它们就不仅不会与创作过程产生敌对状态，它们实际上反而会成为创作过程不可避免的因素”。[41]

在消解结构主义二元对立的过程中，特里林注重理智与情感的结合。特里林之所以能以美学的方式来对待弗洛伊德，是因为他具有这样的一种想法，即观念是通过任何有意义的方式所体会到的美学经验的必备部分。“我确信，智性力量的美学效果是不能被疏忽的。”[42]这句话出自一篇题为《一种文学观念的意义》的文章，其中特里林认为，文学“从本质上来说，本身就涉及到观念”，因为“它所应对的是社会里的人，这就是说，它所应对的是理论模式（formulations）、价值评估（valuation）以及各种决策（decisions），这些事物有些是隐藏的，有些则是外显的”。只要两种情感被并置在一起，那么“我们就可以合理地称之为观念”。[43]因为特里林认为智性和情感的力量是相互包含的，形成了一种由观念和情感构成的连续性，所以他发现某些种类的观念对创造过程而言并不抱有敌意，“相反，它们实际上是创造过程不可避免的组成成分”；而且，在任何广泛意义上的文学作品中（他特别注意到小说这种文学样式），美学效果“在很大程度上依赖于智性的力量，依赖于思维所应对的材料能产生多少抗拒力，也依赖于思维在控制巨大的材料时所取得的成功”。[44]

特里林一贯坚持文学中观念的优先地位，如果不考虑他有关思想的概念，那么这一点很容易让人产生误解。人们往往加以限制地将思维仅仅认为是理性的智性，而特里林则深刻意识到过度运用这种思维的危险性。这种意识遍布于他的批评思想之中，而且构成了它的独特特征之一。他一再谴责由于对思维的忠诚而引起的精神贫乏和道德矛盾性，因为这种忠诚排除了情感上的复杂性和人类的神秘性。在特里林看来，人们应该合理地考虑思维，即它是一种具有辩证素质并通过想象性的理性来了解知识的思维。依照这种概念构想出来的思维应该体现机趣、灵活性、道德观察力以及一种有关变化性和复杂性的生动认识。

特里林坚持多元共生的观点，使自己成为了连接多种批评思想的桥梁。他能在思想迥异的新批评家和纽约知识分子之间形成一条纽带，其中很大一部分原因就在于他的风格和方法。正如刘易斯·里尔利所描述的那样，特里林那种敏捷的、严于探究的、不喜争辩的思维使得他的风格可以“以一种谨慎的态度周旋在其探寻的真理周围，显示出试探性的，甚至是犹豫的迹象，时而向前迈出一步，然后又迂回到侧翼，或者可能又向回倒退了一步，但他总是向目标不断前进，眼光锐利，动作充满节奏和优雅的气质，这一点证明了他的实力，确保了他的成功”。[45]

在《乔治·奥威尔和真理的政治学》一文中，特里林以奥威尔的小说《向加泰罗尼亚致敬》(*Homage to Catalonia*)为例，分析了这部自传性作品所具备的多元思想。这部作品讲述了主人公在西班牙内战期间的曲折遭遇和思想变迁，但是，它的重要性超出了一般的战地题材小说，在特里林看来，它见证了现代政治生活的性质，而且展示了一种正确应对这种生活的方法。西方知识分子眼中的政治往往带有某种抽象的，甚至略带浪漫主义的色彩，而实际上“我们心目中的政治田园牧歌实际上是一场严酷的军事战役，或是对政治盟友所采取的谋杀性背叛”。[46]特里林之所以会对奥威尔的这部小说表示出特殊的兴趣，是因为这部作品反映了30年代西方知识分子对他们所理解的共产主义逐渐丧失信心的过程，同时特里林也从中发现了如何对待信仰的积极出路。

与其他同时代的著名作家相比，奥威尔算不上是一位天才小说家，但是他的平凡与坦诚却有着一种特殊的感染力量。特里林高度赞扬了奥威尔的这种品质：

> 他解放了我们。他告诉我们，仅仅通过环顾四周，我们就可以理解自己的政治和社会生活；他使我们不再需要内幕消息。他的言下之意是，我们的任务不是成为知识分子，当然不是那种追逐时尚的知识分子；相反，我们要依靠自己的光芒变得聪明起来——他恢复了那种传统的有关思维的民主思想，使我们不再相信思维只能以一种技术性的、职业化的方式在一种必然的竞争中来运行。他卓有成效地让我们相信，我们可以成为由有思想的人所组成的社会的完整成员。[47]

奥威尔对待英国上层中产阶级的态度是一种辩证的态度，尽管他也发现了这个阶级的腐朽与沉沦，但是他同时也肯定了这个阶级的一些优秀品质，例如“对个人隐私、秩序、风度以及公正与责任理想的热爱”——在奥威尔看来，这些品质可以被用来判断现在和控制未来。[48]不过，这种辩证的态度并没有阻止奥威尔对中产阶级致命弱点的揭示。他指出，现代社会中的中产阶级知识分子的典型错误就在于他们“对抽象性和绝对性的偏好，以及他拒绝将观念与事实，特别是个人事实相结合的态度”，即他们“拒绝理解受到条件限制的生活本质”。[49]这种批评态度同样也体现在他的小说《一九八四》中，特里林指出，这部作品的核心意义就在于向人们揭示这样的危险，即当思想摆脱了现实条件，摆脱了事物与历史的约束，它就有可能产生一种极端的、绝对的权力。奥威尔始终认为自己所投身的事业是正确而必要的，他从未对自己的信仰表示过怀疑或后悔。他认为值得批判的是那些肤浅的路线执行者和幼稚的知识分子，他们没有将政治教条与现实的社会状况相结合。奥威尔本人清楚地意识到，政治根本不是一种知识分子理想中的田园诗，它是一种切实的存在，是与社会成员个人命运密切相关的、经常以残酷的形式出现的事实。在用小说来讲述这种事实时，奥威尔避免使用故弄玄虚的政治术语，而且并不表明自己是否采取右派或左派的立场。这种对事实的尊重与折中的态度也许正是特里林所欣赏的批评品质。

与此相似的是，特里林的辩证思想承认某一方面的真理性，同时又坚持另一方面同样也需要仔细的考虑，而且这两者又必须通过另外一些干预性的设想来形成关联的整体。斯蒂芬·多纳迪奥评论说："特里林并不打算打倒稻草人：如果他要向一种立场提出挑战，那么他总是针对这种立场的最强方面，攻击它最充分、最完整、在智性方面最具防御能力的方面……"[50]因为这一点，特里林的判断比那些选择容易的挑战目标的批评家具有更多的权威性。他对每个问题的所有方面都给予了注意和关照，这一点产生了一种具有极端机敏性和明智性的风格。阿伦·退特在《党派评论》早期刊登的一封信件中赞扬了特里林对他的小说《父亲们》(*The Fathers*)的评论。退特说，这篇评论表明了"这样一种可能性，即一位批评家在评论一部由与自己观点截然相反的作者创作的作品时，可以通过自己的温和态度和智慧让这位作者确信，批评家是公正无私的"。[51]

特里林的这种公允态度和宽容风度体现了真正的公共知识分子的价值。J. C. 戈德法布对知识分子地位的评价可以用来形容特里林："我认为知识分子在促进'民主'和进行各种'民主'生活的实践中起了至关重要的作用。知识分子促使各种社会讨论各自的问题。他们促使政治争论[以文明的方式]进行，他们推翻了令人沾沾自喜的一统意见，他们断定有可能使互为敌人的人变为[论辩的]对手，并提供这种可能性；他们促使公众讨论[那些]被文明准则掩盖的各种问题；他们的这些作为就是对'民主'生活的贡献。"[52]特里林坚持认为任何事物都是善与恶的统一体,这种观念使他有可能接受表面看来相互敌对的思想,并找出两者之间得以交流的可能性。他所代表的公共知识分子群体也从不同的方面体现了这种特征,但是,一段时间以来,经济的繁荣和物质的富足使公众失去了从知识分子那里寻求帮助的需要,从而削弱了知性的发展。戈德法布发现了这种现象的危险性:"我还认为在我们这个时代,知识分子活动的减少对'民主'是一大威胁。知识分子是实践'民主'的主要群体,如果他们离开政治舞台,'民主'实践就会以失败而告终。"[53]

# 注 释

前言

1 Lewis Leary. "Lionel Trilling 1905—1975," [J] in *Sewanee Review*, 1976, p.302.

2 Irving Howe. *A Margin of Hope*[M]. Harcourt Brace Jovanovich, 1982, p.136.

3 William Phillips. *A Partisan View: Five Decades of the Literary Life*[M]. Stein & Day, 1983, p.298.

4 William Chace. "Lionel Trilling: The Contrariness of Culture."[J] *American Scholar* 48 (1978—1979), p.58.

5 *Contemporary Author* (CA) [C]. Gale Research Co., 1986—1989, Vol. 10, p.468.

6 同上, p.467。

7 同上, p.467。

8 同上, p.467—468。

9 同上, p.468。

10 同上, p.468。

11 同上, p.469。

12 王宁. 后现代主义之后 [M]. 中国文学出版社, 1998, 第184—185页。

13 罗钢、刘象愚主编. 文化研究读本[C].中国社会科学出版社, 2000, 第1页。

14 王岳川. 后殖民主义与新历史主义文论 [M]. 山东教育出版社, 1999, 第192页。

15 Richard A. Posner. *Public Intellectuals: A Study of Decline*[M]. Harvard University press, paperback edition 2003, p.25.

16 Lionel Trilling. *Speaking of Literature and Society* [C] (Diana Trilling ed.) Harcourt Brace Jovanovich, 1980, p. 245.

17 Lionel Trilling. *The Last Decade: Essays and Reviews 1965—75*[C], edited by Diana Trilling. Harcourt Brace Jovanovich, 1979, p.226—227.

18 Lionel Trilling. *The Liberal Imagination*[M]. Viking, 1950, p.273.

第一章

1 Lionel Trilling. *The Last Decade: Essays and Reviews 1965—75*[C], edited by Diana Trilling. Harcourt Brace Jovanovich, 1979, p.234.

2 Maurice Hindus. "The Jew As Radical," [J] *Menorah Journal*, 13 (August 1927), p.367.

3 Mark Krupnick. *Lionel Trilling and the Fate of Cultural Criticism*[M]. Northwestern University Press, 1986, p.22—23.

4 Stephen L. Tanner *Lionel Trilling* [M]. Twayne Publishers, 1988, p.13.

5 William Phillips. *A Partisan View: Five Decades of the Literary Life* [M]. Stein & Day, 1983, p.74.

6 拉塞尔·雅各比.最后的知识分子[M](洪洁译). 江苏人民出版社, 2002, 第80—81页。

7 Mark Shechner. "Psychoanalysis and Liberalism: The Case of Lionel Trilling." [J] *Salmagundi*, 41 (Spring 1978), p.31.

8 Elinor Joan Grumet. "The Menorah Idea and the Apprenticeship of Lionel Trilling." [Ph. D. dissertation], University of Iowa, 1979, p.163.

9 Lionel Trilling. *Speaking of Literature and Society* [C] (Diana Trilling ed.) Harcourt Brace Jovanovich, 1980, p.200.

10 同上, 第199页。

11 Lionel Trilling. *The Last Decade: Essays and Reviews 1965—75*[C], edited by Diana Trilling. Harcourt Brace Jovanovich, 1979, p.226.

12 同上, 第228页。

13 *Contemporary Author* (CA) [C]. Gale Research Co., 1986—1989, Vol. 10, p.467.

14 Lionel Trilling. *The Last Decade: Essays and Reviews 1965—75*[C], edited by Diana Trilling. Harcourt Brace Jovanovich, 1979, p.236—237.

15 同上, 第237页。

16 Lionel Trilling. *Matthew Arnold* [M]. Norton, 1939, p.xiii.

17 Lionel Trilling. *The Last Decade: Essays and Reviews 1965—75*[C], edited by Diana Trilling. Harcourt Brace Jovanovich, 1979, p.238—239.

18 Lionel Trilling. *Matthew Arnold* [M]. Norton, 1939, p.428.

19 同上, 第159页。

20 同上, 第196页。

21 同上, 第152—153页。

22 同上, 第8—9页。

23 同上, 第194页。

24 同上, 第265页。

25 同上, 第6页。

26 同上, 第6页。

27 同上, 第180页。

28 Lionel Trilling. *The Last Decade: Essays and Reviews 1965—75*[C], edited by Diana Trilling. Harcourt Brace Jovanovich, 1979, p.235.

29 Stephen L. Tanner. *Lionel Trilling* [M]. Twayne Publishers, 1988, p. 1.

30 同上, 第30页。

31 Lionel Trilling. *The Last Decade: Essays and Reviews 1965—75*[C], edited by Diana Trilling. Harcourt Brace Jovanovich, 1979, p.239.

32 John Henry Raleigh. "Editor's Page: Matthew Arnold and Lionel Trilling" [J]. *Arnoldian*, 3, no. 1 (Winter 1976), p.2—3.

33 *Contemporary Author* (CA) [C]. Gale Research Co., 1986—1989, Vol. 10, p.468.

34 Jacques Barzun. "Remembering Lionel Trilling." [J] *Encounter* 47, (September 1976), p.83—84.

35 Lionel Trilling. *Matthew Arnold* [M]. Norton, 1939, p.10.

36 同上, 第409页。

37 Lionel Trilling. *The Portable Matthew Arnold* [C]. Viking, 1949, p.184.

38 Stephen L. Tanner. *Lionel Trilling* [M]. Twayne Publishers, 1988, p. 31.
39 Lionel Trilling. *E. M. Foster* [M]. Hogarth, 1964, p.23.
40 同上，第9页。
41 同上，第5页。
42 同上，第41页。
43 Donald Daiches. "Review of E. M. Foster" [J]. *Accent,* 4 (1943), p.62.
44 张杰，汪介之. 20世纪俄罗斯文学批评史 [M]. 译林出版社，2000，第364页。
45 Lionel Trilling. *The Opposing Self* [C]. Viking, 1955, p.52.
46 同上，第55页。
47 同上，第64页。
48 Lionel Trilling. *E. M. Foster* [M]. Hogarth, 1967, p.249.
49 同上，第150页。
50 同上，第152页。
51 同上，第23页。
52 同上，第155页。
53 同上，第15页。
54 同上，第15页。
55 同上，第157页。
56 R. P. Blackmur. "The Politics of Human Power."[J] *Kenyon Review*, 12, 1950, p.667.
57 Lionel Trilling. *A Gathering of Fugitives* [C]. Beacon, 1956, p.61.
58 Lionel Trilling. *The Liberal Imagination*[M]. Viking, 1950, p.273—274.
59 Lionel Trilling. *A Gathering of Fugitives* [C]. Beacon, 1956, p.82.
60 Lionel Trilling. *Speaking of Literature and Society* [C] (Diana Trilling ed.) Harcourt Brace Jovanovich, 1980, p.184—185.
61 汤林森. 文化帝国主义 [M]. 冯建三译. 上海人民出版社，1999，第8页。
62 王小章，郭本禹. 潜意识的诠释——从弗洛伊德主义到后弗洛伊德主义 [M]. 中国社会科学出版社，1998，第38页。
63 西格蒙德·弗洛伊德. 弗洛伊德自传 [M].长春出版社，1998，第102—103页。
64 西格蒙德·弗洛伊德. 文明及其不满 [M]（严志军、张沫译）. 河北教育出版社，2003，第72页。
65 王宁，等编. 弗莱研究：中国与西方 [C].中国社会科学出版社，1996，第10页。
66 Lionel Trilling. *The Last Decade: Essays and Reviews 1965—75*[C], edited by Diana Trilling. Harcourt Brace Jovanovich, 1979, p.237.
67 Mark Shechner. "Psychoanalysis and Liberalism: The Case of Lionel Trilling." [J] *Salmagundi*, 41 (Spring 1978), p.21.

第二章

1 Irving Howe. "Lionel Trilling: A Word of Remembrance" [J]. *Salmagundi* 35, Fall, 1979, p.139.

2 拉塞尔·雅各比.最后的知识分子(洪洁 译)[M]. 江苏人民出版社，2002，第90页。

3 William Phillips. *A Partisan View: Five Decades of the Literary Life* [M]. Stein & Day, 1983, p.278—279.

4 William Chase. 转引自*Contemporary Literary Criticism*[C], Vol. 11, Gale Research Co., 1988, p.58。

5 *Contemporary Authors*, New Revision Series, Volume 10, p.467.

6 Lionel Trilling. *The Middle of the Journey* [Novel]. Viking, 1947, p.xvi.

7 Lionel Trilling. *The Last Decade: Essays and Reviews 1965—75*[C], edited by Diana Trilling. Harcourt Brace Jovanovich, 1979, p.237.

8 Lionel Trilling. *Matthew Arnold* [M]. Norton, 1939, p.ix.

9 Stephen L. Tanner. *Lionel Trilling* [M]. Twayne Publishers, 1988, p.27.

10 Irving Howe. *A Margin of Hope*[M]. Harcourt Brace Jovanovich, 1982, p.229.

11 阿瑟·林克、威廉·卡顿.一九〇〇年以来的美国史，中册，[M](刘绪贻、李存训等译).中国社会科学出版社，1983，第335页。

12 Lionel Trilling. *The Liberal Imagination*[M]. Viking, 1950, p.ix.

13 同上，第xiv, xv页。

14 William Chace. "Lionel Trilling: The Contrariness of Culture."[J] *American Scholar* 48 (1978—1979), p.147.

15 Lionel Trilling. *The Last Decade: Essays and Reviews 1965—75*[C], edited by Diana Trilling. Harcourt Brace Jovanovich, 1979, p.140—141.

16 Lionel Trilling. *Speaking of Literature and Society* [C] (Diana Trilling ed.) Harcourt Brace Jovanovich, 1980, p.165.

17 Lionel Trilling. *The Portable Matthew Arnold* [C]. Viking, 1949, p.134.

18 Lionel Trilling. *Matthew Arnold* [M]. Norton, 1939, p.387.

19 Lionel Trilling. *A Gathering of Fugitives* [C]. Beacon, 1956, p.79.

20 Lionel Trilling. *E. M. Foster* [M]. Hogarth, 1967, p.14.

21 同上，第15页。

22 同上，第15页。

23 同上，第15页。

24 同上，第131页。

25 同上，第92页。

26 Lionel Trilling. *The Liberal Imagination*[M]. Viking, 1950, p.3.

27 同上，第4页。

28 同上，第5页。

29 同上。

30 同上，第10页。

31 同上，第10页。
32 Joseph Frank. "Lionel Trilling and the Conservative Imagination" [J]. *Sewanee Review*, 64 1956, p.32.
33 Lionel Trilling. *Matthew Arnold* [M]. Norton, 1939, p.341.
34 Lionel Trilling. *A Gathering of Fugitives* [C]. Beacon, 1956, p.37.
35 Lionel Trilling. *Sincerity and Authenticity* [C]. Harvard University Press, 1972, p.2.
36 同上，第4页。
37 同上，第5页。
38 同上，第9页。
39 同上，第24页。
40 Lionel Trilling. *The Liberal Imagination*[M]. Viking, 1950, p.181.
41 同上，第183页。
42 同上，第184页。
43 同上，第186页。
44 同上，第187页。
45 Lionel Trilling. *A Gathering of Fugitives* [C]. Beacon, 1956, p.85.
46 同上，第86页。
47 同上，第86页。
48 Stephen L. Tanner. *Lionel Trilling* [M]. Twayne Publishers, 1988, p.34.
49 同上，第34页。
50 Lionel Trilling. *A Gathering of Fugitives* [C]. Beacon, 1956, p.124—125.
51 同上，第126页。
52 Lionel Trilling. *The Liberal Imagination*[M]. Viking, 1950, p.iii.
53 程爱民. 20世纪英美文学论稿 [M]. 上海外语教育出版社, 2001，第105页。
54 Nathan A. Scott Jr. *Three American Moralists: Mailer, Bellow, Trilling* [M]. University of Notre Dame Press, 1973, p.182—183.
55 Lionel Trilling. *Beyond Culture* [C]. Viking, 1965, p.107.
56 Norman Podhoretz. *Breaking Ranks* [M]. Harper & Row, 1979, p.279.
57 Lionel Trilling. *Speaking of Literature and Society* [C] (Diana Trilling ed.) Harcourt Brace Jovanovich, 1980, p.48.
58 Lionel Trilling. *Beyond Culture* [C]. Viking, 1965, p.12.
59 Lionel Trilling. *A Gathering of Fugitives* [C]. Beacon, 1956, p.79.
60 同上，第92页。
61 同上，第99页。
62 Lionel Trilling. *Speaking of Literature and Society* [C] (Diana Trilling ed.) Harcourt Brace Jovanovich, 1980, p.114.
63 同上，第150页。
64 同上，第154—155页。
65 Robert Langbaum. "The Importance of The Liberal Imagination." [J] *Salmagundi*, 41,

Spring 1978, p.55,57.
66 Lionel Trilling. *The Opposing Self* [C]. Viking, 1955, p.63—64.
67 Lionel Trilling. *Prefaces to the Experience of Literature* [C]. Harcourt Brace Jovanovich, 1979, p.265.
68 Lionel Trilling. *Speaking of Literature and Society* [C] (Diana Trilling ed.) Harcourt Brace Jovanovich, 1980, p.354—355.
69 拉塞尔·雅各比.最后的知识分子[M](洪洁译). 江苏人民出版社, 2002, 第65—66页。
70 Lionel Trilling. *The Last Decade: Essays and Reviews 1965—75*[C], edited by Diana Trilling. Harcourt Brace Jovanovich, 1979, p.13.
71 王守仁, 吴新云. 性别、种族、文化: 托妮·莫里森与二十世纪美国黑人文学 [M]. 北京大学出版社, 1999, 第26页。
72 拉塞尔·雅各比.最后的知识分子[M](洪洁译). 江苏人民出版社, 2002, 第69页。
73 Irving Howe. "Lionel Trilling: A Word of Remembrance" [J]. *Salmagundi* 35, Fall 1979, p.172.
74 Lionel Trilling. *Speaking of Literature and Society* [C] (Diana Trilling ed.) Harcourt Brace Jovanovich, 1980, p.121.
75 Phillip Lopate. "Remembering Lionel Trilling." [J] *American Review*, 25, 1976, p.152.
76 A. Hollander.*Three Honest Men* [M],University of Notre Dame Press, 1973, p.82.
77 Phillip Lopate. "Remembering Lionel Trilling." [J] *American Review*, 25, 1976, p.156.
78 Jacques Barzun. "Remembering Lionel Trilling." [J] *Encounter* 47, (September 1976), p.84.
79 Jeffrey Hart. *New Criterion*, May 1998 v.16 i9, p.74.
80 Lionel Trilling. *Beyond Culture* [C]. Viking, 1965, p.7.
81 同上, 第8页。
82 同上。
83 同上, 第10页。
84 Lionel Trilling. *The Liberal Imagination*[M]. Viking, 1950, p.206.
85 同上, 第207页。
86 同上。
87 同上。
88 同上, 第209页。
89 同上, 第210页。
90 同上, 第211页。
91 同上, 第213页。
92 同上, 第214页。
93 同上, 第218页。
94 同上, 第221页。
95 Lionel Trilling. *Beyond Culture* [C]. Viking, 1965, p.12.
96 傅俊. 渊源·流变·跨越: 跨文化语境下的英语文学 [M]. 东南大学出版社, 2001, 第

235页。

97 Lionel Trilling. *Beyond Culture* [C]. Viking, 1965, p.12.

98 同上，第12页。

99 同上，第17页。

100 同上，第20页。

101 Jeffrey Hart. *New Criterion*, May 1998 v.16, p.74.

102 拉塞尔·雅各比. 最后的知识分子 [M]（洪洁译）.江苏人民出版社，2002，第2页。

103 Richard A. Posner. *Public Intellectuals: A Study of Decline*[M]. Harvard University press, paperback edition 2003, p.25.

104 钱满素. "聚焦公共知识分子" [J].《万象》2002年，第八期，第56页。

105 许知远. "重建公共知识分子传统 ",[J] 《经济观察报》, 2003年1月20日第 92 期。

106 J. C. 戈德法布. "民主"社会中的知识分子[M]. 辽宁教育出版社，2002，第25页。

107 Lionel Trilling. *A Gathering of Fugitives* [C]. Beacon, 1956, p.99.

108 同上，第100页。

109 J. C. 戈德法布."民主"社会中的知识分子[M]. 辽宁教育出版社，2002，第48页。

110 同上，第48页。

111 Mark Krupnick. *Lionel Trilling and the Fate of Cultural Criticism*[M]. Northwestern University Press, 1986, p.100.

112 Steven Faulkner. "Two Mid-century Critics".[J] *Modern Age*, Winter 2003, v45, i1, p.85.

113 Lionel Trilling. *A Gathering of Fugitives* [C]. Beacon, 1956, p.6.

114 同上，第9页。

115 同上，第10页。

116 同上。

117 同上，第21页。

118 同上，第22页。

119 同上，第29页。

120 同上，第29—30页。

121 同上，第50页。

122 同上，第51页。

123 同上，第52页。

124 同上，第6页。

125 同上，第56页。

126 同上，第58页。

127 Lionel Trilling. *Matthew Arnold* [M]. Norton, 1939, p.111.

128 同上，第122页。

129 Donald Daiches. "Review of E. M. Foster" [J]. *Accent,* 4 (1943), p.62.

130 E.B. Greenwood. "The Literary Criticism of Lionel Trilling" [J]. *Twentieth Century,* 163, 1958, p.45.

131 Lionel Trilling. *E. M. Foster* [M]. Hogarth, 1967, p.142.

132 同上，第145页。
133 Lionel Trilling. *The Liberal Imagination*[M]. Viking, 1950, p.91.
134 同上，第256页。
135 Lionel Trilling. *The Opposing Self*[C]. Viking, 1955,p.4.

第三章

1 Lionel Trilling. *Sincerity and Authenticity* [C]. Harvard University Press, 1972, p.116.
2 Lionel Trilling. *A Gathering of Fugitives* [C]. Beacon, 1956, p.112.
3 Lionel Trilling . *Beyond Culture* [C]. Viking, 1965, p.126.
4 同上，第127页。
5 同上，第131页。
6 同上。
7 同上，第133页。
8 同上，第140页。
9 同上，第151页。
10 Lionel Trilling. *Speaking of Literature and Society* [C] (Diana Trilling ed.) Harcourt Brace Jovanovich, 1980, p.17—18.
11 同上，第19—20页。
12 同上，第20页。
13 同上，第51页。
14 同上。
15 同上，第54—55页。
16 同上，第59页。
17 同上，第66页。
18 同上，第72—75页。
19 同上，第76页。
20 Lionel Trilling. *The Opposing Self* [C]. Viking, 1955, p.120.
21 同上，第125页。
22 同上，第125—127页。
23 Lionel Trilling. *The Liberal Imagination*[M]. Viking, 1950, p.199.
24 同上，第202页。
25 Lionel Trilling. *Speaking of Literature and Society* [C] (Diana Trilling ed.) Harcourt Brace Jovanovich, 1980, p.38.
26 Lionel Trilling. *The Liberal Imagination*[M]. Viking, 1950, p.130—131.
27 Lionel Trilling. *Beyond Culture* [C]. Viking, 1965, p.37.
28 Lionel Trilling. *Speaking of Literature and Society* [C] (Diana Trilling ed.) Harcourt Brace Jovanovich, 1980, p.36.
29 Lionel Trilling. *Beyond Culture* [C]. Viking, 1965, p.104.
30 同上，第105页。

31 同上，第118页。
32 Lionel Trilling. *The Opposing Self* [C]. Viking, 1955, p.174.
33 同上，第175页。
34 同上，第177页。
35 同上，第195页。
36 同上。
37 Lionel Trilling. *A Gathering of Fugitives* [C]. Beacon, 1956, p.16.
38 同上，第17页。
39 Lionel Trilling. *The Opposing Self* [C]. Viking, 1955, p.81.
40 同上，第82页。
41 同上，第85页。
42 同上，第100—102页。
43 同上，第104页。
44 同上，第106页。
45 同上，第108页。
46 同上，第109页。
47 同上，第113页。
48 同上，第114页。
49 布雷德伯里，马，詹·麦克法兰，编. 现代主义 [C]. 胡家峦，等译. 上海外语教育出版社，1992，第49页。
50 Lionel Trilling. *The Liberal Imagination*[M]. Viking, 1950, p.34.
51 同上，第36页。
52 同上，第41页。
53 同上，第44—45页。
54 同上，第45页。
55 同上，第55页。
56 同上，第57页。
57 同上，第161页。
58 同上，第164页。
59 同上，第169页。
60 同上，第174页。
61 同上，第179页。
62 Lionel Trilling. *Beyond Culture* [C]. Viking, 1965, p.82.
63 同上，第85页。
64 同上，第86页。
65 Lionel Trilling. *Speaking of Literature and Society* [C] (Diana Trilling ed.) Harcourt Brace Jovanovich, 1980, p.39—40.
66 同上，第42页。
67 同上，第43—44页。

68 Lionel Trilling. *Beyond Culture* [C]. Viking, 1965, p.50.
69 同上, 第51页。
70 同上, 第52页。
71 同上, 第54页。
72 同上, 第55页。
73 同上, 第57页。
74 同上, 第58页。
75 同上, 第59页。
76 同上, 第63页。
77 同上, 第65页。
78 同上, 第73页。
79 同上, 第74页。
80 同上, 第75页。
81 Lionel Trilling. *The Opposing Self* [C]. Viking, 1955, p.77.
82 Jeffrey Robinson. "Lionel Trilling: A Bibliographic Essay" [J]. *Resources for American Literary Study*, 8, 1978, p.146.
83 Lionel Trilling . *The Opposing Self* [C]. Viking, 1955, p.77.
84 同上, 第65—66页。
85 Lionel Trilling. *Beyond Culture* [C]. Viking, 1965, p.89.
86 Tom Samet. "Lionel Trilling and the Social Imagination." [J] *Centennial Review*, 23, 1979, p.164.
87 Mark Shechner. "Psychoanalysis and Liberalism: The Case of Lionel Trilling." [J] *Salmagundi*, 41 (Spring 1978), p.19.
88 Lionel Trilling. *The Opposing Self* [C]. Viking, 1955, p.37.
89 同上, 第32—33页。
90 同上, 第36页。
91 同上, 第49页。
92 Lionel Trilling . *The Liberal Imagination*[M]. Viking, 1950, p.74.
93 同上, 第80页。
94 同上, 第84页。
95 同上, 第85页。
96 同上, 第86页。
97 同上, 第245页。
98 同上。
99 张杰. 复调小说理论研究 [M]. 漓江出版社, 1992, 第2页。
100 陆建德, 主编. 现代主义之后: 写实与实验 [C]. 中国社会科学出版社, 1997, 第11页。
101 Lionel Trilling. *A Gathering of Fugitives* [C]. Beacon, 1956, p.22.
102 同上, 第29页。
103 同上, 第30页。

104 Lionel Trilling . *The Liberal Imagination*[M]. Viking, 1950, p.282—283.
105 同上，第287页。
106 同上，第293页。
107 斯坦利·费什. 读者反应批评：理论与实践 [M]. 文楚安译. 中国社会科学出版社, 1998, 第3页。
108 杨大春. 文本的世界——从结构主义到后结构主义 [M]. 中国社会科学出版社, 1998, 第318页。
109 Lionel Trilling . *A Gathering of Fugitives* [C]. Beacon, 1956, p.32.
110 同上，第32页。
111 Lionel Trilling . *Beyond Culture* [C]. Viking, 1965, p.7.
112 同上，第8页。
113 同上。
114 Lionel Trilling. *Speaking of Literature and Society* [C] (Diana Trilling ed.) Harcourt Brace Jovanovich, 1980, p.46.
115 同上，第46页。
116 同上，第49页。
117 Lionel Trilling. *The Liberal Imagination*[M]. Viking, 1950, p.282.
118 Lionel Trilling. *The Opposing Self* [C]. Viking, 1955, p.15.
119 Lionel Trilling. *Speaking of Literature and Society* [C] (Diana Trilling ed.) Harcourt Brace Jovanovich, 1980, p.27.
120 同上，第27—28页。
121 同上，第31页。
122 Lionel Trilling. *A Gathering of Fugitives* [C]. Beacon, 1956, p.143.
123 同上，第145页。
124 同上，第147页。
125 同上，第148—149页。
126 Lionel Trilling. *Speaking of Literature and Society* [C] (Diana Trilling ed.) Harcourt Brace Jovanovich, 1980, p.152.
127 同上，第245页。
128 Lionel Trilling. *The Last Decade: Essays and Reviews 1965—1975*[C], edited by Diana Trilling. Harcourt Brace Jovanovich, 1979, p.228.
129 李公昭, 主编. 20世纪美国文学导读 [C]. 西安交通大学出版社, 2000, 第1页。
130 Lionel Trilling . *The Liberal Imagination*[M]. Viking, 1950, p.105.
131 同上，第107页。
132 同上，第109页。
133 同上，第115页。
134 同上，第117页。
135 Lionel Trilling. *Speaking of Literature and Society* [C] (Diana Trilling ed.) Harcourt Brace Jovanovich, 1980, p.21.

136 Lionel Trilling. *The Liberal Imagination*[M]. Viking, 1950, p.23.
137 同上，第26页。
138 Lionel Trilling. *Speaking of Literature and Society* [C] (Diana Trilling ed.) Harcourt Brace Jovanovich, 1980, p.26.
139 Lionel Trilling. *The Liberal Imagination*[M]. Viking, 1950, p.25.
140 同上，第26页。
141 同上，第31页。
142 同上，第256页。
143 同上，第259页。
144 同上，第263页。
145 同上，第275页。
146 同上，第277页。
147 同上，第279页。
148 诺斯洛普·弗莱. 批评之路 [M]. 王逢振，秦明利译. 北京大学出版社，1997，第7页。
149 Lionel Trilling . *A Gathering of Fugitives* [C]. Beacon, 1956, p.117.
150 同上，第118页。
151 Lionel Trilling . *Beyond Culture* [C]. Viking, 1965, p.70—71.
152 同上，第72页。
153 同上，第155页。
154 同上，第157页。
155 同上，第161页。
156 同上。
157 同上，第163页。
158 同上，第166页。
159 同上。
160 同上，第168页。
161 同上，第177页。
162 Lionel Trilling. *The Liberal Imagination*[M]. Viking, 1950, p.99.
163 同上，第101页。
164 同上，第103页。

**第四章**

1 Lionel Trilling. *The Liberal Imagination*[M]. Viking, 1950, p.206.
2 同上，第207页。
3 Lionel Trilling. *The Last Decade: Essays and Reviews 1965—75*[C], edited by Diana Trilling. Harcourt Brace Jovanovich, 1979, p.226—227.
4 Delmore Schwartz. " The Duchess' Red Shoes." [J] *Partisan Review,* 20, 1953, p.63.
5 Lionel Trilling. *E. M. Foster* [M]. Hogarth, 1967, p.13.
6 Diana Trilling. *The Beginning of the Journey* [M]. Harcourt Brace & Company, 1993,

p.322.

7 Alfred Kazin. *New York Jew* [M]. Alfred A Knopf, 1978, p.43.

8 Robert Langbaum. “The Importance of The Liberal Imagination.” [J] *Salmagundi*, 41, Spring 1978, p.65.

9 Mark Shechner. “Psychoanalysis and Liberalism: The Case of Lionel Trilling.” [J] *Salmagundi*, 41 (Spring 1978), p.29.

10 Alfred Kazin. *New York Jew* [M]. Alfred A Knopf, 1978, p.42.

11 Jacques Barzun. “Remembering Lionel Trilling.” [J] *Encounter* 47, (September 1976), p.101—102.

12 拉塞尔·雅各比.最后的知识分子[M](洪洁译). 江苏人民出版社，2002，第81页。

13 Lionel Trilling . *The Liberal Imagination*[M]. Viking, 1950, p.194—195.

14 D. H.Hirsch. “Reality, Manners and Mr. Trilling” [J] *Sewanee Review*, 72, 1964, p.425—426.

15 Lionel Trilling. *A Gathering of Fugitives* [C]. Beacon, 1956, p.159.

16 Lionel Trilling. *The Liberal Imagination*[M]. Viking, 1950, p.199.

17 同上，第25页。

18 同上，第26页。

19 同上。

20 同上，第30页。

21 同上，第31页。

22 Lionel Trilling. *Speaking of Literature and Society* [C] (Diana Trilling ed.) Harcourt Brace Jovanovich, 1980, p.270—271.

23 Lionel Trilling. *The Liberal Imagination*[M]. Viking, 1950, p.153.

24 Lionel Trilling. *Beyond Culture* [C]. Viking, 1965, p.79.

25 Stephen L. Tanner. *Lionel Trilling* [M]. Twayne Publishers, 1988, p.175.

26 Stephen Marcus. “Lionel Trilling.” [A] *Art, Politics and Will: Essays in Honor of Lionel Trilling*. Basic Books, 1977, p.270.

27 Lionel Trilling . *E. M. Foster* [M]. Hogarth, 1967, p.23.

28 同上，第140页。

29 同上，第141页。

30 同上，第142页。

31 Nathan A. Scott Jr. *Three American Moralists: Mailer, Bellow, Trilling* [M]. University of Notre Dame Press, 1973, p.6.

32 R.W.B.Lewis. “Lionel Trilling.” [A] 转引自Tanner, 1988, p.317。

33 Irving Howe. A Margin of Hope [M]. Harcourt Brace Jovanovich, 1976, p.5.

34 Lionel Trilling. *Speaking of Literature and Society* [C] (Diana Trilling ed.) Harcourt Brace Jovanovich, 1980, p.356.

35 Irving Howe. *Celebrations and Attacks: Thirty Years of Literary and Cultural Commentary* [M]. Harcourt Brace Jovanovich, 1979, 4.

36 Irving Howe. *A Margin of Hope*[M]. Harcourt Brace Jovanovich, 1982, p.145.
37 Robert Langbaum. "The Importance of The Liberal Imagination." [J] *Salmagundi*, 41, Spring 1978, p.60.
38 Mark Krupnick. *Lionel Trilling and the Fate of Cultural Criticism*[M]. Northwestern University Press, 1986, p.125.
39 Lionel Trilling. *The Opposing Self* [C]. Viking, 1955, p.206.
40 同上，第207页。
41 同上，第223页。
42 同上，第223—224页。
43 同上，第228页。
44 同上，第230页。
45 同上。
46 Lionel Trilling. *A Gathering of Fugitives* [C]. Beacon, 1956, p.101.
47 同上，第102页。
48 同上，第103页。
49 同上，第105页。
50 同上，第106页。
51 Lionel Trilling. *The Opposing Self* [C]. Viking, 1955, p.4.
52 同上，第10页。
53 同上，第15页。
54 同上，第32页。
55 同上，第32—33页。
56 同上，第36页。
57 同上，第49页。
58 Mark Shechner. "Psychoanalysis and Liberalism: The Case of Lionel Trilling." [J] *Salmagundi*, 41 (Spring 1978), p.17.
59 罗钢、刘象愚主编. 文化研究读本[C].中国社会科学出版社，2000，第569页。
60 William Chace. "Lionel Trilling: The Contrariness of Culture."[J] *American Scholar* 48 (1978—1979), p.98.
61 Lionel Trilling. *The Liberal Imagination*[M]. Viking, 1950, p.x—xi.
62 同上，第xi页。
63 同上，第303页。
64 同上，第166—167页。
65 同上，第208页。
66 William Phillips. *A Partisan View: Five Decades of the Literary Life* [M]. Stein & Day, 1983, p.72.
67 Mark Shechner. "Psychoanalysis and Liberalism: The Case of Lionel Trilling." [J] *Salmagundi*, 41 (Spring 1978), p.21.
68 Louis Benjamin Fraiberg. *Psychoanalysis and American Literary Criticism*.[M] Wayne

State University Press, 1960, p.215.

69 Lionel Trilling . *Speaking of Literature and Society* [C] (Diana Trilling ed.) Harcourt Brace Jovanovich, 1980, p.317, 397.

70 Mark Shechner. "Psychoanalysis and Liberalism: The Case of Lionel Trilling." [J] *Salmagundi*, 41 (Spring 1978), p.23—24.

71 Lionel Trilling . *The Liberal Imagination*[M]. Viking, 1950, p.226.

72 同上，第237—240页。

73 同上，第242页。

74 同上。

75 Steven Faulkner. "Two Mid-century Critics".[J] *Modern Age*, Winter, 2003, v.45, i1, p.87.

**第五章**

1 Lionel Trilling . *A Gathering of Fugitives* [C]. Beacon, 1956, p.63.

2 同上，第64页。

3 同上，第65页。

4 同上，第67页。

5 同上，第75页。

6 同上，第76页。

7 同上，第78页。

8 拉塞尔·雅各比、最后的知识分子[M](洪洁译). 江苏人民出版社，2002，第64页。

9 Mark Krupnick. *Lionel Trilling and the Fate of Cultural Criticism*[M]. Northwestern University Press, 1986, p.1.

10 罗钢、刘象愚主编. 文化研究读本[C].中国社会科学出版社，2000，第224页。

11 Mark Krupnick. *Lionel Trilling and the Fate of Cultural Criticism*[M]. Northwestern University Press, 1986, p.1.

12 同上，第2页。

13 同上，第3页。

14 *Contemporary Author* (CA) [C]. Gale Research Co., 1986—1989, Vol. 10, p.468.

15 Stephen L. Tanner. *Lionel Trilling* [M]. Twayne Publishers, 1988, p.109.

16 Lionel Trilling . *Speaking of Literature and Society* [C] (Diana Trilling ed.) Harcourt Brace Jovanovich, 1980, Editor's Foreword, p.4—5.

17 拉塞尔·雅各比.最后的知识分子[M](洪洁译). 江苏人民出版社，2002，第68页。

18 Mark Krupnick. *Lionel Trilling and the Fate of Cultural Criticism*[M]. Northwestern University Press, 1986, p.272.

19 Lionel Trilling . *The Opposing Self* [C]. Viking, 1955, p.115.

20 罗钢、刘象愚主编. 文化研究读本[C].中国社会科学出版社，2000，第1页。

21 大卫·格里芬. 超越解构——建设性后现代哲学的奠基者[C]. 鲍世斌等译. 中央编译出版社，2002，第1—5页。

22 Lionel Trilling. *Sincerity and Authenticity* [C]. Harvard University Press, 1972, p.135.

23 同上，第137页。
24 同上，第140页。
25 同上，第143页。
26 同上，第147页。
27 同上。
28 同上，第151页。
29 同上，第156页。
30 同上，第160页。
31 同上，第165页。
32 同上，第168—169页。
33 同上，第171页。
34 同上。
35 Lionel Trilling. *A Gathering of Fugitives* [C]. Beacon, 1956, p.79.
36 同上，第80页。
37 同上，第83页。
38 Lionel Trilling. *The Liberal Imagination*[M]. Viking, 1950, p.282.
39 同上，第286页。
40 同上，第287页。
41 同上，第293页。
42 Lionel Trilling . *The Liberal Imagination*[M]. Viking, 1950, p.273.
43 同上，第265—266页。
44 同上，第276—277页。
45 Lewis Leary. "Lionel Trilling 1905—1975." [J] in *Sewanee Review*, 1976, p.302.
46 Lionel Trilling . *The Opposing Self* [C]. Viking, 1955, p.152.
47 同上，第158页。
48 同上，第162页。
49 同上，第163页。
50 Stephen Donadio. *Art, Politics, and Will: Essays in Honor of Lionel Trilling* [C]. Basic Books, 1977, p.104.
51 Irving Howe. "Lionel Trilling: A Word of Remembrance" [J]. *Salmagundi* 35, Fall 1979, p.149.
52 J. C. 戈德法布. "民主"社会中的知识分子[M].辽宁教育出版社，2002，第1页。
53 同上，第1页。

# 参考书目


1. Barzun, Jacques. "Remembering Lionel Trilling." [J] *Encounter* 47, (September 1976).
2. Blackmur, R. P. "The Politics of Human Power."[J] *Kenyon Review*, 12, 1950.
3. Chace, William. "Lionel Trilling: The Contrariness of Culture."[J] *American Scholar* 48 (1978-1979).
4. Chace, William. See *Contemporary Literary Criticism*[C], Vol. 11, Gale Research Co., 1988.
5. *Contemporary Author* (CA) [C]. Gale Research Co., 1986-1989, Vol. 10.
6. Daiches, Donald. "Review of E. M. Foster" [J]. *Accent,* 4 (1943).
7. Donadio, Stephen (co-ed.). *Art, Politics, and Will: Essays in Honor of Lionel Trilling* [C]. Basic Books, 1977.
8. Faulkner, Steven. "Two Mid-century Critics." [J] *Modern Age*, Winter 2003, v45, i1.
9. Fraiberg, Louis Benjamin. Psychoanalysis and American Literary Criticism. Wayne State University Press, 1960.
10. Frank, Joseph. "Lionel Trilling and the Conservative Imagination". [J] *Sewanee Review*, 64 1956.
11. Greenwood, E.B. "The Literary Criticism of Lionel Trilling". [J] *Twentieth Century,* 163, 1958.
12. Grumet, Elinor Joan. "The Menorah Idea and the Apprenticeship of Lionel Trilling." [Ph. D. dissertation] University of Iowa, 1979.
13. Hart, Jeffrey. *New Criterion,*[J] May 1998 v16 i9.
14. Hindus, Maurice. "The Jew As Radical." [J] *Menorah Journal*, 13 (August 1927).
15. Hirsch, D. H. "Reality, Manners and Mr. Trilling" [J] *Sewanee Review*, 72, 1964.
16. A. Hollander. *Three Honest Men* [M]. University of Notre Dame Press, 1973.
17. Howe, Irving. "Lionel Trilling: A Word of Remembrance." [J] *Salmagundi* 35, Fall 1979.
18. Howe, Irving. A Margin of Hope [M]. Harcourt Brace Jovanovich, 1976.
19. Howe, Irving. *A Margin of Hope* [M]. Harcourt Brace Jovanovich, 1982.
20. Howe, Irving. *Celebrations and Attacks:Thirty Years of Literary and Cultural Commentary* [M]. Harcourt Brace Jovanovich, 1979.
21. Kazin, Alfred. *New York Jew* [M]. Alfred A Knopf, 1978.
22. Krupnick, Mark. *Lionel Trilling and the Fate of Cultural Criticism*[M]. Northwestern University Press, 1986.

23. Langbaum, Robert. “The Importance of The Liberal Imagination.” [J] *Salmagundi*, 41, Spring 1978.
24. Leary, Lewis. “Lionel Trilling 1905—1975,” [J] in *Sewanee Review*, 1976.
25. Lewis, R.W.B. “Lionel Trilling” .[A] See Tanner, 1988.
26. Lopate, Phillip. “Remembering Lionel Trilling.” [J] *American Review*, 25, 1976.
27. Marcus, Stephen. “Lionel Trilling”. [A] *Art, Politics and Will: Essays in Honor of Lionel Trilling*. Basic Books, 1977.
28. Phillips, William. *A Partisan View: Five Decades of the Literary Life*[M]. Stein & Day, 1983.
29. Phillips, William. *A Partisan View: Five Decades of the Literary Life* [M]. Stein & Day, 1983.
30. Phillips, Williams. See *Contemporary Author* [C], Vol. 10, Gale Research Co., 1986-1989.
31. Podhoretz, Norman. *Breaking Ranks* [M]. Harper & Row, 1979.
32. Posner, Richard A. *Public Intellectuals: A Study of Decline*[M]. Harvard University press, paperback edition 2003.
33. Raleigh, John Henry. “Editor’s Page: Matthew Arnold and Lionel Trilling” .[J] *Arnoldian*, 3, no. 1 (Winter 1976).
34. Robinson, Jeffrey. “Lionel Trilling: A Bibliographic Essay”. [J] *Resources for American Literary Study*, 8, 1978.
35. Samet, Tom. “Lionel Trilling and the Social Imagination.” [J] *Centennial Review*, 23, 1979.
36. Schwartz, Delmore. “ The Duchess’ Red Shoes” [J] *Partisan Review,* 20, 1953.
37. Scott, Nathan A., Jr. *Three American Moralists: Mailer, Bellow, Trilling* [M]. University of Notre Dame Press, 1973.
38. Shechner, Mark. “Psychoanalysis and Liberalism: The Case of Lionel Trilling.” [J] *Salmagundi*, 41 (Spring 1978).
39. Tanner, Stephen L. *Lionel Trilling* [M]. Twayne Publishers, 1988.
40. Trilling, Diana. *The Beginning of the Journey* [M]. Harcourt Brace & Company, 1993.
41. Trilling, Lionel. *A Gathering of Fugitives* [C]. Beacon, 1956.
42. Trilling, Lionel. *Beyond Culture* [C]. Viking, 1965.
43. Trilling, Lionel. *E. M. Foster* [M]. Hogarth, 1967.
44. Trilling, Lionel. *Matthew Arnold* [M]. Norton, 1939.
45. Trilling, Lionel. *Prefaces to the Experience of Literature* [C]. Harcourt Brace Jovanovich, 1979.
46. Trilling, Lionel. *Sincerity and Authenticity* [C]. Harvard University Press, 1972.
47. Trilling, Lionel. *Speaking of Literature and Society* [C] (Diana Trilling ed.)

Harcourt Brace Jovanovich, 1980.
48. Trilling, Lionel. *The Last Decade: Essays and Reviews 1965—75*[C], edited by Diana Trilling. Harcourt Brace Jovanovich, 1979.
49. Trilling, Lionel. *The Liberal Imagination*[M]. Viking, 1950.
50. Trilling, Lionel. *The Middle of the Journey* [Novel]. Viking, 1947.
51. Trilling, Lionel. *The Opposing Self* [C]. Viking, 1955.
52. Trilling, Lionel. *The Portable Matthew Arnold* [C]. Viking, 1949.
53. 布雷德伯里，马，詹·麦克法兰，编. 现代主义 [C]. 胡家峦，等译. 上海外语教育出版社，1992.
54. 程爱民. 20世纪英美文学论稿 [M]. 上海外语教育出版社，2001.
55. 费什，斯坦利. 读者反应批评：理论与实践 [M]. 文楚安译. 中国社会科学出版社，1998.
56. 弗莱，诺斯洛普. 批评之路 [M]. 王逢振，秦明利，译. 北京大学出版社，1997.
57. 傅俊. 渊源·流变·跨越：跨文化语境下的英语文学 [M]. 东南大学出版社，2001.
58. 戈德法布，J. C.“民主”社会中的知识分子[J]，辽宁教育出版社，2002。
59. 格里芬，大卫. 超越解构——建设性后现代哲学的奠基者[C]. 鲍世斌等译. 中央编译出版社，2002.
60. 克里格，莫瑞. 批评旅途：六十年代之后 [M]. 李自修等译. 中国社会科学出版社，1998.
61. 李公昭，主编. 20世纪美国文学导读 [C]. 西安交通大学出版社，2000.
62. 列夫·舍斯托夫. 悲剧的哲学——陀思妥耶夫斯基与尼采 [M]. 张杰译. 漓江出版社，1992.
63. 林克，阿瑟、威廉·卡顿. 一九OO年以来的美国史，中册，[M]（刘绪贻、李存训等译），中国社会科学出版社，1983。
64. 陆建德，主编. 现代主义之后：写实与实验 [C]. 中国社会科学出版社，1997.
65. 罗钢、刘象愚主编. 文化研究读本[C].中国社会科学出版社，2000.
66. 钱满素. 聚焦公共知识分子 [J].《万象》2002年，第八期.
67. 汤林森. 文化帝国主义 [M]. 冯建三译. 上海人民出版社，1999.
68. 王宁，等编. 弗莱研究：中国与西方 [C].中国社会科学出版社，1996.
69. 王宁. 后现代主义之后 [M]. 中国文学出版社，1998.
70. 王守仁，吴新云. 性别、种族、文化：托妮·莫里森与二十世纪美国黑人文学 [M]. 北京大学出版社，1999.
71. 王小章，郭本禹. 潜意识的诠释——从弗洛伊德主义到后弗洛伊德主义 [M]. 中国社会科学出版社，1998.
72. 王岳川. 后殖民主义与新历史主义文论 [M]. 山东教育出版社，1999.
73. 西格蒙德·弗洛伊德. 弗洛伊德自传 [M].长春出版社，1998.
74. 西格蒙德·弗洛伊德. 文明及其不满 [M]（严志军、张沫译）. 河北教育出版社，2003.
75. 许知远. “重建公共知识分子传统”，[J]《经济观察报》，03-01-20，第 92 期。

76. 雅各比, 拉塞尔.最后的知识分子[M](洪洁 译). 江苏人民出版社, 2002。
77. 杨大春. 文本的世界——从结构主义到后结构主义 [M]. 中国社会科学出版社, 1998.
78. 张杰, 汪介之. 20世纪俄罗斯文学批评史 [M]. 译林出版社, 2000.
79. 张杰. 复调小说理论研究 [M]. 漓江出版社, 1992.

# 主要译名英汉对照表

Abel, Lionel 莱昂内尔·埃布尔
Adler, Nathan 内森·阿德勒
Aleichem, Sholom 肖洛姆·阿莱彻
Algren, Nelson 纳尔逊·阿尔格伦
*Ambassadors, The*《大使》
American Committee for Cultural Freedom美国文化自由委员会
*American Mercury*《美国信使》
American Writers' Congress 美国作家代表大会
*An American Dream*《美国梦》
Anderson, Sherwood 舍伍德·安德森
*Anna Karenina*《安娜·卡列尼娜》
*Anvil* 《铁砧》
Aragon, Louis 路易·阿拉贡
Arendt, Hannah汉娜·阿伦特
Arendt, Hardwick 哈德威克·阿伦特
Armstrong, Arnold 阿诺德·阿姆斯特朗
Arnold, Matthew 马修·阿诺德
Arvin, Newton 牛顿·阿尔文
Auden, W. H. W.H.奥登
Austin, Jane 简·奥斯汀

Baldwin, James 詹姆斯·鲍德温
Balzac, Honore de 奥诺瑞·德·巴尔扎克
Barnes, Djuna 朱娜·巴恩斯
Barrett, William 威廉·巴勒特
Barzun, Jacques 雅克·巴尔赞
*Bartleby, the Scriber*《抄写员巴特尔比》
Baudelaire, Charles. 查尔斯·波德莱尔
Bell, Daniel 丹尼尔·贝尔
Bellow, Saul 索尔·贝娄
Berryman, John 约翰·贝里曼
*Beyond Culture* 《超越文化》
Bishop, Elizabeth 伊丽莎白·毕晓普
Blackmur, R. P. R.P.布莱克默尔
Bourne, Randolph 伦道夫·伯恩
Bowles, Paul 保罗·鲍尔斯
Brandt, Willy 威利·布兰特
Brecht, Bertolt 贝托尔特·布莱希特
Breton, Andre 安德雷·勃勒东
Brooks, Obed 奥贝德·布鲁克斯
Brooks, Van Wyck 范·怀克·布鲁克斯
*Brothers Karamazov*《卡拉马佐夫兄弟》
Brown, Charles B. 查尔斯·B.布朗
Brustern, Robert 罗伯特·布鲁斯特
Bunyan, John 约翰·班扬
Burke, Kenneth 肯尼斯·伯克
Burnham, James 詹姆斯·伯纳姆
Burroughs, William 威廉·巴勒斯

Caldwell, Erskine 厄斯金·考德威尔
Calmer, Alan 艾伦·卡尔默
*Candy*《坎迪》
*Cantos*《诗章》
Cantwell, Robert 罗伯特·坎特韦尔
Caudwell, Christopher克里斯托夫·考特威尔
Chambers, Whittaker 惠特克·钱伯斯
Chase, Richard 理查德·蔡斯
Cheever, John 约翰·奇弗
Chekhov, Anton 安东·契诃夫
Chomsky, Noam 诺曼·乔姆斯基
*Civilization and Its Discontents* 《文明

Hacker, Louis 路易斯·哈克
Hardwick, Elizabeth 伊丽莎白·哈德维克
Harper, Albert 阿尔伯特·哈珀
Harrington, Michael 迈克尔·哈林顿
Harrison, John R. 约翰·R.哈里森
Hart, Jeffrey杰弗里·哈特
Hauser, Arnold 阿诺德·哈森
Hawthorne, Nathaniel 纳撒尼尔·霍桑
Hayes, Alfred 艾尔弗雷德·海斯
Hemingway, Ernest 厄内斯特·海明威
Herbsit, Josephine 约瑟芬·赫布斯特
Hicks, Granville 格兰维尔·希克斯
Hillyer, Robert 罗伯特·希利尔
Hoffman, Frederick 弗雷德里克·霍夫曼
Hook, Sidney 西德尼·胡克
Howard, Milton 米尔顿·霍华德
Howe, Irving 欧文·豪
Huxley, Hugh E. 休·E.赫胥黎

*Individualism Reconsidered* 《个体主义新论》

Jackson, Shirley 雪莉·杰克逊
James, Henry 亨利·詹姆斯
Jarrell, Randall 贾雷尔·兰德尔
John Reed Club 约翰·里德俱乐部
Jones, Howard Munford 霍华德·芒福德·琼斯
Joyce, James 詹姆斯·乔伊斯

Kafka, Franz 弗朗兹·卡夫卡
Kaplan, H.J. H.J.卡普兰
Kazin, Alfred 艾尔弗雷德·卡津
Keller, Gottfried 戈特弗里德·凯勒
Kenner, Hugh 休·肯纳
*Kenyon Review*《肯庸评论》
Kierkegaard, Soren 绥伦·克尔恺郭尔
Koestler, Arthur 阿瑟·凯斯特勒
Kramer, Hilter 希尔顿·克拉默
Kristol, Irving 欧文·克里斯托尔
Kromer, Tom 汤姆·克罗默
Krupnick, Mark 马克·克拉普尼克
Kunitz, Joshua 乔舒亚·库尼茨

Laing, R. D. R.D.莱恩
Langbaum, Robert罗伯特·兰鲍姆
Langer, Susanne 苏珊·朗格
Lasky, Melvin J. 梅尔文·J.拉斯基
Lawrence, D.H. D.H.劳伦斯
League of American Writers 美国作家联盟
*Leaves of Grass*《草叶集》
"Leavis-Snow Controversy, The" "利维斯—斯诺之争"
Lelchuk, Alan 艾伦·莱查克
Les Pere Goriot《高老头》
*Les Temps Modernes*《现代时刻》
Leskov, Nikolai 尼古拉·列斯科夫
Levin, Henry 亨利·莱文
Levi-Strauss 列维—斯特劳斯
Lewis, H. H. H. H.刘易斯
Lewisohn, Ludwig 鲁德威格·列维森
*Liberal Imagination, The*《自由的想象》
*Liberator* 《解放者》
*Lionel Trilling and the Fate of Cultural Criticism* 《莱昂内尔·特里林与文化批评的命运》
*Lionel Trilling —— Criticism and Politics* 《莱昂内尔·特里林——批评与政治》

Podhoretz, Norman 诺曼·波德霍雷兹
Poe, Edgar Ellen 埃德加·爱伦·坡
*Poetics* 《诗学》
Popular Front人民阵线
Porter, Arabel J. 阿拉贝尔·J.波特
Porter, Katherine Ann 凯瑟琳·安妮·波特
Pound, Ezra 埃兹拉·庞德
Proust, Marcel 马塞尔·普鲁斯特
Pynchon, Thomas 托马斯·品钦

*Radical Imagination, The* 《激进的想象》
Rahv, Philip 菲利普·拉夫
Raleigh, John Henry 约翰·亨利·瑞利
Ransom, John Crowe 约翰·克罗·兰瑟姆
*Reader's Digest* 《读者文摘》
*Reader's Subscription Book Club* "读者订阅读书俱乐部"
*Red Badge of Courage, The*《红色英勇勋章》
Reed, John 约翰·里德
Rimbaud, Arthur 亚瑟·兰波
Rivera, Diego 迭戈·里维拉
Roebuch, Sears 西尔斯·罗巴克
Roethke, Theodore 西奥多·罗特科
Rolfe, Edwin 埃德温·罗尔夫
Rollins, William 威廉·罗林斯
Roosevelt, Eleanor 埃莉诺·罗斯福
Rosenberg, Harold 哈罗德·罗森堡
Rosenfeld, Issac伊萨克·罗森菲尔德
Roth, Philip 菲利普·罗思
Rovere, Richard 理查德·罗维尔

Sartre, Jeal Paul 让·保罗·萨特
*Scarlet Letter, The*《红字》
Schapiro, Karl 卡尔·夏皮罗
Schapiro, Meyer 迈耶·夏皮罗
Schlesinger, Arthur Jr. 小阿瑟·施莱辛格
Schloss, Carol 卡罗尔·施洛斯
Schneider, Isidor 伊西多·施奈德
Shechner, Mark马克·谢齐纳
Silone, Ignazio 伊格纳齐奥·西洛内
Sontag, Susan 苏珊·桑塔格
*Southern Review*《南方评论》
Southern, Terry 特里·萨瑟恩
Spender, Stephen 斯蒂芬·斯彭德
Steinbeck, John 约翰·斯坦贝克
*Studies in Classic American Literature* 《经典美国文学研究》
Swan, Nathalie 纳撒莉·斯旺
Sweeney, James Johnson 詹姆斯·约翰逊·斯维尼
Symons, Julian 朱利安·西蒙斯

Tate, Allen 艾伦·泰特
Tell, Waldo 沃尔多·特尔
*The Forties*《四十年代》
The Goncourts 龚古尔兄弟
*The Human Comedy*《人间喜剧》
*The Partisan Reade*r《党派读本》
Thomas, Norman 诺曼·托马斯
Thoreau, Henry D. 亨利·D.梭罗
Tindall, William York 威廉·约克·廷德尔
Trilling, Diana 戴安娜·特里林
Trilling, Lionel 莱昂内尔·特里林
Trotsky, Leon 莱昂·托洛茨基
Troy, William 威廉·特罗伊
Twain, Mark 马克·吐温

# 莱昂内尔·特里林大事年表

1905年　7月4日出生于美国纽约市。

1921年　毕业于纽约市杜威·克林顿（DeWitt Clinton）中学。

1923—1931年　为《犹太烛台杂志》撰写短篇小说和评论。

1925年　从哥伦比亚大学获得学士学位。

1926年　从哥伦比亚大学获得硕士学位。

1926—1927年　威斯康星大学讲师。

1929—1930年　《犹太烛台杂志》兼职助理编辑。

1929年　于6月12日与戴安娜·鲁宾结婚。

1930—1932年　亨特学院兼职讲师。

1932—1939年　哥伦比亚大学讲师。

1938年　从哥伦比亚大学获得博士学位。

1939年　发表《马修·阿诺德》。

1939—1945年　哥伦比亚大学助理教授。

1942—1963年　《肯庸评论》顾问编辑。

1943年　发表《E. M. 福斯特》。

1945—1948　哥伦比亚大学副教授。

1947年　发表小说《旅程中途》（*Middle of the Journey*）；获得古根海姆奖学金（Guggenheim Fellowship）。

1948年　特里林之子，詹姆士·莱昂内尔·特里林，于7月22日出生。

1948—1961年　《党派评论》顾问委员会成员。

1948—1965年　哥伦比亚大学教授。

1949年　发表《袖珍版马修·阿诺德》。

1950年　发表《自由的想象》。

1951年　编辑《约翰·济慈书信选集》，并撰写导言；入选国家艺术与文学院（National Institute of Arts and Letters）。

1951—1963年　"读者订阅读书俱乐部"（Reader's Subscription Book Club）编委会成员（同事包括雅克·巴尔赞和W. H. 奥登）；为该读书俱乐部杂志《格里芬》（*Griffin*）［1959年7月后更名为《世纪中叶》（*Mid Century*）］撰写评论文章。

1952年　美国艺术与科学学院院士。

1955年　发表《对立的自我》、《弗洛伊德与我们文化的危机》；于美国康涅狄格州哈特福德（Hartford）的三一学院（Trinity College）获得文学博士学位。

| | |
|---|---|
| 1956年 | 发表《一次流亡者的聚会》。 |
| 1962年 | 于哈佛大学获得文学博士学位。 |
| 1963年 | 于西北大学获得古典文学博士（L.H.D.）学位。 |
| 1964—1965年 | 于牛津大学担任乔治·伊斯特曼访问教授。 |
| 1965年 | 发表《超越文化》。 |
| 1965—1970年 | 于哥伦比亚大学担任乔治·爱德华·伍德贝利文学与批评专业教授。 |
| 1967年 | 发表《文学体验》。 |
| 1968年 | 于凯斯西部保留地大学（Case Western Reserve University）获得文学博士学位；于布兰德斯（Brandeis）大学获得创作艺术奖。 |
| 1969—1970年 | 于哈佛大学担任查尔斯·爱略特·诺顿诗歌专业访问教授。 |
| 1970年 | 发表《西格蒙德·弗洛伊德生平与著作》（本书是根据欧内斯特·琼斯所著的三卷本著作的删简本，合作编者为斯蒂芬·马库斯）；发表《文学批评：导论读本》。 |
| 1970—1974年 | 哥伦比亚大学教授（University Professor）。 |
| 1972年 | 发表《诚与真》；于华盛顿特区获得托马斯·杰斐逊人文奖；出版题为《现代世界的思维》的杰斐逊演讲。 |
| 1972—1973年 | 于牛津大学担任访问学者。 |
| 1973年 | 合编《牛津版英国文学作品集》；于达勒姆大学（University of Durham）获得文学博士学位；于莱彻斯特大学获得文学博士学位。 |
| 1974年 | 以大学教授（University Professor）的身份退休；继续在哥伦比亚大学从事兼职教学；于布兰德斯大学获得古典文学博士学位；于耶鲁大学获得古典文学博士学位。 |
| 1975年 | 获得古根海姆奖金。11月5日在纽约市去世。 |

# 后　记

经过前后近十年的努力，我终于完成了“莱昂内尔·特里林的文化批评”这一研究课题，并出版基于此研究课题的专著。我要感谢我的博士生导师、南京师范大学外国语学院张杰教授对我的悉心指导。张杰教授担负着繁重的行政和科研工作，但他始终关心我的学术发展。张杰教授在文学创作与对话理论研究以及符号学研究等领域取得了丰硕成果，因此我能在师从张杰教授的三年时间里，提高发现问题、分析问题、解决问题的科研能力。张杰教授不仅在本课题的结构和整体思路方面给我提出了有益的指导，而且不辞辛苦地阅读初稿，指出了许多根本性的问题。值此书稿完成之际，我谨向张杰教授表示最真挚的感谢。

我还要感谢中国社科院美国文明研究专家、曾任南京师范大学外国语学院特聘教授的钱满素教授，是她的科研洞察力和学术远见帮助我确立了“特里林研究”这一极具挑战性，又深含学术意义的研究课题。同时，钱满素教授的鼓励和指导也是我能完成这项任务的重要原因。

南京师范大学的傅俊教授、汪介之教授都曾在我的硕士和博士学习期间给予我难忘的教诲与帮助，我在学习过程中所取得的每一点进步都离不开他们的关心。

在作为“中加学者交流项目”（CCSEP）访问学者前往加拿大访学期间，我有幸认识了约克大学的瑞·艾伦伍德教授、多伦多大学的保罗·布依萨克教授和琳达·哈琴教授。感谢他们使我进一步了解了诺思罗普·弗莱、莱昂内尔·特里林等北美社会文化批评家所处的社会语境。

我还要特别感谢译林出版社对外国文学与文化研究的重视和支持，对译林出版社领导和编辑的敬业精神与谦和态度表示敬佩。

严志军

2011年10月